003 Zaha Hadid & Patrik Schumacher: Latente Utopien
005 Patrik Schumacher: Die Autopoeisis der Architektur
011 Andrew Benjamin: Zum Bild verschiedener Linien: Arbeitsnotizen
015 Aaron Betsky: Latente Realitäten
018 Xavier Costa: Von Banhams Raumenergetik zu der Arbeit von Zaera-Moussavi
021 Christopher Hight: Yahoo-topien: Architektur am Ende der Geschichte
026 Herbert Lachmayer: Aus der Zeit
033 Sylvia Lavin: In zeitgenössischer Stimmung
035 Neil Leach: schwarm-tektonik: ein manifest für eine entstehende architektur
040 Bart Lootsma: Etwas fehlt
045 Detlef Mertins: Lyrische Architektonik
046 Andreas Ruby: Von der Avantgarde zu Arrièregarde und zurück
049 Saskia Sassen: Die Stadt im globalen digitalen Zeitalter: Zwischen Topographie und räumlichen Machtprojekten
053 Michael Speaks: Entwurfsintelligenz
056 Roemer van Toorn: Dirty Details

065 AA Design Research Lab (GB)
068 angèlil graham pfenninger scholl architecture (CH)
069 Asymptote (USA)
072 branson coates architecture (GB)
074 COOP Himmelb(l)au (A)
075 dECOi architects (F)
076 Foreign Office Architects (GB)
078 Greg Lynn FORM (USA)
080 Zaha Hadid Architects (GB)
083 Kolatan / Mac Donald Studio (USA)
085 Ross Lovegrove (GB)
086 MVRDV (NL)
088 NOX/Lars Spuybroek (NL)
089 ocean D, Boston, New York, London
090 ocean NORTH (FIN)
092 Pichler & Traupmann
093 propeller z (A)
094 Karim Rashid (USA)
097 Reiser & Umemoto (USA)
098 Sadar Vuga Arhitekti/the Designers Republic (SL/GB)
100 servo (S/USA)
102 Softroom (GB)
103 Andreas Thaler (A)
104 The nextEnterprise (A)
106 UN Studio (NL)
108 veech.media.architecture (A)

Latente Utopien
Zaha Hadid & Patrik Schumacher

Latente Utopien stellt aktuelle Experimente mit radikal neuen Raumkonzepten in den Mittelpunkt, die auf Grundlage der heute neu zur Verfügung stehenden, elektronischen Entwurfsmedien rasche Verbreitung finden. Diese Zunahme an Möglichkeiten stellt den Berufsstand vor die Aufgabe, "spielerisch" und experimentell vorzugehen. In dieser Hinsicht gleicht sich die Produktionsweise des Architekten an künstlerische Prozesse an. Der endgültige Zweck sowie die Bedeutung und Ausführung dieser Experimente liegen jenseits des Handlungsspielraums des Architekten/Entwerfers und erfordern eine kreative Aneignung durch das Publikum. Wir sind der Meinung, dass die unter diesen Bedingungen entstehende Protoarchitektur öffentliche Ausstellungen erforderlich macht, die als Versuchsfeld und Forum für Konfrontationen mit der Öffentlichkeit dienen.
Die von den Architekten/Entwerfern präsentierten Arbeiten zielen daher auf interaktive/auf Beteiligung beruhende Installationsformen ab und wirken eher erfahrungsbildend denn rein informativ.
Die gezeigten Projekte wagen sich in den Bereich radikaler Abstraktion vor. Die Ergebnisse mögen zunächst vielleicht bizarr erscheinen.
Was ist der verborgene Sinn und potentielle Zweck dieser kreativen Praxen? Wie steht diese "Neo-Avantgarde" zu den alten Fragen des Fortschritts? lässt sich hier ein utopisches Potential auftun?
Jede Zeit braucht ihre Utopie(n). Eine Gesellschaft, die ihre Entwicklung nicht mehr reflektiert, ist unheimlich, eine Monstrosität. Doch utopische Spekulationen erscheinen heute in einem eher fragwürdigen Licht.
In den letzten Jahren ist die Idee des Fortschritts selbst bzw. das Bestreben, Zukunft zu entwerfen, in den Ruf der Monstrosität gekommen. Utopisches Denken gilt als naive, gefährliche Hybris.
Die Geschichte der (gebauten und ungebauten) modernen Architektur wurde als Übel dargestellt bzw. als Symbol für die Nichtigkeit gescheiterter utopischer Ansprüche zitiert. Doch wie auch immer man die radikalen Konzepte (zur Struktur und Morphologie der modernen industrialisierten Stadt) beurteilen mag, die zu Beginn des 20. Jahrhunderts formuliert wurden – sie haben eine unglaubliche Fähigkeit zur Vorwegnahme und Voraussicht bewiesen. Nachdem die Entwürfe und Grundsätze der modernen Helden 50 Jahre lang auf der ganzen Welt übernommen wurden, können sie wohl kaum als "Fehler" diskutiert werden, auch wenn die sozioökonomischen Transformationsprozesse der letzten 20 Jahre (möglich gemacht durch die bedeutenden Fortschritte der Moderne) bedeuten, dass sich die sozialen Ideale, Wünsche und Ansprüche an die Architektur der modernen Stadt seit dieser Zeit in einer radikalen Antithese zu den modernen Utopien entwickelt haben.
Welches sind die neuen Bedürfnisse, Anforderungen und Probleme, die die moderne Gesellschaft an die Architektur heranträgt? Gibt es Protagonisten, die sich dieser Herausforderung in ihrer kreativen Praxis stellen?
Auf diese Fragen ist keine einfache oder unmittelbare Antwort möglich.
In den letzten 10-15 Jahren gehorchte der Diskurs der Architektur-Avantgarde dem Prinzip der Negativität (kreative Dekonstruktion). Konzepte wie De-konstruktion, Dis-lokation, De-kodierung und De-territorialisierung dominierten. Tatsächlich werden scheinbar positive Konzepte wie Pluralität, Multiplizität, Heterogenität und Virtualität als Gegensatz zu den Schlüsselkonzepten der Moderne definiert und signalisieren das Ende von Universalität, Vorhersagbarkeit sowie jedweder Vorstellung einer (zukünftigen) vollkommenen Ordnung.
Es macht heute keinen Sinn mehr, dem Zeitgeist schlechthin Ausdruck verleihen zu wollen. Jedes architektonische Konzept, jede architektonische Trope ist relativ angesichts unterschiedlicher Perspektiven und Interessen. Jede architektonische Form vervielfacht sich im Kaleidoskop multipler, temporärer Öffentlichkeiten. Der soziale Prozess als Ganzes ist viel zu komplex geworden, als dass er durch eine einzige Vision oder ein einziges utopisches Bild vorweggenommen werden könnte. Andere Strategien sind gefordert.

Mutationen

Die Unberechenbarkeit emergenter sozioökonomischer Muster ist gleichbedeutend mit der Unmöglichkeit einer direkten Zielorientierung im Bereich Planung und Gestaltung. Angesichts dieses Dilemmas ist ein notwendiger strategischer Rückzug vom unmittelbaren Programm des Fortschritts zu beobachten. Die andere Seite dieser Unmöglichkeit, Fortschritte direkt und ohne Umschweife zu erzielen, besteht in der Notwendigkeit (und Freiheit) zu experimentieren. Darin liegen die Gründe für eine noch nie dagewesene Verbreitung neuer formaler Möglichkeiten.
Was bleibt ist die (nahezu) ziellose Produktion des Neuen und "Anderen", ohne vorläufig noch den Anspruch auf erkennbare Verbesserungen stellen zu können. Eine Phase reiner Mutation wird eingeleitet, wobei die Selektion und Reproduktion des neuen Materials über die Fähigkeiten des einzelnen hinaus auf einen kollektiven Prozess der Aneignung weist.

Die Notwendigkeit, willkürliche Mutationen in Innovationsstrategien zu integrieren, hat sich in zahlreichen Forschungs- und Arbeitsfeldern, nicht zuletzt auch in der Architektur, in der Praxis durchgesetzt und wird in zunehmendem Maße auch in der Theorie reflektiert.

Die Rolle, die zufällige Entdeckungen im Rahmen des wissenschaftlichen und technologischen Fortschritts spielen, ist längst sprichwörtlich geworden, findet jedoch keine systematische Anerkennung von Seiten der Epistemologie. Selbst heute noch hat die Idee zufälliger, willkürlicher Operationen einen antithetischen Beigeschmack angesichts der Vorstellung von strategischem Verhalten bzw. Rationalität. Nichtsdestoweniger zeichnet sich sowohl in der Wissenschaftsgeschichte als auch in der jüngsten Entwurfsmethodik ein neuer Begriff der Rationalität ab. Vorsichtiges Experimentieren, die Integration spielerischer, nicht zielgerichteter Verhaltensweisen sowie ein gewisser Spielraum für unterdeterminierte und unkontrollierte Investitionen gelten heute als notwendige Ingredienzen jeder innovativ ausgerichteten Strategie.

Die hier vorgestellten radikalen Architekturprojekte verstehen sich nicht als utopische Vorschläge, d.h. als ausgeklügelte Ideen für ein besseres Leben. Sie stellen nicht den Anspruch, Bedeutung in diesem Sinne zu tragen. Sie werfen Fragen auf und weigern sich, die gewohnten Antworten zu geben. Es handelt sich um endlose Mutationen, die bestenfalls zum Katalysator für die Koevolution neuer Lebensprozesse werden können. (Selbstverständlich besteht auch das Risiko, in diesem Prozess allem und jedem fremd zu bleiben. Dieses Risiko muss eingegangen werden.)

Das Experimentieren ist nicht notwendigerweise auf den Entwurfsprozess beschränkt, sondern könnte sich im Gebäude selbst fortsetzen. Wer hat das Recht, a priori zu urteilen und auszuschließen, dass ein ungewöhnliches Gebäude nicht auch zu ungewöhnlich produktiven Aktivitäten einladen bzw. solche hervorbringen kann? Spekulative Investitionen dieser Art könnten als *Interventionsforschung* akzeptiert werden. Was vielen heute noch als eine Anhäufung unzusammenhängender Versuche erscheint, könnte sich bald zu einer interessanten Entwicklung verdichten.

Dekodierte – verfremdete – Architektur bietet sich als aleatorisches Feld an, das seine eigene Verkehrung ins Gegenteil vorwegnimmt bzw. aktiv einleitet. In diesem Bereich des Fremden verbergen sich latente Utopien.

Die Frage nach den neuen Bedürfnissen, Anforderungen und Zielen, mit denen sich die neue Architektur angesichts der modernen Gesellschaft auseinandersetzen könnte, bleibt offen.

Die Antworten gilt es in den verschiedenen formalen Experimenten zu entdecken, die sich so zahlreich vermehren.

Es ist heute nicht mehr möglich, Utopien explizit und willentlich zu entwickeln. Sie können nur die Form von latenten Strömungen annehmen und als solche reale Gestalt gewinnen, wenn eine soziale Praxis ein entscheidendes Potential in diesen seltsamen, räumlich-materiellen Konstrukten erkennt, die in den öffentlichen Bereich geworfen werden. Ausstellungen spielen in diesem Prozess eine wichtige Rolle. Wenn die Szenarien eines anderen "Alltagslebens" öffentlich inszeniert werden, kann der latente soziale Gehalt dieser neuen, fremden und abstrakten Räume ans Licht gebracht werden, die sich auf den Reißbrettern der heutigen Architekturavantgarde(n) finden.

Die Autopoeisis der Architektur
Patrik Schumacher

Karim Rashids Slogan "Ich will die Welt verändern" (I want to change the world)[1] ist eine ironische Geste angesichts widriger Umstände. Sie belustigt als krasser Widerspruch zu der nur allzu offensichtlichen Unmöglichkeit, eine neue Welt zu entwerfen. Karim Rashids Sinn für Humor lässt erkennen, wie weit wir die Utopie hinter uns gelassen haben.
Zwei miteinander in Zusammenhang stehende Strömungen machen jeden unvermittelten utopischen Impuls im Bereich Architektur und Formgebung zunichte:
1. Die Auflösung der utopischen, kulturpolitischen Diskurse der Emanzipation und des sozialen Fortschritts, die ihren Ausdruck in Lyotards berüchtigter Formel vom "Ende der großen Erzählungen" findet.[2]
2. Die wachsende Autonomie und selbstreferentielle Geschlossenheit der Architektur, die am deutlichsten in den einflussreichen Arbeiten und Schriften von Peter Eisenman zum Ausdruck kommt.
(Beide Phänomene werden auch in den Beiträgen von Bart Lootsma und Andreas Ruby aufgegriffen.)
Es könnte der Eindruck entstehen, die zweite Strömung sei eine direkte Folge der ersten: Architektur zieht sich aus Mangel an spannenden sozialen Projekten, die der architektonischen Spekulation als Inspiration und Anleitung dienen könnten, auf sich selbst zurück.
Man kann die Beziehung zwischen den beiden Phänomenen jedoch auch anders formulieren und erklären.

Differenzierung und selbstreferentielle Geschlossenheit

Die Tendenz hin zu architektonischer Autonomie könnte als Moment eines allgemeinen gesellschaftlichen Differenzierungsprozesses gesehen werden, demzufolge die soziale Kommunikation in eine Reihe von autonomen Bereichen zerfällt (Wirtschaft, Politik, Rechtswesen, Wissenschaft, Kunst etc.) und geschlossene, selbstreferentielle Subsysteme innerhalb der Gesellschaft bildet. Jeder dieser autonomen Diskurse trägt auf seine Art und Weise zum sozialen Gesamtprozess bei. Dieser Gesamtprozess – die Gesellschaft also – verfügt jedoch über kein Zentrum der Kontrolle mehr über die einzelnen, zunehmend autonomen Kommunikationssysteme. Die differenzierten Diskurse schaffen sich ihre eigene souveräne Unabhängigkeit, was die zugrundeliegenden Werte, Effizienzkriterien, Programme und Prioritäten betrifft. In diesem Sinn arbeiten die verschiedenen Subsysteme selbstreferentiell. Wissenschaftliche Wahrheit wird im Rahmen des wissenschaftlichen Kommunikationsprozesses konstruiert und bewiesen. Das positive Recht wird auf der Basis von Verfahren ständig neu geschrieben, interpretiert und angewendet, die von ihm selbst zum Recht erklärt wurden. Die Schaffung ökonomischer Rationalität ist bereits seit langem ein Teil des ökonomischen Prozesses (Kapitalismus). Die erstaunliche Emanzipation der Kunst ist vielleicht das bekannteste Beispiel für eine selbstreferentiell in sich geschlossene Autonomie. Die Politik hat keine Kontrolle mehr über diese gesellschaftlichen Subsysteme. Das politische System stellt selbst eines jener Subsysteme dar, die die Gesellschaft durch Koevolution hervorbringen. Jedes Subsystem gehorcht seiner eigenen Logik und begreift die Gesellschaft im Hinblick auf seine spezielle Problematik, innerhalb seines besonderen (und immer weniger vergleichbaren) konzeptuellen Rahmens. Politische Entscheidungen können weder die Ergebnisse der Justiz bestimmen noch ökonomische Austauschprozesse ersetzen oder wissenschaftliche Konzepte und künstlerische Paradigmen diktieren. Umgekehrt erzwingen wissenschaftliche Argumente keine politischen Entscheidungen. Die Trennung dieser Diskurse, d.h. die Schaffung einer "annähernden Zerlegbarkeit" (near-decomposability)[3] der gesellschaftlichen Subsysteme, bietet einen enormen evolutionären Vorteil: die außerordentliche Verbesserung unserer Fähigkeit nämlich, mit Prozessen der Anpassung an eine turbulente Umgebung an vielen lokalen Fronten gleichzeitig zu experimentieren, ohne dabei alle Schritte synchronisieren zu müssen und ohne das Risiko, dass Fehlschläge das soziale Gefüge zu sehr in Mitleidenschaft ziehen. Der Preis dafür besteht in einem gewissen Kontrollverlust und Gefühlen des Schwindels.
Die sich durch die Koevolution autonomer Subsysteme reproduzierende Gesellschaft hat neue Ebenen einer dynamischen Komplexität geschaffen, die die Reintegration der Gesellschaft zu einem einzigen Projekt, gesteuert von einer einzigen Rationalität, erfolgreich ausschließt. Die Rationalität des Rechtswesens entspricht weder der politischen noch der wissenschaftlichen Rationalität. Und man könnte hinzufügen: Auch gestalterische Rationalität kann weder auf eine andere Logik reduziert noch von einer solchen kontrolliert werden.
Alle Versuche, die verschiedenen Wertesysteme auf ein einziges zu reduzieren – eine Form des regressiven Totalitarismus – würden höchstens jene operative Komplexität verflachen, die die Koevolution der in sich geschlossenen diskursiven Systeme hervorgebracht hat – mit katastrophalen Folgen.

Funktional differenzierte Gesellschaft

Der Entwurf der Gesellschaft als Kommunikationsprozess ohne Zentrum und ohne verbindliche Selbstrepräsentation beruht auf Niklas Luhmanns Theorie der "funktional differenzierten Gesellschaft".[4]
Nach Luhmann funktioniert dieses in sich differenzierte Kommunikationssystem, weil der Prozess der Differenzierung einer funktionalen Logik folgt, was zur Entstehung selbstreferentiell geschlossener, aber strukturell miteinander verknüpfter Funktionssysteme führt. Luhmann definiert die moderne Gesellschaft – die den deutlichsten Ausdruck in ihrer postmodernen Spielart findet – als eine Gesellschaft, in der die funktionale Differenzierung sowohl die Stratifikation (feudale Ordnung) als auch die segmentäre Differenzierung (Stammesgesellschaften) als primären Modus der gesellschaftlichen Differenzierung ersetzt hat. Die stratifizierte Gesellschaft kannte noch die privilegierte Position, die zentrale Kontrolle und einheitliche Selbstbeschreibung in der sozialen Kommunikation garantierte: den Monarchen, der die in sich stratifizierte Aristokratie an der Spitze der sozialen Pyramide anführte.
Das irreversible Ergebnis gesellschaftlicher Differenzierung ist eine Gesellschaft ohne Zentrum und daher auch ohne einheitliche, hegemonische Selbstbeschreibung, die zum Vehikel utopischer Selbstprojektion werden könnte.
Heute scheint sich die kausale Hierarchie zwischen den beiden Tendenzen – Ende der Utopie bzw. zunehmende Selbstreferenz der Diskurse – umgekehrt zu haben. Die selbstreferentielle Geschlossenheit der differenzierten Subsysteme der gesellschaftlichen Kommunikation bedeutet das Ende der Utopie.
Utopie als kohärentes Projekt und Entwurf – d.h. als alles umfassende Neuerfindung einer Gesellschaft, die Politik, Recht, Wirtschaft und Architektur integriert – scheitert angesichts einer unüberwindlichen Komplexitätsbarriere.
Vitruvius und Alberti konnten sich noch als Teilnehmer eines einheitlichen, bürgerlichen Diskurses sehen. Architektur und gelungene Formgebung waren mit einem schönem Leben, gerechter Gesellschaft und kosmologischer Harmonie (Wissenschaft) untrennbar verbunden. Bis zu einem gewissen Grad, wenn auch auf einer rein subjektiven Ebene, trifft das auch heute noch auf Le Corbusier zu. Ein gebildeter Mann von Albertis Format war in allen Bereichen der sozialen Kommunikation zuhause, und die Integration jener Aspekte der Gesellschaft, die sich später in autonome Subsysteme differenzieren sollten, war noch unproblematisch. Die Gesellschaft verfügte noch über eine klar erkennbare Adresse, an die utopische Spekulationen, mit allem gebotenen Respekt, gerichtet werden konnten. Die politische, rechtliche, wirtschaftliche und ideologische Macht war noch an der Spitze der stratifizierten Ordnung konzentriert. Aus diesem Grund handelt es sich nicht um eine leere Höflichkeitsfloskel, wenn Albertis "De re aedificatoria" seinem mächtigen Förderer und Gönner Lorenzo de' Medici gewidmet ist.
Die heutige Gesellschaft verfügt über keine Adresse, kein Zentrum und keine Möglichkeit, eine verbindliche Repräsentation ihrer selbst und ihres Schicksals zu entwickeln.

Autopoeisis

Luhmanns These von der modernen Gesellschaft als einer funktional differenzierten Gesellschaft wurzelt in seiner allgemeinen Theorie der sozialen Systeme. Das Problem der Systemtheorie – die Konstituierung, Aufrechterhaltung und Entwicklung kontinuierlicher (und nicht so sehr stabiler) Systeme innerhalb einer sich verändernden Umgebung – ist auch das Problem von Luhmanns Soziologie. Im Besonderen macht sich Luhmann Maturana & Varelas Theorie der Autopoeisis zu eigen.[5] Autopoeisis definiert biologische Lebensprozesse als zirkuläre Selbstreproduktion rekursiver Prozesse, die eine Interaktionseinheit (System) in einem Interaktionsbereich (Umgebung) bilden. Dabei wird die Umgebung nicht als für alle Organismen gleich vorausgesetzt. Vielmehr besetzt jeder Organismus entsprechend seiner bestimmten Lebensform, Sensitivität und Responsivität eine bestimmte Nische. So bestimmt jedes System selbst, was es als seine relevante Umgebung betrachtet, d.h. welche Unterschiede einen Unterschied machen im Gegensatz zu den Aspekten, die indifferent bleiben. Maturana spricht von verschiedenen "Beobachtern", deren Unterschiede auf kognitiven/metabolischen Mechanismen beruhen. Obwohl Maturana von Interaktion, Beobachtern, Unterschieden, Referenz, Selbstreferenz und der Konstituierung des Beobachteten durch den Beobachter spricht, setzt er dabei nicht das Bewusstsein als jenes unentbehrliche Medium voraus, mit dem derartige Begriffe üblicherweise verbunden sind. Luhmanns Übertragung von Maturanas begrifflichem Schema auf das Feld der sozialen Systeme behält die (dem gesunden Menschenverstand anfänglich scheinbar widersprechende) Weigerung bei, das Bewusstsein als Mittel und Träger von Begriffen wie "Unterschied", "(Selbst)beobachtung", "(Selbst)referenz" etc. vorauszusetzen. Statt dessen ist der Träger (das Quasi-Subjekt) dieser "Operationen" das soziale System, das wiederum nichts anderes ist als das sich selbst beschränkende, rekursive Netzwerk ebendieser Operationen.
Alles Soziale wird in Form von autopoeitischen Kommunikationssystemen gedacht. Das gilt für Freundschaften, Familien und Versammlungen von kurzer Dauer ebenso wie für Gespräche, weit verstreute intellektuelle Gemeinschaften (Diskurse), Rituale, Organisationen wie Unternehmen, Universitäten, Spitäler, Nationalstaaten und nicht zuletzt auch für die großen modernen Funktionssysteme wie Wirtschaft, Rechtssystem, politisches System, Massenmedien und das Wissenschaftssystem mit seinen Subsystemen (Disziplinen).

Luhmann vermeidet es, eine vollständige Liste aller modernen Funktionssysteme aufzustellen. Die Architektur wurde in seinem theoretischen System – zumindest bisher – nicht eigens gewürdigt. Er bezieht sich auf sie in seinem Buch "Die Kunst der Gesellschaft", in dem er Kunst als selbstreferentielles soziales System betrachtet. Ich behaupte, dass die Subsumtion von Architektur und Formgebung unter das übergeordnete Konzept der Kunst einen Anachronismus darstellt – zumindest seit die Disziplin in den 20er Jahren des vorigen Jahrhunderts ihre Neugründung als moderne Architektur erfuhr. Wenn Architektur und Formgebung von Zeit zu Zeit dennoch in die Nähe des Kunstsystems gerückt werden, deutet dies nicht notwendigerweise auf das Festhalten an einer traditionellen Formel hin. Die Wiederangleichung von Kunst und Architektur/Formgebung geht vielmehr auf die noch nicht lange bestehende, recht bedeutsame Tatsache zurück, dass Architektur in ihrer avantgardistischen und experimentellen Form von den Tropen, Taktiken und Räumen künstlerischer Kommunikation Gebrauch macht. Ungeachtet dieser partiellen Ähnlichkeiten und gegenseitigen Befruchtungen haben sich Architektur und Formgebung eindeutig von der Kunst getrennt und bilden ein unabhängiges Funktionssystem innerhalb der (post)modernen Gesellschaft.

Irritation vs. Determination

Differenzierung allein kann nicht alles sein. Offenkundig können Autonomie und selbstreferentielle Geschlossenheit nicht hermetische Isolation bedeuten. Luhmann postuliert die Formel Offenheit durch Geschlossenheit. Diese beschreibt die Aufgabe des Systems, sich kontinuierlich an relevante Veränderungen anzupassen, die es selbst in seiner Umgebung ausmacht. Dieser Anpassungsprozess wiederum impliziert die selbstreferentielle Autonomie des Systems bei der Aufgabe, die jeweilige Reaktion vorzubereiten. Die Auswirkungen der Umgebung durchdringen weder das ganze System noch determinieren sie es unmittelbar. Im Gegensatz zur Billardkugel, die keine andere Wahl hat, als herumgestoßen zu lassen, integriert das autopoietische (lebende bzw. soziale) System Umwelteinflüsse in sein komplexes Netzwerk an Prozessen. Somit kann eine "Reaktion" nicht als unmittelbare, ausschließliche Wirkung einer einzelnen Ursache gesehen werden, wobei auch die Geschichte eine Rolle spielt. Das ist der Unterschied, ob man einem Hund einen Tritt versetzt oder einem Ball.
Es ist wichtig, zwischen zwei Formen der Kommunikation präzise zu unterscheiden: Kommunikation innerhalb eines gegebenen Subsystems der Gesellschaft und Kommunikation zwischen verschiedenen Subsystemen. Innerhalb eines bestimmten Systems entstehen Kommunikationen rekursiv als Teil eines gemeinsamen begrifflichen Rahmens bzw. Verständnishorizonts. Über die Systemgrenzen hinweg gibt es keinen gemeinsamen Horizont, so dass Kommunikationen nicht in derselben spezifischen und differenzierten Form verstanden werden. In diesem Fall muss sich Kommunikation auf den eher simplen gemeinsamen Nenner des umgangssprachlichen Verständnisses verlassen. Jedes autopoietische soziale System trifft aktiv diese Unterscheidung zwischen eigenen und fremden Kommunikationen. Kommunikationen innerhalb eines bestimmten Systems müssen einander als wechselseitig relevant erkennen können (was auch meist der Fall ist) und jede Störung von außen (als irrelevant) zurückweisen. Das aktive Aufrechterhalten von Grenzen ist ein entscheidendes Element der Autopoeisis. Nur innerhalb dieses abgegrenzten Bereiches kann über das mediokre Niveau des Alltagsgespräches hinaus eine spezifische Vielschichtigkeit an diskursiven Strukturen entwickelt werden. Die Kommunikationen innerhalb eines autopoietischen Systems beziehen sich rekursiv aufeinander. Jenseits der Grenzen liegt die "Umwelt", die eine unberechenbare Quelle der Irritation bleibt, da die spezialisierten Diskurse wechselseitig nicht beherrscht werden, was sie füreinander weitgehend undurchschaubar macht.
Spezialisierte Kommunikation steht somit im Gegensatz zu Irritation. Diese Formulierung erinnert an Maturanas Begriff der Perturbation als Bezeichnung für die Art und Weise, wie das autopoietische System mit seiner Umwelt in Beziehung tritt.
Die Idee der externen Irritation wird nicht nur von interner Kommunikation unterschieden, sondern in der Folge auch in einen scharfen Gegensatz zu jedweder Vorstellung von externer Determination gestellt. Dieser Gegensatz konzentriert sich auf zwei Aspekte:
Ob etwas für ein System zur Irritation wird, hängt in erster Linie von der historisch gewachsenen Struktur des Systems ab. "Lebende Systeme als Interaktionseinheiten ... können sich nicht an Interaktionen beteiligen, die in ihrer Organisation nicht vorgesehen sind."[6] Zweitens ist das responsive Verhalten des autopoietischen Systems durch die ihm eigene Sensitivität (Informationsverarbeitungsapparat) und seinen momentanen/historischen Zustand vorgegeben. So kann bei einem autopoietischen System von äußerer Determination keine Rede sein, ausgenommen in dem ausschließlich negativen und trivialen Sinn einer primitiven physischen Störung. (Hitler und Stalin mussten auf derartig primitive und letztendlich sinnlose Kontrollmittel zurückgreifen. Dazu gehörte auch die politische Kontrolle der Architektur, was die Teilnahme ihrer beiden Länder am Architekturdiskurs zunichte machte.)
Aber auch das Gegenteil trifft zu – ebenso wie das System seine Souveränität in Bezug auf seine Anpassungsreaktion angesichts äußerer "Irritationen" bewahrt, kann es selbst die Operationen der anderen autopoietischen Systeme, die es in seiner Umgebung ortet, nur irritieren, niemals aber kontrollieren oder definitiv bestimmen.
Es bleibt ihm nichts anderes übrig, als Störungen zu absorbieren und seinerseits mittels Gegen-Störungen zu intervenieren. Das Ergebnis dieser unpräzisen Form des Austausches wird im Fall von wechselseitigen Störungen, die wiederholt und kontinuierlich

auftreten, als strukturelle Kopplung bezeichnet. Als dynamischer Prozess setzt dies Koevolution und "structural drift" voraus. Diese zusammenhängenden Konzepte, die eine weitaus losere, unvorhersagbarere Kopplung von Aspekten des sozialen Gesamtprozesses implizieren, ersetzen die Idee der Integration. Das führt zu einer enormen Beschleunigung der Evolution. Gleichzeitig könnte man paradoxerweise vermuten, dass eine solche im Fluss befindliche Autopoeisis – deren einziges Vorrecht fortgesetzte Kommunikation ist, mit welchen Mitteln und in welcher Mutationsform auch immer – weitaus widerstandsfähiger und belastbarer ist als jede vermeintlich stabile oder statische soziale Organisation (Viertes Reich, Sowjetunion).

Dieser "Verlust" einer einzigen und einheitlichen sozialen Organisation bedeutet, dass wir uns vom Ziel einer singulären, a priori postulierten Utopie lösen und statt dessen spielerisch und "opportunistisch" zwischen zahlreichen latenten Utopien umsehen müssen, die als "Irritationen" zwischen den sich gemeinsam entwickelnden Subsystemen der Gesellschaft zirkulieren. Architektur muss sich Irritationen durch ihre gesellschaftliche Umgebung gestatten und sollte selbst zu einem produktiven irritierenden Faktor werden.

Architektur als autopoeitisches System von Kommunikationen

Die Kontroverse innerhalb der Architektur über den Grad ihrer Autonomie könnte im Lichte von Luhmanns Theorie der sozialen Autopoeisis geklärt und beurteilt werden. Autonomie der Architektur innerhalb der Gesellschaft ist nicht gleichbedeutend mit Indifferenz gegenüber dieser Gesellschaft. Sie ist vielmehr erforderlich, damit Architektur ihren gesellschaftlichen Beitrag mit einem ausreichenden Maß an Flexibilität und Differenziertheit leisten kann. Die heutige Gesellschaft ist viel zu komplex und dynamisch, um klare und unveränderliche Hierarchien an Werten/Prioritäten aufzustellen, die es ihrerseits ermöglichen würden, die gesellschaftliche Arbeitsteilung als eine Kette von Anweisungen zu sehen, derzufolge zentral/demokratisch festgesetzte Ziele von den verschiedenen dazu bestimmten Funktionssystemen erreicht werden müssen. Stattdessen ist jedes Funktionssystem zur Selbstverwaltung verdammt. Auch die Architektur kann sich nur selbst berufen und ihre Ziele selbst definieren, sowohl was die Identifizierung der dringendsten, architektonisch relevanten sozialen Probleme betrifft, als auch die geeignete Auswahl architektonischer Mittel zur Bewältigung dieser Probleme. Wie alle anderen gesellschaftlichen Subsysteme auch sieht sich die Architektur dabei mit dem Risiko wechselseitiger Abhängigkeit konfrontiert. Ein Scheitern der Selbstorganisation von wirksamen Reaktionen führt zu Bedeutungslosigkeit und kommt der Auslöschung gleich.

Aus diesem Grund kann Eisenmans Haltung der absoluten Autonomie innerhalb der Gesamtstruktur der Disziplin nur ein untergeordnetes Moment darstellen. Ebenso einseitig jedoch ist der Versuch, zu den Glaubenssätzen eines radikalen Funktionalismus zurückzukehren, die vorgeben, auf sozioökonomische Anforderungen unmittelbar reagieren zu können, ohne jeden diskursiven Umweg in die Weiten eines differenziert ausgestalteten (und auszugestaltenden) formalen Universums. Die Rationalität des formalistischen Standpunktes liegt teilweise in der Tatsache begründet, dass die ursprüngliche Verbreitung von räumlichen Konzepten und formalen Techniken in Abwesenheit von funktionalen und programmatischen Zwängen am erfolgreichsten ist. Das ist die Raison d'être des Werkes von Peter Eisenman und seinen Anhängern. Diese Haltung kann jedoch nicht auf die ganze Disziplin generalisiert werden. Das würde in der Tat einem Selbstmord gleichkommen.

Wenn wir die unterschiedlichen Entwicklungsstadien der Systemdifferenzierung innerhalb einer Gesellschaft vergleichen, zeigt sich eine Zunahme (des Grades) an Autonomie für die sich entwickelnden Systeme. Die Systeme reagieren selektiver auf Irritationen, verbessern ihre Relevanzkriterien, schaffen längere, über Raum (und Zeit) verteilte Kommunikationsketten und bilden in wachsendem Ausmaß eigene und unabhängige zeitliche Rhythmen.

Als komplexes, sich historisch entwickelndes System nutzt das autopoeitische System stets die Zeit und bezieht eine ganze Reihe von Ereignissen in seine "Reaktionen" ein, so dass einfache und vorhersagbare direkte Korrelationen zwischen Umwelteinflüssen und Systemreaktionen nicht in Frage kommen.

Was die Architektur betrifft, ist jeder Versuch zur Schaffung unmittelbarer und genau festgelegter Korrelationen zwischen der Architektur als Disziplin mit ihren aktuellen analytischen/synthetischen Abläufen einerseits und ihrer sozialen Umwelt andererseits ebenso zum Scheitern verurteilt wie der damit im Zusammenhang stehende Versuch, unveränderliche, direkte Beziehungen zwischen Funktionen und Formen festzulegen. Veränderungen der sozioökonomischen Umwelt (Funktionen) führen nicht unmittelbar zu neuen architektonischen Konzepten und Typen (Formen), auch wenn manche Reaktion(en) möglicherweise früher oder später eine Verfeinerung und Ausfeilung erfahren. Es können auch verschiedene Reaktionen parallel gesetzt werden. Jeder Einfluss wird absorbiert und auf dem Weg durch die im Entstehen begriffene innere Komplexität des Systems vermittelt. Ein wichtiger Aspekt dieser Vermittlung ist die Unterordnung der jeweiligen Reaktion unter die dem System eigene zeitliche Ordnung, d.h. die Reaktion wird aufgeschoben, verschiedene Einflüsse können gesammelt und en bloc behandelt oder Stück für Stück über einen längeren Zeitraum hinweg im Rahmen einer umfassenden Serie von unterschiedlichen Reaktionen durchgearbeitet werden. Diese Vermittlung kann die umfangreiche interne Bearbeitung von Optionen beinhalten, die einer bestimmten Reaktion vorausgeht. Im Vergleich zu unmittelbar gesetzten Handlungen hat diese Vorgehensweise enorme Vorteile: Ein Kunde könnte versuchen, die "unmittelbare" Anpassung eines Entwurfes an seine Anweisungen zu erzwingen; eine Menschenmenge könnte den ihr zugewiesenen, klar abgegrenzten Raum einfach überschreiten und aus den räumlichen Gegebenheiten ad hoc eine "Event-Architektur" schaffen. Anders als eine derartig kurzsichtige Unmittelbarkeit erlaubt es die Integration von funktionalen Anforderungen in den architektonischen Gestaltungsprozess (in dem es immer um die Verarbeitung und Auswahl von Optionen geht), das jeweilige Anliegen mit einer ganzen Reihe anderer Interessen zu vereinbaren. Möglich wird dies durch den Einsatz von Verfahren, in denen die verdichtete Erfahrung der Disziplin zum Ausdruck kommt. Wir könnten diese Erfahrungen, die sich in den alltäglichen Unterscheidungen und Routinen der Disziplin/Profession niedergeschlagen haben, als diskursive Strukturen der Architektur bezeichnen.[7] Wie verzögert, selbstbestimmt/strukturbestimmt oder auf Umwegen die Reaktion auch erfolgen mag, Anpassung in irgendeiner Form ist erforderlich.

Ein Kennzeichen der selbstreferentiellen Geschlossenheit der Architektur besteht darin, dass Entwurfsentscheidungen eng mit ihresgleichen verknüpft sind und sich nur versteckt/indirekt, d.h. en bloc, auf äußere Anforderungen und Umstände beziehen. Entwurfsentscheidungen verweisen stets auf andere Entwurfsentscheidungen, die wiederum in das umfassende Netzwerk des Architekturdiskurses eingebettet sind. Entwurfsentscheidungen haben finanzielle und rechtliche, in manchen Fällen sogar politische Auswirkungen, und sie reagieren auf diese äußeren Interessen – wenn auch nur indirekt, en bloc und auf der Basis architektonischer Strukturen (Konzepte, Grundsätze, Routinen), die jeden einzelnen Arbeitsprozess steuern. Politische, rechtliche und finanzielle Interessen sind keine unmittelbare Anliegen der Architektur. Hier lassen sich keine direkten Korrelationen aufstellen – wie sehr dies von einem verzweifelten Kunden auch gewünscht werden mag. Das Netzwerk an Implikationen ist zu komplex. Jede Reaktion im Bereich der Architektur muss auf der Basis von architektonischen (theoretischen) Grundsätzen ganze Netzwerke an Entwurfsentscheidungen einbeziehen. Hierin liegt ein Maßstab für das hohe Niveau der Architektur: Sie lässt sich nicht zu Kurzschlussreaktionen treiben. Das ist die Raison d'être der autopoeitischen Geschlossenheit.

Zwar könnte ein Kunde trotz allem die Umsetzung seiner Vorstellungen erzwingen, doch wird das Ergebnis wenig Aussicht darauf haben, als Architektur anerkannt zu werden. Architektur ist innovativ, wenn sie auf veränderten Grundsätzen beruht, die sowohl Variation als auch Redundanz miteinander verbinden. Weder die Wiederholung altbekannter Formeln noch bloße Abweichung allein schaffen Architektur. Die Unterscheidung zwischen avantgardistischer Architektur einerseits und rein kommerziell ausgerichteter Mainstream-"Architektur" andererseits bleibt auch weiterhin bestimmend für die Disziplin. Es kommen ausschließlich innovative, generalisierbare Beiträge in Betracht, Beiträge also, die eng mit dem autopoeitischen Netzwerk architektonischer Kommunikation verflochten und daher in der Lage sind, dieses Netzwerk auch zu bewegen.

Mit zunehmender Komplexität der Gesamtgesellschaft sollte sich auch der Grad der Autonomie erhöhen, den der Architekturdiskurs durch Differenzierung von der Unmittelbarkeit des alltäglichen Redens über Gebäude gewonnen hat, und damit auch die Komplexität des diskursiven Umweges, durch den eine bestimmte Wirkung/Reaktion vermittelt wird. Je komplexer die soziale Umgebung, desto autonomer – selektiver und spezifischer – muss jedes soziale System vorgehen, um mit den zahlreichen, oft widersprüchlichen Anforderungen zurechtzukommen, die sich ihm stellen.

Architektur muss auf gesellschaftliche und technologische Veränderungen reagieren. Sie muss ihre Fähigkeit zum Bereitstellen von Lösungen bewahren. Doch ihre Probleme sind heute nicht mehr vordefiniert, sondern vielmehr selbst eine Funktion der fortlaufenden Autopoeisis der Architektur. Architektonisches Experimentieren muss den Sprung ins Ungewisse wagen, hoffend, dass ein ausreichender Teil seines vielschichtigen Publikums bereit ist, der Architektur auf ihrer Entdeckungsreise zu folgen. Risiken müssen eingegangen werden. Offenbar versucht die Architektur –mit Hilfe der Architekturtheorie – in die richtige Richtung zu zielen. Aktuelle experimentelle Arbeiten konzentrieren sich auf Fragen der organisatorischen Komplexität (Schichtung, wechselseitige Durchdringung verschiedener Fachbereiche), der Produktion von Diversität (Iteration vs. Repetition), der räumlichen Erkennung verschwommener sozialer Logiken (glatter vs. gekerbter Raum), der Möglichkeit, mit Unsicherheit fertigzuwerden (Virtualität vs. Aktualität) und der Auseinandersetzung mit neuen Produktionstechnologien (File-to-factory etc.). Die Architektur versucht also sehr wohl, sich an den in ihrer gesellschaftlichen Umgebung auftauchenden, relevant erscheinenden Zielen auszurichten. Die daraus resultierenden Manifeste bleiben jedoch prekär und relativ; sie beruhen häufiger auf rückblickenden Entdeckungen denn auf vorausschauenden Visionen. Die Utopie liegt in den verschiedenen Entwicklungsrichtungen architektonischer Spekulation verborgen, und zwar in dem Maße, in dem sich diese mit anderen Bereichen der sozialen Kommunikation kreuzen.

1 Das ist der Titel von Karim Rashids Monografie: *Karim Rashid - I Want to Change the World*, Universe Publishing, New York 2001.
2 Jean-François Lyotard, *La condition postmoderne*, Editions de Minuit, Paris, 1979.
3 Herbert Simon, *The Sciences of the Artificial*, Cambridge Massachusetts 1969, 1980, Kapitel 7, "The Architecture of Complexity".
4 Niklas Luhmann, *Die Gesellschaft der Gesellschaft*, Suhrkamp Verlag, Frankfurt am Main 1997, Kapitel 4, VIII, "Funktional differenzierte Gesellschaft".
5 Humberto R. Maturana & Francesco J. Varela, *Autopoeisis and Cognition - The Realization of the Living*, 1980, Dordrecht, Holland.
6 Humberto R. Maturana & Francesco J. Varela, *Autopoeisis and Cognition - The Realization of the Living*, 1980, Dordrecht, Holland, S.10. Weiters: "Was aus einer bestimmten Perspektive als eine Interaktionseinheit erscheint, kann aus einer anderen Perspektive auch nur der Bestandteil einer größeren Interaktionseinheit sein bzw. aus mehreren unabhängigen Einheiten bestehen." S. 31.
7 Diese Strukturen kommen bei neuen Erfahrungen/Fällen zum Tragen. Das wiederum hinterlässt – wenn auch noch so schwache – Spuren an den Strukturen selbst. Diskursive Strukturen entstehen somit durch Gebrauch.

Zum Bild verschiedener Linien: Arbeitsnotizen
Andrew Benjamin

Eröffnende Bilder

Wenn von einer Geschichte der Linien die Rede ist, kann immer auch die Frage nach der Erscheinungsform gestellt werden. Die Geschichte nämlich, die sich mit der Architektur und der Konfiguration des Urbanen beschäftigt, ist eng mit dem Zusammenwirken der Geometrie und Philosophie verbunden, das in jedem Diskurs über die Linie vorherrscht. Was genau tritt mit der Linie in Erscheinung? Diese Frage betrifft die Geometrie ebenso sehr wie das Bild. Man muss dabei jedoch genau sein. Das Problem des Architekturbildes muss unter zwei Aspekten betrachtet werden, obwohl es wie bei allen unterschiedlichen Betrachtungsweisen große Überschneidungen oder sogar Verzahnungen geben wird. (Eine Unterscheidung der beiden Aspekte ist jedoch erforderlich und kann auch begründet werden.)

Der erste Aspekt bezieht sich auf das Bild als etwas, das das Gebäude entweder in den verschiedenen Planungsabschnitten oder nach seiner Vollendung darstellt. Diese Darstellungen erfolgen sowohl fotografisch als auch in Form von Plänen und Schnitten. Beide wirken an der Konstruktion des Bildes mit. Darüber hinaus haben beide eine komplexe, das gebaute Objekt begleitende Kontinuität. Wir werden später noch einmal auf die Frage dieser komplexen Kontinuität eingehen. Der zweite Aspekt geht von einem ganz anderen Bild-Begriff aus. Einem Bild, das keine Darstellung, deswegen aber auch kein reines Scheinbild ist. Statt es negativ zu beschreiben, wollen wir darauf hinweisen, dass das Bild zu einem Plan geworden ist. Wesentlich für einen Plan ist, dass er ein Bild ist, welches, obwohl nicht darstellend, doch Darstellungspotenzial besitzt. Wir werden in diesen Anmerkungen auf die komplexen Folgen und Implikationen der beiden verschiedenen Architekturbild-Begriffe eingehen.

Wie bereits erwähnt, ist der Unterschied nicht immer deutlich. Ein Hin und Her zwischen den beiden Ansätzen ist mit der Frage nach dem Auf- und Umbau verbunden. Bewegung bedeutet Wiederholung in verschiedener Form, Bilder können neu eingesetzt und wiederholt werden. Bilder können naturgemäß überarbeitet werden. Am Ende ist es diese Fähigkeit zu einem "Nachleben", die mehr über den ontologischen Status des Architekturbildes aussagt als eine Unterscheidung zwischen bildnerischer Darstellung und Plan. Beide Momente können als Teil eines Prozesses gesehen werden, der individuelle Formen ermöglicht. Es wäre deshalb verfehlt, zu glauben, dass der Unterschied bzw. die mit den beiden Aspekten verbundenen Unterschiede zu einer glatten Verbindung führen könnten, einer Verbindung, die um des Erscheinungsbildes willen die tatsächlichen Unterschiede ausmerzt.

Das darstellende Bild

Die herrschende Geschichte des Bildes befasst sich mit der Verbindung zwischen Bild und Außenwelt. Was außerhalb liegt, ermöglicht eine Beurteilung des Bildinhaltes und eine Bewertung der Bildqualität. Die Grundlage beider Möglichkeiten ist, dass das Bild in einer Beziehung zwischen Innen und Außen artikuliert wird (wobei das Äußere zwischen einem transzendentalen Objekt – Plato, Goethe, etc. – und einer empirischen Bezeichnung – bspw. *diese* Landschaft, *jenes* Gesicht, etc. schwingt). Das Innere des Bildes ist sein eigener Aufbau, das Äußere "besteht" aus dem, was dargestellt wird oder in irgend einer Form an der Präsenz des Bildes und an dem, was es präsentiert (und damit re-präsentiert), mitwirkt. Die Bewegung geht nicht nur in eine Richtung, sondern es besteht eine starke Wechselbeziehung. Wenn der Inhalt eines Computerschirmes als 2D-Bild angesehen wird, das dreidimensional realisiert werden kann, oder wenn ein von einem Animationsprogramm entwickeltes Bild seiner äußeren Form nach bereits ein Volumen ist und daher räumlich gelesen werden kann, basiert das Bild doch auf einem Koordinatensystem aus einer X-, Y- und Z-Achse, können beide Möglichkeiten innerhalb einer Darstellungsstruktur ausgedrückt werden. Dieser Ausdruck ist möglich, weil die Bewegung, auf die es uns ankommt, als eine zwischen Innen und Außen stattfindende verstanden werden muß. Wenn es stattfindet, wird das Bild (da es als Darstellung verstanden wird) von der Darstellung strukturiert.

Obwohl die Rolle des fotografischen Bildes in jeder Hinsicht ein wesentlicher Punkt sowohl der Darstellung von Architektur als auch der Selbstdarstellung der Architektur ist, geht es insbesondere um die Rolle der Linie. Anhand der Linie kann man das Bildproblem von einer Position aus betrachten, in der die Frage des Status der Linie – die Art ihrer Präsenz als spezifischer Bildtyp – mit der Entwurfspraxis zusammen hängt.

Ganz elementar kann die Linie als den Raum teilend verstanden werden. Sie teilt ihn und erzeugt ihn dadurch – bis zu einem gewissen Grad. Wenn einmal eine Linie gezogen ist, besteht ein Verhältnis zwischen Innen und Außen. Wenn eine Linie zu einer "Ebene" ausgezogen wird, dann wird der Akt der Teilung bedeutsam insofern, als das Realisierte eine erweiterte Teilung ist. Was ist jetzt mit der Ebene als "Ausdehnung" einer Linie passiert? Innerhalb einer Linie wurde ein bestimmtes Potenzial realisiert. Da die Linie jedoch ursprünglich als Verbindung von Punkten definiert ist, muss die Verbreiterung der Linie zu einer Ebene durch andere Koordinaten begrenzt werden, weil ja die Verbreiterung theoretisch unendlich weit gehen könnte. Einmal vorhanden, definiert die Ebene einen bestimmten Raum und schafft implizit räumliche Verhältnisse. Wiederum wird dieses Verhältnis durch ein potenziell Innenliegendes und ein potenziell Außenliegendes definiert. Es ist also hier, obwohl abstrakt, eine Teilung am Werk. Zwei Begriffe beherrschen sogar diese grundsätzliche Beschreibung: *potenziell* und *abstrakt*.

Beide Begriffe weisen darauf hin, dass es auch im 2D-Raum immer die Möglichkeit gibt, im Singulären eine Ausdehnung zu erkennen. Das so konstruierte Singuläre enthält ein Potenzial (was etwas über die Beschaffenheit der Singularität aussagt, obwohl es gleichermaßen auch anzeigt, warum die Potenzialität nicht als beschreibender Terminus generalisiert werden sollte). Das, was 3 Dimensionen hat, kann als Potenzial einer Reduktion auf 2 Dimensionen betrachtet werden. Wenn man sich zwischen den 3 und 2 Dimensionen hin- und herbewegt, erkennt man, wie "Potenzial" innerhalb dieser Konstruktion der Linie agiert. Es geht darum, dass ein 2D-Bild ein 3D-Bild auf einem Schirm oder als Projektion erzeugen kann und dass ein 3D-Bild auf dem Schirm oder außerhalb desselben einen zweidimensionalen Ausdruck haben kann. Beides sind Möglichkeiten, die jenem Konzept der Linie innewohnen, das solchen Argumenten zugrunde liegt. Die Linie unterscheidet sich nur quantitativ, was die beiden Möglichkeiten betrifft. Man sollte nicht glauben, dass Potenzial und Abstraktion in dieser Formulierung nichts zu suchen hätten. Das Argument geht vielmehr dahin, dass sowohl Potenzial als auch Abstraktion innerhalb einer klar definierten Grenze agieren. Die Linie wird durch die Punkte definiert, die sie ursprünglich erzeugt haben.

In diesem Kontext besteht ein Zusammenhang zwischen Abstraktion und Potenzial. Abstrakt ist das, was früher da ist, die Priorität wird durch das Potenzial stabilisiert. Das Potenzial kommt durch die präziser werdende abstrakte Linie zum Tragen. Die Bewegung zwischen den Dimensionen oder die Bewegung, allgemeiner gesagt, das Schwingen zwischen Innen und Außen – eine Bewegung, die alle Richtungsmöglichkeiten offen lässt – zeigt an, wie eine darstellende Konzeption der Linie innerhalb eines bereits konstruierten diskursiven Feldes artikuliert wird. Die Unterbrechung des Feldes impliziert, dass die Linie außerhalb dieses beherrschenden Feldes wiederholt wird. Diese Wiederholung "jenseits" des Feldes kann auf der Ebene der äußeren Erscheinung gleiche Formen hervor bringen. Dort, wo diese Gleichartigkeit nicht wiederholt wird, geht es – dem Schein zum Trotz – darum, wie die tatsächliche Präsenz der Linie interpretiert wird. Auch das ist Teil des Arguments gegen eine Verallgemeinerung des Begriffs "Potenzial". Wenn diese andere Möglichkeit zulässig ist, und wenn man der Linie eine produktive Qualität zuordnen kann, die nicht im Sinne von Verbreiterung oder Ausdehnung gedacht wird, muss das Potenzial, sofern vorhanden, auf vollkommen andere Weise verstanden werden. Nicht nur, dass die Linie anders ist und anders gedacht werden muss – wobei auch die Erscheinungsform in Betracht zu ziehen ist – sondern das Vorhandensein des Potenzials im Sinne von Qualität und wie es realisiert werden muss, würde ein anderes theoretisches Konzept erfordern und als solches in der Geschichte der Philosophie anders ableitbar sein.

Das andere Bild – die produzierte Linie

Wenn man der Produktion eine zentrale Stelle einräumt, kommt eine andere Konzeption der Linie ins Spiel (Alle Linien werden produziert. Worum es hier geht, das sind die Beschaffenheit und folglich der Unterschied zwischen den verschiedenen Bedeutungen der Produktion und speziell der Art und Weise, wie Linien produktiv werden können. Dieser letzte Aspekt impliziert notwendigerweise, dass man berücksichtigt, was sie produzieren.) Obwohl es eine wichtige zusätzliche Geschichte betreffend die Geschichte der Linie gibt, in deren Verlauf letztere von einer Geometrie, die durch das Schwingen zwischen 2 und 3 Dimensionen relativ unproblematisch funktioniert, zu einer Geometrie, der Neupositionierung der Linien in Form von NURBS und damit zu komplexen Flächen, übergeht, geht es hier nicht darum. Wichtig ist vielmehr die Präsenz der Konzeption der Linie als Bild. Und damit die Verwendung komplexer Linien zur Erzeugung von Bildern, bei welchen man, obwohl sie mit Linien verbunden sind, die eine leicht erkennbare Richtung haben, in Betracht ziehen muss, dass es eine Verbindung ist, die nur auf der Ebene der äußerlichen Erscheinung stattfindet. Sie dürfen daher nicht unter dem Blickwinkel ihrer äußeren Erscheinung interpretiert werden. Produzierte Linien – produziert im Sinne von produziert werden und selbst produktiv sein – verkomplizieren die Rolle des äußeren Erscheinungsbildes.

Die Erscheinungsform des Volumens beispielsweise, die von Programmen wie Rhino oder Maya generiert wird, darf nicht räumlich gelesen werden, obwohl solch ein Ansatz grundsätzlich möglich ist. Sollte eine Erscheinungsform des Volumens tatsächlich räumlich gelesen werden, dann hätte sich der ursprüngliche Plan in eine Reihe von Linien verwandelt, die mit einer Darstellungsstruktur artikuliert wurden; die ursprüngliche Darstellung hätte ihren graphischen Charakter verloren. An der Formulierung ist die Notwendigkeit einer Diskontinuität zwischen einem schematischen Plan und Darstellungsformen am Werk. Diese Diskontinuität ist von grundlegender Bedeutung. Um zu wissen, worum es bei der produzierten Linie geht, müssen einige Implikationen dieser Diskontinuität beachtet werden. Der wichtigste Punkt ist, wie man mit dieser Diskontinuität arbeiten kann, um eine Beziehung mit dem Bild herzustellen.

In diesem Zusammenhang sind mehrere Punkte wichtig. Erstens: Was aus dem Plan einen Plan macht, ist genau diese Diskontinuität. Wenn die Linien hauptsächlich verschiedene Beispiele mit einer generellen Darstellungsstruktur wären, könnte eine glatte Verbindung hergestellt werden. Die Prämisse für solch eine Beziehung jedoch wäre, dass die Linien von Anfang an darstellend sind: Volumen und Form wären dann bloße Erweiterungen. Wenn man bei der Diskontinuität bleibt, stellt sich die Frage, ob es möglich ist, vom schematischen Plan zu dem über zu gehen, was die Darstellung unterstützt. Die Frage betrifft den Übergang vom Plan zur Architekturform. Von entscheidender Bedeutung ist, dass die Erzeugung der Form das betrifft, was die Diskontinuität unterbricht, um das Darstellungspotenzial im Plan zu aktivieren.

Ehe ich diesen Punkt weiter ausführe, möchte ich einen damit zusammenhängenden sehr wichtigen Aspekt nennen. Er betrifft das umgekehrte Verfahren. In diesem Beispiel würde das, was ursprünglich einfach als darstellende Linien gelesen wurde, schematisch gelesen. Wenn es auf diese Art gelesen wird (wir haben diese Möglichkeit bereits im Zusammenhang mit der Bildung und Neubildung von Linien jenseits quantitativ zu verstehender Verschiebungen angesprochen, wobei Wiederholungen echte Unterschiede ermöglichen), dann besteht die Frage, wie man zur Darstellung kommt und eine echte architektonische Form erzeugt, im Aushandeln der Diskontinuität, die (wieder) eingeführt würde, indem man die Darstellung in Form eines Plans überarbeitet. Einmal mehr geht es um Diskontinuität. Sie beizubehalten, ist unvermeidlich. Man muss sich durch sie durcharbeiten. Eine der Folgen der Unvermeidbarkeit des "Abarbeitens" der Diskontinuität ist, dass die Form die Konsequenz des Potenzials der Linie und als solche niemals eine direkte Wiederholung der ursprünglichen Erscheinungsform des Plans ist. Wenn man diese Behauptung aufrecht erhält, dann muss man auch von der Erkenntnis ausgehen, dass ein vorhandener schematischer Plan keine notwendige formale Implikation hat. Der Übergang vom Plan zur Form kann daher keine bloße Erweiterung und schon gar nicht eine formale Wiederholung sein.

Im ersten Beispiel geht es also um den Prozess vom Plan zur Darstellung und im zweiten um die Überarbeitung eines ursprünglichen darstellenden Modells als Plan. Wenn in beiden Beispielen die Einführung einer Diskontinuität von grundlegender Bedeutung ist, dann stellt sich immer die Frage nach der Unterbrechung dieser Diskontinuität. Die Unterbrechung erfolgt gleichzeitig mit der Erzeugung von Form. Um die Komplexität dieser Situation zu verstehen, muss man davon ausgehen, dass der Plan zumindest zwei verschiedene Formen der Analyse zulässt. Die erste hängt mit der Produktion programmatischer Pläne, die zweite mit Plänen zur Erforschung des Volumens zusammen. Ein und dasselbe Projekt kann daher verschiedene Konstellationen graphischer Analysen erzeugen. Mit jeder Konstellation ist das allgemeine Problem der Produktion von Form verbunden (Linien müssen produktiv sein). Ob ein Satz Pläne dazu verwendet wird, einen anderen zu unterbrechen, darum geht es hier nicht. Wichtig ist vielmehr, dass die Möglichkeit verschiedener Bereiche graphischer Forschung besteht. Die ursprünglichen Pläne umschreiben den begründenden Ort der Recherche. Während der Begründung jedoch generiert sich bereits ein neuer. Der zweite Ort leitet sich von der Notwendigkeit, die Diskontinuität durchzuarbeiten, ab. Das impliziert aber einen ganz anderen Ansatz in der Analyse. Grundlegend für die Bedeutung des Ausdrucks "Durcharbeiten" ist, dass man den Plan von jeder notwendigen Implikation die Form betreffend befreit. Das bedeutet, dass der Ort der Diskontinuität zum Ort des Architekturexperiments wird.

Wenn man von der Diskontinuität absieht und unter der Annahme arbeitet, dass die Frage der Form – wenn auch nur auf der Ebene der äußeren Erscheinungsform – bereits gelöst ist, dann besteht das Experiment nur in der Bestätigung dessen, was bereits bekannt ist. Wenn man aber von der Diskontinuität ausgeht, dann wird das Experiment nicht durch Vorhersagbares und formale Erwartungen eingeschränkt, sondern es wird eben dadurch eine neue Erfindung. Gerade weil Neuerfindungen nicht erfolgreich sein müssen, und weil es insbesondere viele Möglichkeiten gibt, wie man ein Potenzial innerhalb eines ursprünglichen Plans zum Tragen bringen kann, taucht auch die Diskontinuität – bzw. ihre Durcharbeitung – als ursprünglicher Ort der Beurteilung auf.

Was daher mit der als Plan interpretierten produzierten Linie auftaucht, ist eine grundsätzlich andere Bedeutung des Bildes. Während Architektur als Entwurfspraxis und als Objekt historischer und theoretischer Betrachtung mit und durch Bilder arbeitet, muss angeführt werden, dass in jedem Beispiel und innerhalb des Beispieles grundsätzlich vollkommen unterschiedliche Bedeutungen des Bildes wirken. Wenn man zulässt, daß Diskontinuität die Art des Prozesses zwischen den unterschiedlichen Architekturbildern definiert, so bedeutet das, dass man in den verschiedenen Bereichen der Praxis auch Eklektizismen zulässt. In jedem Fall impliziert ein Unterschied, dass die Techniken im Mittelpunkt stehen, weil der Übergang von Bild zu Bild – vom schematischen Plan zur Darstellung, beispielsweise – bedeutet, dass man sich durch Orte der Diskontinuität durcharbeitet. Die Unmöglichkeit einer rein formalen oder theoretischen Erweiterung – die unmöglich ist, wenn die Diskontinuität als die Arbeit hervorbringender Ort Bestand haben muss – bedeutet, dass die unterschiedlichen Wege an die Techniken gebunden sind, die eine Realisierung erst ermöglichen. Die Beurteilung muss also das Experiment, seine formale Auflösung und die Techniken, die es in die Lage versetzen, als sein Gegenstand aufzutreten, umfassen.

Was schließlich aus diesen Arbeitsnotizen hervorgeht, ist, dass die Fähigkeit der Bilder, (neu)positioniert werden zu können; dass die Fähigkeit der Linien, Diskontinuität zu ermöglichen; dass die Fähigkeit der Diskontinuität, die Grundlage der Form zu sein, bedeutet, dass die Geschichte der Linien über eine bloße Berücksichtigung in den diskursiven Feldern hinaus geht. Bilder und Linien – das Linienbild – müssen eine grundsätzliche Pluralität gehabt haben, die eine Überarbeitung und Neupositionierung ermöglicht. Die Fähigkeit der Linie, sich gegebenenfalls zu falten, und jene der Falte, sich gegebenenfalls jeder unmittelbaren Bewegung hin zur Form zu enthalten, bedeutet, dass Form und Partikularität finite Momente in einem Feld eines unendlichen Potenzials sind. In Summe ist die Endlichkeit sowohl das Ergebnis der Unterbrechung als auch dessen, was unterbricht. Die Frage wird daher immer lauten: Wie kann man überhaupt Endlichkeit darstellen? Und wie sieht sie aus?

Latente Realitäten
Aaron Betsky

Es gibt keine "neue Architektur". Jetzt, da die Blase geplatzt ist, sehen wir die unverzerrte Realität des materiellen Raumes, in dem wir genau das sind: tote Materie mit viel Phantasie. Wir, die wir davon träumten, dass wir eine neue Formenwelt erschaffen oder gar unsere Körper hinter uns lassen könnten, um uns durch die endlosen Räume der Elektrosphäre zu beamen, sind ernüchtert aufgewacht. Und müssen mit dem zurecht kommen, was da ist.

Ich will damit aber keineswegs sagen, dass der Computer nichts verändert hätte. Der Computer ist überall und die digitalen Medien sind in alle Bereiche unseres Alltags vorgedrungen. Die neuen Tools des Entwerfens und der Phantasie ermöglichen neue Formen mit neuen Farben und neuen Eigenschaften. Das radikal Neue ist per definitionem Teil unserer Realität. Es ist wie ein Baustein für eine Utopie, die niemals Wirklichkeit wird. Der Computer ist einerseits nicht mehr als wieder eine neue Technik, die einen radikalen Wandel verspricht, an dessen Ende etwas ganz anderes als das, was wir erwartet haben, steht, etwas, das schwer zu erkennen und zu beschreiben ist. Andererseits hat er die Kluft zwischen der gelebten Realität und den Träumen der Architekten vom Bau einer besseren Welt vertieft.

Es ist jetzt an der Zeit, die Frage zu stellen, welche Utopien in der Applikation der Computer- und Kommunikationstechnologien latent vorhanden sind, warum wir solch perfekte Orte überhaupt postulieren sollen und welche Auswirkung die Erfindung dieser Utopien durch die Architekten auf unsere Kultur insgesamt hat. Wichtiger als jede Antwort darauf ist es, unsere Realität zu analysieren und herauszufinden, wie solche Technologien unsere Wahrnehmung, unseren Umgang und unser Verständnis der Welt verändern.

Beginnen wir also mit letzterem. Je weiter der Computer in unser Leben vordringt, desto unsichtbarer wird er. Seine Wirkungsweisen unterscheiden sich vollkommen von seinem tatsächlichen Objektstatus und sind mit anderen Technologien verzahnt. Die Gebäude, Autos, Außenräume werden zunehmend vom Computer gesteuert. Die Künstlichkeit unserer Umräume war bereits so weit fortgeschritten, dass, obwohl bereits mit Klimaanlagen und elektrischem Licht große neue Territorien zeitlich und räumlich neu erschlossen worden waren, wir durch die Beherrschung komplexer Kommunikations- und Verkehrstechnologien die Städte mit immer größeren Vororten noch mehr verdichten konnten. Mit dem Computer hat sich diese Fähigkeit dramatisch verstärkt, so dass wir unsere Klima- und Lichtanlagen und Wahrnehmungen so fein abstimmen können, dass wir diese Manipulation gar nicht mehr wahrnehmen. Wir können auch mit beinahe jedem überall sofort kommunizieren. Die Arbeit organisiert sich so, dass der Bedarf an herkömmlichen Fabrikanlagen und Bürohäusern zurück geht.

Trotzdem bleibt äußerlich alles beim Alten. Wir haben noch Straßen und Städte, Wohnhäuser und Vororte. Bürohäuser werden gebaut, und es sind noch immer Schuhschachteln. Die Materialien, die auf computergesteuerten Maschinen extrudiert werden, schauen aus wie Holz, Plastik oder andere uns vertraute Materialien. Der Computer gehört einfach dazu und schlängelt sich im Hintergrund durch alles durch, was uns umgibt, aber die Formen, die wir wahrnehmen, sind uns durchaus vertraut. Nur ein paar selbsternannte Propheten einer neuen Welt versuchen uns einzureden, dass der Computer und die Kommunikationstechnologien neue Formen hervorbringen. Sogar die radikalsten Experimente jedoch kommen nicht ohne eine vertraute Formensprache aus, sei es nun der deutsche Expressionismus oder die reduzierende Moderne. Beide sind Annäherungen an das vorgeblich Neue, das vor beinahe einem Jahrhundert entwickelt wurde, und die meisten anderen neuen Strömungen folgen ihnen, indem sie bereits existierende Stilrichtungen neu beleben.

Die einzige Möglichkeit, wie wir die Auswirkungen des Computers im ganzen Umfang erleben können, ist seine Projektion im wörtlichen und im übertragenen Sinn: in Science-fiction-Filmen, in Kunsträumen und in Performance- oder Installationsexperimenten, in denen man die Fähigkeit des Computers, neue, bis dato unvorstellbare Strukturen, Töne und Formen zu generieren, ausnützt. In den meisten Fällen kommen diese Erfindungen jedoch nicht ohne "Krücken" aus: eine Handlung oder eine Geschichte in Film, Tanz und Schauspiel, oder die Projektionsflächen und Bildschirme, die sogar in den ausgeklügeltsten computergestützten Installationen so beschämend präsent sind.

Derartige Experimente erscheinen vielen Architekten, Designern, Künstlern und Kritikern, einschließlich dem Autor selbst, wichtig. Sie erfüllen ein Bedürfnis nach Eskapismus, wobei die Science-fiction-Zukunft ein Ersatz ist für die tropische Insel, das antike Griechenland oder sogar den Himmel – lauter Gegenmodelle zu einer mit Mängeln behafteten Wirklichkeit, zu unserer Sterblichkeit. Ein weiterer Zweck besteht darin, dass sie uns an die Vorteile unserer derzeitigen Situation erinnern, indem sie negative Modelle oder Dystopien auf- und darstellen. Sie sind jedoch anders als die anderen kleinen Fluchten, die unsere Kultur bietet, durch die wir dem Todesurteil, dem traurigen Leben an sich, entkommen: Science-fiction entwirft ein Modell, das eine direkte Fortsetzung der Zeit und des Ortes, in denen wir leben, ist. Es ist weniger eine Alternative als vielmehr eine Extrapolation der gegenwärtigen, wenn auch mit Mängeln behafteten, Bedingungen in eine neue Welt.

Als solche zeigt sie das Dilemma auf, in dem sich die Architektur befindet: sie ist sowohl eine Organisation gegenwärtig verfügbarer Ressourcen als auch ein Projekt für ein neues Raumprogramm. Sie funktioniert daher mit Ordnungssystemen, Stilen und Materialien, die bereits verfügbar sind, um Funktionen aufzunehmen, die uns von den herkömmlichen Technologien bereits bekannt sind (oder die wir zu kennen glauben). Um Architektur und nicht nur Gebäude zu sein, muss sie etwas hinzu fügen: die Eitelkeit des Neuen, des Noch nie Dagewesenen, des Besseren und des Perfekten. Sie muss utopisch sein.

Zumindest in den letzten zwei Jahrhunderten dienten utopische Modelle als Rechtfertigung für Architektur insofern, als sie eine vorausschauende Validierung der Ordnungs- und Repräsentationssysteme ermöglichten, die die Entwerfer auf ihre Arbeiten anwendeten. Ob es diese Utopie in der Vergangenheit gab, wie klassische oder neogotische (oder neo-irgendwas) Architekten glaubten, oder ob man annahm, dass sie irgendwann in der Zukunft auftauchen würde, war weniger wichtig als ihre Bedeutung als Gegenmodell zur existierenden Realität. Die Architektur musste eine perfekte Welt so darstellen, dass sie zumindest potenziell bewohnbar war. Jedes Gebäude war ein Baustein für eine noch idealere Situation. Einmal realisiert, bedeutete sie den Tod dieser Vision, weil der tatsächliche Bau das Glanzbild unter weltlichem und deshalb unvollkommenem Stein, Ziegel oder Holz begrub. Der utopische Impuls, der die Architektur antreibt, ist auch insofern verzerrt, als er das Gebäude so weit wie möglich von der Realität, die es umgibt oder umgeben wird, weg haben möchte. Die Tatsache, dass Architektur immer das Ergebnis der Begehrlichkeiten jener ist, die die Mittel haben, um sie in Auftrag zu geben, und das Fachwissen, um sie zu realisieren, machen aus ihr ein luxuriöses und rätselhaftes Beiwerk des Bauens an sich. Utopische Träume dienen dazu, das Schuldgefühl des sich als solcher verdingenden Architekten zu kalmieren und das Auftragswerk zu adeln. Sie verwandeln Architektur in ein Fragment von etwas Unerreichbarem, beinahe Überirdischem, von dem man sich beinahe wünscht, dass es es gar nicht gäbe. Sie macht aus dem Gebäude ein Objekt der Begierde, entzieht ihm aber dafür seine Funktionalität, seine Materialität und seine Qualität des Hier und Jetzt.

All diese Probleme werden durch die Anwendung der Computertechnologie noch verstärkt. Die Formen werden weniger vertraut und die Utopien, auf die sie sich beziehen, rücken in immer weitere Ferne. In manchen Fällen enthält sich ein computergenerierter Entwurf überhaupt jeder Form und schlägt sich selbst als kontinuierlich mutierendes System vor, das "post-human" sein könnte. Blobs und Transarchitekturen, digitale Landschaften und organische elektronische Emanationen kommen ohne menschliches Zutun aus. Sie laufen automatisch ab. Sie versprechen eine Welt, die so perfekt ist, dass wir mit unseren Körpern sie niemals bewohnen werden können. Wenn jedoch Fragmente solcher elektronischer Träume gebaut werden, bleiben sie immer so weit hinter ihrer Erscheinung auf dem Bildschirm zurück, dass die Diskrepanz einen am ganzen Unternehmen "digitale Utopie" zweifeln lässt.

Es wäre daher ein Irrtum anzunehmen, dass der Computer endlich den Architektentraum vom Entwurf einer perfekten Welt erfüllen kann. Genau weil der Computer unendlich perfekte Kopien, vollkommen organische und sich ständig verändernde Umgebungen und Orte ermöglicht, die die Fragen der Schwerkraft und andere irdische Zwänge nicht kennen, wird er unerfüllt bleiben. Diese Begriffe fallen unter die selbe Kategorie von Visionen wie Zenotaphe für Newton, "Usionian" Städte, "deep structures" und der Cyberspace. Wie Enron im Kleide von "Star Wars" bleiben sie eine Fiktion, die über die banale Realität gestülpt wird. Der Computer wird uns nicht befreien.

Der Computer kann dazu verwendet werden, die Nützlichkeit, das Erfahrungspotenzial und die aufschlussreichen Fähigkeiten von Gebäuden zu erweitern (unter der Voraussetzung, dass das zumindest einige Qualitäten sind, die aus dem Bauakt Baukunst machen). Wichtig dabei ist vor allem, dass der Fetisch des Monumentalen gebrochen wird. Im Zeitalter der Just-in-time-Lieferungen und der maximalen räumlichen Flexibilität ist die Vorstellung eindeutig absurd, dass wir in etwas investieren sollten, das Jahrhunderte überdauert, ehe es das Ende der Zeit einleitet. Architekten der "pragmatischen" Schule experimentieren mit Architekturen, die, wie Wouter Vanstiptout es ausdrückte, "billig, schmutzig und direkt" sind. "Kein Geld, keine Details", sagt Rem Koolhaas, der stattdessen in globale Forschungsprojekte investiert. "Die Form ist das Ergebnis einer Extrapolation oder Hypothese in Form eines "Datenraums" der dahinter liegenden Ansprüche", meint Winy Maas von MVRDV.

Obwohl diese Computeranwendung die klar artikulierte Form vermeidet, steht sie in direkter Verbindung mit den expressivsten computergestützten Experimenten. Greg Lynn, der Form und Fixierung von innen angreift, schlägt vor, uns die Architektur wieder als Gewebe vorzustellen, das sowohl dauerhaft als auch nicht dauerhaft, fest und durchlässig, Struktur und Verkleidung ist. Diese Vorstellung leitet sich ebenso sehr von Viollet-le-Ducs Verschmelzung von Archäologie, Pragmatismus und technologischer Innovation wie vom Poststrukturalismus her. Einem Zelt gleich, vereinigt seine neueste Architektur organisches Material (in seinem Fall sogar auf Ebene der Moleküle) zu einer weichen Hülle, die über die jeweiligen funktionalen Anforderungen geworfen wird, die zu einer bestimmten Zeit in einem Raum bestehen. Studio Asymptote scannt Elemente der Geschäftswelt und schießt Morphsoftware als Kettfaden ein. Daraus entstehen dann "Iscapes" und "Fluxe".

Andere Architekten wiederum setzen die Computer ein, um im freien Fließen der Welt einen Angelpunkt zu setzen. UN Studio praktiziert das "deep planning", wobei Daten gesammelt und zu Formen optimiert werden. Das Ergebnis sind feste, iconartige, rätselhafte Erscheinungsformen. Ihre Arbeit sei irgendwo "zwischen Kunst und Flughäfen" angesiedelt, sagen sie, sie würden die ganze Komplexität letzterer zu der Kraft zusammenschweißen, die erstere – die Kunst – bräuchte, um zu überraschen, zu verstören und zu enthüllen. Das ist auch das – wenn auch nicht so explizite – Anliegen von Architekten wie Coop Himmelb(l)au und Zaha Hadid, die Computer verwenden, um konkrete Verkörperungen der Unsicherheit, von Momentaufnahmen und labyrinthischer Monumente für grenzenlose Erfahrungen zu erzeugen. Während Letztgenannte Gebäudefragmente als Momentaufnahmen von Explosionen stützen und die Computertechnologie heranziehen, um das beinahe Unmögliche zu einer Art Anti-Monument zu erheben, zieht Hadid die Straße zu einem langen Formenband ohne erkennbaren Anfang noch Ende aus. Hier wird die Architektur zu einer Geste, einer Signatur und zu einer schlitternden Fluchtlinie.

All diese Arbeiten sehen noch so aus, als ob sie von einem Computer erzeugt wären. Vielleicht genau so interessant, aber noch nicht in die Architektur eingedrungen ist die Tatsache, dass der Computer uns befreien kann, damit wir Räume und Bauten begrifflich neu definieren und in hybride Applikationen vertrauter Formen und Materialien einbetten können. Diese Einbettung des Computers in andere Systeme ist erfolgversprechend. In den meisten Fällen saugt der Computer aus Objekten Form heraus, indem er den Inhalt maximiert und die Fläche minimiert, um höchstmögliche Effizienz zu erreichen, sei es bei der Verpackung, dem Transport oder dem Einsatz von Materialien. Dabei aber wird klar, dass die Bedeutung des Objekts nicht mehr von seiner Funktion oder vom Material abhängt, sondern allein vom Mehrwert, den der Designer hinzufügt. Marcel Wanders "Knotted Chair", ein Seil, das zu Sitzmöbeln zusammengeknotet und mit Wachs gehärtet ist, die Extrudierexperimente der Campana Brothers und Philippe Starcks Verarbeitung von Popbildern zu hochwertigen Designergegenständen wie Kristallkandelabern mögen auf den ersten Blick nicht das Ergebnis digitaler Bildverarbeitung sein, es gibt sie aber nur, weil es zusammenhängende computerunterstützte und kommunikationstechnische Tools gibt. Bei diesen Arbeiten geht es um das Konzept, nicht um die Form.

Am äußersten Rande dessen, was möglich ist, geht es nicht um Utopie, sondern um absolute Normalität. Künstler wie Craig Kalpakjian, Aziz & Cucher, Andreas Gursky und Edward Salm geben uns eine Welt zurück, die wir zu kennen glaubten, die allerdings durch den Computer verzerrt ist. Sie arbeiten mit der Fotografie und verwandten Medien und erzeugen gefälschte, nur leicht verzerrte Realitäten. Sie entwerfen nichts wirklich Neues und entziehen sich damit der Gefahr, zu Komplizen des kapitalistischen Fortschritts zu werden. Ihre Arbeit ist hauptsächlich eine Projektion dessen, was der Computer kann, wirkt aber nicht fremd. Sie beunruhigt und quält uns und weist gleichzeitig ein großes Potenzial auf, weil sie uns bewusst macht, wie manipulierbar unsere Welt ist. Mit anderen Worten, sie entdeckt die wesentliche Macht und Kraft des Computers, alle Aspekte der Realität zu verändern, während er selbst unsichtbar bleibt. Ein Ergebnis dieser Arbeiten, die immer Aufmerksamkeit erregen und doch niemals ein fesselndes Gesamtkunstwerk werden, ist die Frage, was wir als Menschen in einer solch unsicheren Welt anderes tun können, als unsere Zweifel an dem, was wir machen, und unsere daran geknüpften Hoffnungen zu projizieren. Diese Kunst berechnet latente Utopien und Dystopien im Unwirklich-Wirklichen.

Sporadische Architektur:
Von Banhams Raumenergetik zu der Arbeit von Zaera-Moussavi
Xavier Costa

In unserer Zeit muss jeder Verweis auf eine Utopie durch ein Adjektiv gemildert werden – wie der provokante Titel dieser Ausstellung, *Latente Utopien*, zeigt. Der Glaube der Moderne an die Utopie als ein absolutes, aufgeklärtes, auf alles anwendbares Projekt wurde durch eine qualifiziertere Interpretation des Begriffes, vor allem nachdem Michel Foucault den Begriff der Heterotopie geprägt hatte, ersetzt. Nach Foucault wird der Sinn des "Nicht-Ortes", der Utopia nun einmal ist, umgedeutet zu einem Begriff der gleichzeitig auftauchenden "Viel-Orte". Trotzdem haben wir möglicherweise keinen zufriedenstellenden Ersatz für die verschiedenen Bedeutungen der "Radikalität", einer "ehrgeizigen Projektion in die Zukunft", für die "Schnittstelle zwischen dem Formalen und dem Sozialen" gefunden, die in der modernen Bedeutung von "Utopie" zusammen fließen. "Latente Utopien" führt mit dem Adjektiv eine verführerische biologische Assoziation ein. Der Begriff "latent" suggeriert etwas Verborgenes, etwas Auszubrütendes, ähnlich schlafenden Sporen kurz vor ihrer Verbreitung, und gleichzeitig eine unsichtbare Kraft, die sichtbares Geschehen und dessen unvorhersehbare Mutationen speist. Man könnte an eine "sporadische" Utopie denken, um die vorgeschlagene biologische Assoziation weiter zu führen.

Radikalität und Experiment waren die wichtigsten Ziele in der Architekturkultur der vergangenen dreißig Jahre. Sie bedeuten, dass Architektur als Feld der intellektuellen Analyse und des radikalen Denkens, und nicht nur als Dienstleistungsindustrie, begriffen wird. Anlässlich einer Diskussion bei der letzten *Any* Konferenz in New York erfolgte ein kurzes Gespräch zwischen Jean-Louis Cohen und Rem Koolhaas, bei dem die folgende Frage angesprochen wurde: Was ist heute von Architektur noch übrig, nach all diesen Jahren radikaler Architekturtheorie? Derzeit scheint die innovative Kapazität in unserer Kultur bei den Marktkräften, die die Strategien der Versorgung und Überzeugung steuern, zu liegen. Wie kann man radikal bleiben, wenn man nicht gleichzeitig die Transformationen der richtigen Welt leugnet? Für Koolhaas verhindert der berufliche Status des Architekten einen umfassenden Konflikt mit den Bauherrn und den Marktinteressen, die sie verkörpern: "Man kann als Architekt in allen anderen mit Architektur zusammen hängenden Bereichen kritisch sein, aber genau genommen niemals durch Architektur."[1]

Ohne die Frage ganz beantworten zu wollen, schlage ich vor, dass wir auf zwei Argumente im derzeitigen Architekturdiskurs näher eingehen: auf jenes Reyner Banhams, der Architektur und Städtebau vor ungefähr 30 Jahren neu definiert hat, und auf Alejandro Zaeras Beschreibung der Aufgabe der Architektur heute. Nach seiner Mitarbeit bei der britischen Independent Group entwickelte sich Banham von einem Architekturkritiker und -autor zu einem echten Analytiker der Architektur und der Stadt im Post-Maschinenzeitalter. Vor allem die Arbeiten der italienischen Futuristen hatten es ihm angetan und veranlassten ihn, Forschungen über den Einfluss der Energie und Mobilität auf die zeitgenössische Architekturpraxis zu untersuchen – eine Praxis, die oft am Rand der am meisten anerkannten Architektur stattfindet. Wie er nach dem Krieg schrieb, wurden die neue Kultur und die Technologie der Zeit durch ein "zweites" Maschinenzeitalter bestimmt, in welchem Phänomene wie die elektronische Technologie, die Raumfahrt und Wunderdrogen eine echte kulturelle Revolution herbeiführten, die sich mit dem Aufkommen des Fernsehens und den Anfängen der Computertechnik in den 1950er Jahren noch verstärkte.

Um 1970 gab Banham zwei Studien heraus, die sich mit dem Verhältnis zwischen Energie und Raum, allerdings in verschiedenen Maßstäben, beschäftigten: mit dem Innenraum von Bauten und dem größeren Maßstab einer Stadt wie Los Angeles, die als ein Hybrid aus Urbanismus und Landschaft interpretiert wurde.[2] In "The Architecture of the Well-tempered Environment" untersuchte Banham den Einfluss der Energie auf die Umgestaltung der zeitgenössischen Architektur. Im Anschluss an eine Reihe von Studien moderner Historiker und Kritiker über den Einfluss der Industriegesellschaft auf Architekturprojekte und Ideen, die in Giedions "Mechanization Takes Command" und in Banhams eigener "Theory and Design in the First Machine Age" gipfelten, konzentrierte er sich in "The Architecture of the Well-tempered Environment" auf die "unsichtbaren" Technologien, die gemeinsam die Architektur des Jahrhunderts verwandelt haben. In Anlehnung an Henri Bergsons Beschreibung der Materie als aus "Änderungen, Störungen, Spannungsänderungen, Energie, und nichts sonst" bestehend, bot Banham eine Sicht, der zufolge sich die Architektur in klimatisierten Räumen auflöse. Die quasi anonyme Technologie der umweltbedingten Steuerungen würde endlich eine endgültige Befreiung der Architektur von ihren strukturellen Ansprüchen zulassen. Der von der sich damals abzeichnenden Mischung aus Science fiction und High tech – man nannte das den "Fetisch der Zukunft"[3] – faszinierte Banham wies auf neue Umwelten wie das Projekt "Tragbares Theater" der Atomenergiekommission, auf Raumkapseln als temporäre Überlebenswelten oder auf Drive-in Theater hin: Kombinationen aus Landschaftsgestaltung, Verkehrsplanung, Elektronik, Optik und Umgebungen mit Lichtgestaltung. Das waren Paradigmen der neuen räumlichen Bedingungen, die aus der Technologie der Zeit auftauchten.

Auf den ersten Blick finden wir in den fetten Lettern der Umschlagseite zu "The Architecture of the Well-tempered Environment" eine Anordnung von Formen, die mit jeglicher Architekturikonographie jener Zeit bricht. Es ist ein abstrakter Plan aus verschiedenen farbigen Linien, die eine Reihe schwarzer Punkte mit der gleichen Anzahl über die Fläche verteilter Punkte verbinden. Er könnte als elektronisches Schaltdiagramm oder als Plan irgend einer mechanischen Installation, beispielsweise einer Klimaanlage interpretiert werden. Tatsächlich jedoch soll dieser Plan illustrieren, welches Verständnis Banham von der Architektur als *Management wohltemperierter Umgebungen* hat, eine Vorstellung, die andere bestehende Interpretationen der Architekturtektonik zu Gunsten von Energiesystemen vollkommen revidiert. Anders ausgedrückt, ist der Energiefluss durch einen bestimmten Raum (Umgebung) das Element, das die Haupteigenschaften dieses Raumes bestimmt. Banham weist in dem Buch nach, dass bestimmte traditionelle Hausformen nach der Bewegung der Wärme ausgehend von der Feuerstelle gebaut wurden, so dass die unterschiedlichen Räume, die räumliche Organisation und schließlich die Tektonik der Architektur durch diesen Energiefluss bestimmt wurden. An einer bestimmten Textstelle erweitert Banham den Begriff der wohltemperierten Umgebung auf die Stadt, wobei er von der Möglichkeit eines "Einschalt"-Raumes (oder einer "Einschalt"-Stadt) spricht, die gleichermaßen durch die Energieflüsse, die die Funktionen speisen würden, bestimmt wäre. Dieses Konzept wird teilweise in seiner Studie über Los Angeles fortgesetzt, in der Banham den Begriff "Ökologie" eingeführt hat, um urbane Systeme mit einer territorialen und topographischen Komponente zu bezeichnen.

Banham sprach in "Los Angeles: The Architecture of Four Ecologies" erstmals von einer neuen Mischung aus Landschaft und Städtebau, um Großstadtphänomene zu interpretieren, die er in seinen vier *Ökologien* beschrieb. Die Mobilität, die für Banham ein wichtiger Stadtfaktor war, das Nomadentum von "Surfurbia", die auf dem Auto gründende "Autopie", das Autobahnnetz, das als ein über ganz LA darüber gelegtes autonomes System gelesen werden konnte – all das war ultimativ verantwortlich für den Landschaftsansatz in der Stadtinterpretation. Stan Allens Analyse[4] zufolge "kann er mit dem Begriff Ökologie eine Art Kartierung der Interaktion komplexer Mischungen vornehmen. Ökologien sind dynamische Systeme, die unter zahlreichen ähnlichen Variablen ein Gleichgewicht durch Interaktion und ein Feedback aufrecht erhalten… Ökologie legt das Augenmerk nicht auf das individuelle Objekt, sondern auf die Interaktion vielfältiger Akteure in einem Feld. Ökologien entwickeln sich in der Zeit und kennzeichnen einen durch Katastrophen verursachten Wandel." In dem Begriff "Ökologie" gelang es ihm, ein neues Verständnis für die Kräfte, die die Stadt gestalten, und ihre räumliche Konkretisierung zusammenzufassen. Der Raum, auf den Banham 1971 hinwies, ist offenbar enger mit der heutigen Mischung aus Landschaftsflächen und urbaner Komplexität verwandt. Die virtuelle Ebene elektronischer Verkabelungen und Systeme, die unsichtbare Landschaft der Telekommunikation, lässt auf einen tiefgreifenden Wandel unserer urbanen Räume durch nicht wahrnehmbare Kräfte schließen, die sich von einer neuen Visualisierung der Entfernung, von einer simultanen Visualisierung aller Orte herleiten. Die Landschaft als Metapher eignet sich gut für die Beschreibung dieses Phänomens, und es soll uns nicht wundern, dass wir im heutigen Architekturdiskurs so häufig auf sie stoßen. Für Banham verhält sich die Stadt wie ein Feld interagierender Netzwerke. Entsprechend diesem Verständnis von Ökologie verschwimmen im "Feld der Mobilitäten" die Grenzen zwischen dem Natürlichen (Territorium) und dem Künstlichen (Stadt, Landschaft).

Alejandro Zaera, einer der Architekten von *Latente Utopien*, verwies darauf, wie wichtig es ist, Raum zu produzieren und Materialität zu organisieren, als er die Ziele seines Büros, "Foreign Office Architects", beschrieb: "Architektur braucht keine Begriffe, Symbole oder Ideologien mehr verkörpern. Deswegen sind wir für ein performatives Herangehen an materielle Praktiken, in denen die Architektur ein Artefakt innerhalb einer konkreten Menge ist", schrieb Zaera 1995[5]. Der Verweis auf das Ausland in der Bezeichnung des Büros von Zaera und Moussavi lässt auch Schlüsse auf ein Nomadentum zu, das sich an das von Koolhaas mit seinem "Office for Metropolitan Architecture" initiierte Konzept anlehnt. Im neuen Drehbuch der globalen Kräfte und der marktbestimmten Dynamik kann man sich dem Druck, sich an die ständig wechselnden Bedingungen anzupassen, nicht entziehen. Das bedeutet ein "managermäßiges" Herangehen an den Entwurf, welches im Verbund mit einem intelligenten und innovativen Umgang mit Forschung von Michael Speaks gewagt als Voraussetzung für die meisten hier ausgestellten Arbeitsweisen bezeichnet wird: "Es ist dieser Management-Ansatz, und nicht das Interesse für das Werk von Gilles Deleuze, posteuklidische Geometrien, Pläne oder Daten, der die neuesten Architekturpraktiken in der ganzen Welt heute unter einander verbindet… Architektur sollte sich der 'bösen' Geschäftswelt und dem Firmendenken stellen, ja, sie sollte ganz aggressiv danach trachten, sich in ein auf Forschung gestütztes Unternehmen zu verwandeln."[6]

Was Michael Speaks radikal beschrieb, ist ein gemeinsamer Zug jener Architekten, deren Arbeiten hier angeführt sind. Entsprechend dem Nomadenverständnis muss sich der Architekt ständig an verschiedene Orte anpassen und verschiedene Herangehensweisen wählen. Zaeras Arbeit war immer auf die Komplexität der entstehenden ortsbezogenen Architekturentwurfsarbeit in einer globalisierten Wirtschaft und Kultur abgestellt. Das vielgerühmte Hafenterminal Yokohama von FOA ist ein gutes Beispiel für ein vermittelndes Projekt: eines, das zwischen der Stadt und ihrer Bucht, zwischen öffentlichen Räumen und jenen für die Passagiere, zwischen lokalen Nutzern und ausländischen Besuchern, zwischen der Hülle und der tragenden Struktur vermittelt. Der Energiefluss und das Ökologiekonzept, das Banham als jene Kraft beschrieben hat, die architektonische und urbane Elemente zu einem neuen Raumbegriff verbindet, kann auch als Position gesehen werden, die sowohl dem Wandel der wirklichen Welt (Klimatechnik, umfangreiche Autobahnsysteme) Rechnung trägt als auch von einem kritischen Verständnis der Gegenwartskultur zeugt. Zaeras Forderung nach einer aktiven Raumproduktion und einer performativen Architektur basiert auf seinem Bemühen um Vermittlung zwischen einer radikalen Architektenposition und einer effizienten Antwort auf die Kräfte der *wirklichen Welt*. Eine neue Architektur entsteht, die jeden Konflikt, jede Modulation und jede Veränderung ihrer Befindlichkeit "mitdenkt".

1 Diese Diskussion wurde in *Anything*, Cynthia Davidson (Hg.), Cambridge, Mass.: The MIT Press, 2001, veröffentlicht. S. 220-223.
2 Reyner Banham, *The Architecture of the Well-tempered Environment*. Chicago: The University of Chicago Pres, 1969; *Los Angeles: The Architecture of Four Ecologies*. London: Allen Lane, 1971.
3 Siehe Julian Meyers Essay über die Independent Group, "The Future as Fetish". In October 94 (2000).
4 Stan Allen, "Los Angeles: 4 (Artificial) Ecologies". In Hunch 1 (1999).
5 Alejandro Zaera, "Foreign Office". In AAFiles 29 (1995):7.
6 Michael Speaks, "Superhabitats and Fast Practices". In *Habitats, Tectonics, Landscapes*. Barcelona: Actar, 2001.

Yahoo-topien: Architektur am Ende der Geschichte
Christopher Hight

"Schließlich erblickte ich mehrere Tiere auf einem Feld … Ihre Gestalt war sehr sonderbar und häßlich, was mich ein wenig beunruhigte … Im ganzen habe ich auf allen meinen Reisen niemals ein so widerliches Tier gesehen oder eines, gegen das ich instinktiv eine so starke Abneigung empfand."
Erste Begegnung mit den Yahoos, aus Jonathan Swift, "Gullivers Reisen" (1726)

Der Ausdruck "Utopie", der heute für eine positive Fantasie steht, bedeutet wörtlich Nicht-Ort. Ein solcher paradoxer Nicht-topos, der weder hoffnungsvoll noch abstoßend ist, fungiert als Ort der Projektionen für die Ängste und Sehnsüchte einer Kultur (was in vielen Fällen ein und dasselbe ist). Wenn die theoretische Physik zur Überprüfung von Thesen, für die die Entwicklung normaler Instrumente nicht möglich ist, auf Gedankenexperimente zurückgreift, fungiert die Utopie als ästhetisches, soziales und politisches Experiment des Denk- und Sagbaren. Eher eine Simulation denn eine Allegorie besteht die Utopie aus projizierten Vermutungen und Potentialen, die in den bestehenden wirtschaftlichen bzw. sozialen Organisationen und kulturellen Praxen verborgen sind.[1] Sie repräsentiert nicht so sehr einen fiktiven Ort; vielmehr bildet sie die Topografie der kollektiven vorbewussten Fantasie ab.
Wenn dies so ist, bezieht sich die utopische Projektion letztlich auf eine *Temporalität*, bietet sie eine Geschichte der imperfektiven Vergangenheit. Die Geschichte der "Utopie" als Idee und Objekt kreativer Beschäftigung in der westlichen Kultur ist verknüpft mit dem Modus ihrer Geschichtlichkeit bzw. mit der Art, wie utopische Projektion stattfindet. Als Thomas More beispielsweise den Begriff zu Beginn des 16. Jahrhunderts prägte, stellte er Gedankenexperimente aus früheren Epochen (wie Platos "Republik") in den historischen Rahmen der Renaissance und des Christentums. Ob More sein "Utopia" nun tatsächlich für erstrebenswert hielt oder nicht, seine Möglichkeitsbedingungen als virtueller[2] Ort waren durch die europäische, christliche Teleologie vorgegeben und abhängig von der Möglichkeit des Fortschritts ebenso wie von der Idee einer letztendlichen Verwirklichung durch Apokalypse, Aufklärung oder, eher im Sinn marxistischer Ansätze, Revolution.
Wenn das utopische Projekt heute diskreditiert scheint, so ist das folglich darauf zurückzuführen, dass dieser doppelte Möglichkeitsrahmen augenscheinlich in ein "postmodernes" Ende der Geschichte übergegangen ist. Andere postmoderne Theorien, jenseits von Tafuris berühmter Modernismuskritik durch die Kategorie der Utopie, lassen die Utopie in einem problematischen Licht erscheinen. Nach Fukiyamas berüchtigter These vom "Ende der Geschichte" beispielsweise ist der historische Kampf tatsächlich mit dem Sieg des amerikanischen Marktes abgeschlossen. Wie kurios diese Annahme heute auch erscheinen mag, solche Posthistoire-Narrative statten die Utopie mit einer Zugehörigkeit aus, die ihr als historische Epoche der Moderne eigen gewesen wäre – mit einer Zugehörigkeit zu ihren Klassenkämpfen, ihrem Fortschrittswillen. Wenn dies zuträfe, wäre der Zeitgeist, wäre ein anderes epochales und historisches Medium scheinbar von einer sich unendlich wiederholenden Form des ewigen Jetzt abgelöst worden (daher rührt auch die Dominanz des Ausdrucks "contemporary" (zeitgenössisch) über den Begriff "modern" als Bedeutungsschibboleth des heutigen Diskurses).
Mittlerweile ist jedoch klar, dass marktgesteuerte wie kritische Formulierungen des "Posthistoire" selbst utopistischer Natur waren und im Rahmen einer Moderne blieben, deren Zeit angeblich vorüber war. Was hier spürbar wird, ist in der Tat nicht der Niedergang der Utopie als Projekt, sondern etwas, das wir *atopisches* Vergessen nennen könnten. Die Unmöglichkeit also, uns die Historizität der Utopie vorzustellen, einschließlich des Dystopischen. Nietzsches zweiter "Unzeitgemäßer Betrachtung" zufolge – üblicherweise als Verdammung der Geschichte missverstanden – würden die Menschen in einer *ahistorischen* Kultur (einer Kultur ohne historisches Bewusstsein) nicht von den Ketten der Vergangenheit befreit sein, sondern wie Swifts Yahoos werden: instinktgeleitete Tiere, Kühen vergleichbar, in glücklicher Unwissenheit, was das Vergehen der Zeit, die Möglichkeit der Veränderung betrifft oder sogar im Bewusstsein der ewigen Wiederholung. Man könnte diese animalistische Atopie mit der Rhetorik des Posthistoire vergleichen, in der, wie Vattimo festgestellt hat, der Wandel zur Routine geworden ist. In der Tat betrauern heute einige den Verlust des "Ortes" in einer globalen Wirtschaft, in der geographische Standorte durch den Konsum von Marken ersetzt werden, während andere diesen freien Fall der historischen Identität auskosten möchten. Wenn die Utopie jedoch tatsächlich der virtuelle Ort kultureller Sehnsüchte ist, deutet diese Spannung darauf hin, dass das utopische Projekt nicht hinfällig ist, sondern vielmehr verwirklicht wurde. Das verstohlene Hineinschreiben von Narrativen, die das Ende der Geschichte zum Inhalt haben, in die Historizität atopischer Projektion deutet darauf hin, dass wir uns – statt in "Utopie" etwas Gefährliches, Hoffnungsvolles oder Obsoletes zu sehen oder uns nach ihr zurückzusehen – mit ihren *latenten Funktionsweisen* in den historischen Konstruktionen der Moderne (einschließlich ihrer postmodernen Spielart) auseinandersetzen sollten.
Von all den utopischen Temporalitäten, die die moderne Architektur durchdrungen haben, war "die klassische" möglicherweise die mächtigste und einflussreichste, ein von einem Wesen namens "homo vitruvianus" bevölkertes Arkadien. Im folgenden wird eine Manifestation der klassischen Utopie im zeitgenössischen architektonischen Denken kurz dargestellt, repräsentiert von der

Modernismuskritik eines Alberto Perez-Gomez und eines Peter Eisenman. Für welche entgegengesetzten Konzepte diese beiden Namen auch stehen mögen, sie demarkieren ein einheitliches, stabiles Feld zur Erforschung der Möglichkeiten, die das angebliche Ende des Klassischen und das Ende der modernen Architekturgeschichte begleiten.

Die verlorene Welt

In seiner einflussreichen Schrift "Architecture and the Crisis of Modern Science" zeichnet Perez-Gomez eine klassische Architektur, deren Struktur sich an eine komplexe Körpermetapher anlehnt. In dieser hermeneutisch-phänomenologischen Darstellung ermöglicht die Metapher des Körpers nicht nur sinnvolle Architektur, durch sie kann Architektur auch als Archetypus für die Organisation einer sinnvollen Existenz fungieren. Perez-Gomez teilt die These von Joseph Rykwert, wonach Vitruvius' "Zehn Bücher" "den Beginn unserer Tradition" der europäischen Architektur markieren.[3] Wenn, wie er vorschlägt, die metaphorische Projektion körperlicher Erfahrungen auf die Architektur deren Sinn erzeugt, erweist sich der homo vitruvianus als zweifacher Ursprung: einmal im zeitlich-geographischen Sinne der griechisch-römischen Architektur (erneuert in der Renaissance) und einmal im konzeptuellen Sinn der Körpermetaphern. Dieser zweifache Ursprung definiert unsere architektonische Tradition.

Darüber hinaus argumentiert Perez-Gomez, der Beginn der modernen Architektur falle mit einer Aushöhlung der Körpermetapher zusammen, bedingt durch den Sieg des rationalen, wissenschaftlichen Denkens über die Welt der Mythen und Metaphern. Nach seiner Darstellung begann dieser Prozess im späten 17. Jahrhundert mit Claude Perraults "Ordonnance", das für ihn ein monumentales Ereignis bleibt, da darin die "architektonische Proportion das erste Mal explizit ihren Charakter als transzendentale Verbindung zwischen Mikrokosmos und Makrokosmos verlor."[4] Die Welt wurde, so Perez-Gomez, auf eine positivistische und instrumentelle Erklärungsebene reduziert, beherrscht von Wissenschaft und positivistischen Erklärungsansätzen. Jacques-Nicolas-Louis Durands Funktionalismus vollendete den Bruch, da "Zahl und Geometrie" vollständig von "symbolischen Konnotationen" getrennt wurden.[5] Nunmehr symbolisierte Form weder eine transzendente Ordnung noch verkörperte sie Erfahrung; statt dessen wurde sie auf die Ebene von "Zeichen mit technologischem Wert" reduziert. Für Perez-Gomez führt Durands Werk direkt zur "Geometrie des Bauhaus, des International Style und der Moderne, die im wesentlichen das undifferenzierte Produkt eines technischen Weltbildes war".[6]

Somit scheint es zwischen Perrault und Durand zu einem Bruch in der Architekturtradition gekommen zu sein. Die moderne Architektur wurde nicht auf sicherem Boden begründet, sondern auf einem Bruch mit der metaphorischen Beziehung zwischen Körper und Gebäuden. Dieser Substanzverlust, so argumentiert Perez-Gomez, muss sich bis zur heutigen Zeit fortgesetzt haben, in der das Verständnis für metaphorische Poetik vollständig geschwunden ist. Es ist wichtig, die Implikationen einer solchen These zu verstehen: Perez-Gomez behauptet, dass es uns "seit dem 19. Jahrhundert an einer lebendigen Tradition der architektonischen Praxis mangelt". Da die Körpermetapher verworfen wurde, gibt es vielleicht viele Gebäude, darunter möglicherweise sogar einige interessante, aber kaum "Architektur" im eigentlichen Sinn des Wortes. Es existiert nicht einmal eine brauchbare Disziplin bzw. ein brauchbarer Diskurs über die Architektur. Tatsächlich vertritt Perez-Gomez ausdrücklich den Standpunkt, eine "lebendige Tradition" könne nur durch das "Aufsuchen und Interpretieren vergangener Spuren und Dokumente" rekonstruiert werden, durch die Gründung einer neuen Tradition auf den Überresten der alten.[7] Hier dienen klassische Vergangenheit und homo vitruvianus als retrospektive Utopien für die Zukunft.

Die Welt als Simulation

Im Gegensatz dazu behauptet Peter Eisenman in seinem Artikel "The End of the Classical" aus dem Jahr 1984, dass "die moderne Architektur keinen Bruch mit der Geschichte darstellt, sondern einfach einen Moment in demselben Kontinuum" der klassischen Architektur.[8] Eisenman beschreibt ein klassisches architektonisches Epistem, das von drei "Fiktionen" bestimmt wird, jede einzelne ein Apriori für das westliche humanistische System der Architektur. In der Fiktion der Repräsentation sollte Architektur für etwas stehen, das über sie selbst hinaus geht. Den Beginn dieser Fiktion sieht Eisenman in der Übernahme der antiken klassischen Architektur durch die Architekten der Renaissancezeit, die die griechische und römische Architektur ebenso wie die Werte, die dieser alte Stil zu symbolisieren schien, zu repräsentieren suchten. Die zweite Fiktion besteht in der Vorstellung, Architektur repräsentiere die "Wahrheit", eine natürliche Ordnung oder ein göttliches Gesetz. Auch in diesem Fall setzt Eisenman den Beginn der Fiktion mit der Verwendung des homo vitruvianus in der Renaissancezeit fest, was er, ohne weiter darauf einzugehen, als "das berühmteste Beispiel" einer Architektur bezeichnet, die "in natürlichen oder göttlichen Quellen bzw. in einer kosmologischen oder anthropomorphen Geometrie nach Ursprüngen suchte".[9] Die dritte Bedingung ist die der Geschichte, oder besser gesagt, die Vorstellung, Architektur müsse zeitlose, klassische Werte repräsentieren. Auch hier liegt der Ausgangspunkt wieder in der Ära der Renaissance, die sich zur Rechtfertigung zeitgenössischer Architekturen vergangener Formen bediente. Diese drei Bedingungen verstärken und stützen sich gegenseitig. Gemeinsam definieren sie das *klassische* System der Architektur. Nach Eisenman nimmt dieses System in der Mitte des 15. Jahrhunderts in der italienischen Renaissance seinen Ausgang, und so lange diese Fiktionen bestehen, definieren sie eine "kontinuierliche Form des Denkens, [die] als klassisch bezeichnet werden kann."[10]

Trotz seines Anspruchs, eine Foucaultsche Archäologie der Architektur entwerfen zu wollen, wiederholt Eisenman bis zu diesem Punkt die Historiographie von Perez-Gomez. Wie dieser vertritt Eisenman den Standpunkt, die Trennung zwischen klassischer Architektur einerseits und wahrhaft moderner Architektur andererseits könne nicht als Stilwandel definiert werden, sondern als Zerrüttung der zugrundeliegenden Bedeutungsstrukturen. Beide sind sich einig darin, dass die Architektur der Renaissance mit Hilfe Vitruvscher Körpermetaphern eine kohärente und kontinuierliche Tradition definiert, das Klassische. Beide gehen davon aus, dass die Architektur der Aufklärung das Rationale und Positivistische bevorzugte. Eisenman teilt sogar Perez-Gomez' Verständnis von Durand als jenem Architekten, der "diesen Moment der höchsten Autorität der Vernunft verkörpert". Und wie Perez-Gomez stellt Eisenman die Behauptung auf, Durands Protofunktionalismus habe zu den beherrschenden Modernismen des 20. Jahrhunderts geführt.

Dennoch sieht Eisenman in dem zwischen dem 17. und 19. Jahrhundert erfolgten Wandel hin zum Rationalismus eher eine oberflächliche Anpassung als einen grundlegenden Bruch mit dem "klassischen" Vitruvschen System. So behauptet er beispielsweise, Durand hätte die Fiktionen bewahrt, für die die Architektur steht, und das, wofür sie stehe, sei eine außerhalb der Architektur liegende Vorstellung von Wahrheit.[11] Ebenso erkennt Eisenman die modernistische Architektur als repräsentativ, da ihre Abkehr von der unverhüllten Figuration nur die Architektur in die Lage versetzen solle, "selbst eine [zeitlose] Realität" im Sinne eines rationalistischen, positivistischen Systems "zu repräsentieren" – eine oberflächliche Veränderung angesichts der Forderung, Architektur müsse das Zeitlose wahrheitsgetreu repräsentieren. Wenn Repräsentation, Wahrheit und Zeitlosigkeit beibehalten werden, dann "stellt die moderne Architektur keinen Bruch mit der Geschichte dar, sondern einfach einen Moment in demselben Kontinuum" der humanistischen Architektur.[12] Für Eisenman hat der Modernismus die klassischen Apriori der Architektur also nicht verändert: "Im wesentlichen ... hat sich seit der Renaissance nichts verändert."

Entwicklungen des Klassischen in der Moderne

Eisenman und Perez-Gomez vertreten zwei dominante Richtungen in der Kritik an der modernen Architektur. Beide entstanden parallel zueinander in der Mitte der 1980er: Die eine entwickelte sich aus den poststrukturalistischen Theorien eines Derrida oder Deleuze, die andere nahm ihren Ausgang in der phänomenologischen Hermeneutik. Trotzdem stimmen diese beiden unterschiedlichen – und bewusst antagonistischen – Positionen auf der archäologischen Ebene ihres Diskurses in nahezu allen Punkten überein. Sie teilen sich weitgehend ein gemeinsames Narrativ über die Rolle des Körpers als Maßstab in der modernen und klassischen Architektur. Ihre Argumente folgen einem bestimmten Muster der Zustimmung bzw. Auflösung und kreisen um eine Reihe gemeinsamer Annahmen und Objekte. Sie definieren denselben Ursprung; sie gestehen bestimmten Autoren eine besondere Autorität zu und bestimmen sich nach einer gemeinsamen Definition von Kontinuität und Unterbrechung. Sogar ihre Unterschiede sind durch eine Reihe von Annahmen und ein historisches Narrativ bedingt, die keine der beiden Strömungen einer Infragestellung, Diskussion oder auch nur Erwähnung für wert hält. Beide definieren das, was sie "Tradition" oder "klassisch" nennen, in erster Linie durch einen kontinuierlichen Verweis auf Vitruvius. Beide sehen im homo vitruvianus den entscheidenden Ursprung der Körpermetapher in der westlichen Architektur, die einigermaßen wahllos als Kanon der menschlichen Proportionen, als klassisches System oder als humanistisch bezeichnet wird. Sogar Eisenman mit seinem Anspruch, die Idee des Ursprungs in toto abschaffen zu wollen, kann nicht umhin, ihn als De-facto-Ursprung des Architekturdiskurses über den Ursprung beizubehalten. Während es Perez-Gomez darum ging, zumindest einige Aspekte dieses metaphysischen Ursprungs zurückzugewinnen, setzte Eisenman darüber hinaus die Möglichkeit einer nicht-klassischen Architektur ausgehend von derselben (wenn auch inversen) Metaphysik des Bruches als einen neuen Ursprung voraus. Zweitens vertreten beide die Meinung, dass das System auf metaphorischer Repräsentation beruht. Und sie sind sich – drittens – einig darin, dass dieser symbolische Humanismus nicht auf unverhohlene Zeichen des Körpers beschränkt ist, was beide gleichermaßen zu der Überzeugung kommen lässt, dass eine Abkehr von der humanistischen Architektur nicht durch stilistische Veränderungen bestimmt werden kann.

Das bringt uns zu einem vierten komplexen Aspekt der Historiographie: Beide entwickeln eine negative Definition der modernen Architektur, im Sinne eines Bruches mit dem klassischen Vitruvschen bzw. humanistischen System. Dieser Bruch tritt am deutlichsten durch die Abkehr von der Vitruvschen Körpermetapher zu Tage. Während Perez-Gomez antihumanistische Architekturströmungen ausmacht, die sich klassischer Dekorationselemente bedient, stellt Eisenman diese Argumentation auf den Kopf: Es existiert eine modernistische Architektur, die durch und durch klassische und humanistische Züge aufweist, da sie sich noch immer an den entsprechenden Regeln und Grundsätzen orientiert. Die Aufgabe anthropomorpher Motive und unverhüllter Körpermetaphern bedeutet nicht notwendigerweise einen Bruch mit den durch Repräsentation, Wahrheit und Zeitlosigkeit definierten

Systemen, da diese Fiktionen auch für die Definition des Körpers nach dem klassischen System der Architektur verantwortlich sind. Beide deuten dies jedoch als Beweis dafür, dass die Architektur zwischen dem 19. und beginnenden 20. Jahrhundert nicht länger als grundlegender Bruch gesehen werden kann. Die Phänomenologen setzen diesen Bruch viel früher an, irgendwo zwischen dem 17. und der Mitte des 18. Jahrhunderts. Die Poststrukturalisten dagegen gehen davon aus, dass ein solcher Bruch in voller Konsequenz erst stattfinden muss. Beide sehen keinen Sinn darin, von "postmoderner" Architektur in der Gegenwart zu sprechen: die Phänomenologen, weil moderne Architektur (als Bruch) eigentlich keine Architektur ist, die Poststrukturalisten, weil wahrhaft moderne Architektur (als Gegensatz zu jener Architektur, die sich modernistisch gibt, in Wahrheit aber klassisch ist) sich erst noch entwickeln muss.

Folglich sehen beide die zeitgenössische Architektur in der Krise, da sie am Ende dieser Tradition steht. Wie wir gesehen haben, stellt für Perez-Gomez Durand den absoluten Triumph der Vernunft dar, während Eisenman dem Moment, als "die Vernunft sich als Fiktion zu erkennen gab", herausragende Bedeutung beimißt.[13] Den Phänomenologen zufolge verstärkt der Modernismus die Krise, die im 17. Jahrhundert erstmals zu Tage trat, und bringt sie zu ihrem logischen – verhängnisvollen – Abschluss: einem nihilistischen und zynischen Spezialistentum ohne Sinn und ohne Verantwortungsgefühl für das menschliche Bedürfnis nach Wohnen. Den Poststrukturalisten zufolge hält der Modernismus eine Simulation der Architektur aufrecht, eine zynische Ideologie bzw. ein falsches Bewusstsein. Die modernistische Architektur hätte diese Fiktion nicht als Fiktion erkannt und könne aus diesem Grund die Ideologie des Humanismus nur "simulieren", um sie hinter Rationalisierungs- und Abstraktionsrhetoriken zu verdrängen. Sie argumentieren, Architektur müsse erst ein nicht-zentrales Objekt formulieren, sie müsse erst die wirtschaftlichen Kräfte der Entfremdung nutzen bzw. habe gerade erst damit angefangen.[14]

Nichtsdestoweniger sind sich beide, Eisenman und Perez-Gomez, darin einig, dass wir gerade das Ende der Architektur erleben. Eisenman freut sich buchstäblich auf das Ende vom Ende, auf den Bruch mit der klassischen Tradition, den er im bevorstehenden Beginn einer (von ihm so genannten) "Nicht-mehr-Zukunft" sieht. Jener Punkt also, an dem die Fiktionen der humanistischen Architektur, einschließlich jener des zukünftigen Fortschritts, als Fiktionen zu Fall gebracht werden. Der jeweiligen Sicht der modernen Architektur entsprechend strebt Eisenman darüber hinaus nach einer "nicht-klassischen" Architektur, während Perez-Gomez die Rückbesinnung auf humanistische Metaphern, die Rückkehr zu einer nicht-modernen Architektur fordert. Beide sind erfüllt von der Eschatologie, vom Narrativ einer Architektur, die in ihren letzten Zügen liegt. Gleichzeitig jedoch stellen sie die Geschichte der Architektur – zumindest seit dem späten 15. Jahrhundert – als ewige Wiederkehr und Wiederholung des Vitruvschen Körpers dar.

Beiden ist nicht nur eine Identität gemein, sondern auch ein definiertes Auflösungs- und Verwendungsmuster in Bezug auf das historische Objekt und den theoretischen Diskurs rund um den homo vitruvianus und die klassische Tradition. Aus diesem Grund kann unterstellt werden, dass es sich um eine diskursive Struktur handelt, die trotz aller Behauptungen eher eine Möglichkeitsbedingung für gegenwärtige Auseinandersetzungen ist als ein der Vergangenheit angehörendes, historisches Objekt. Auch wenn es vielleicht dem gesunden Menschenverstand zuwiderläuft, wäre es andernfalls absonderlich, dass nahezu jeder Verweis auf den Körper in der Architektur bzw. auf ihre Ordnung sich notwendigerweise auf den homo vitruvianus zu beziehen scheint. Tatsächlich hat erst unlängst Sanford Kwinter darauf verwiesen, dass alle Versuche zur Schaffung einer Genealogie des Körpers in der Architektur von Vitruvius ausgehen müssten.[15] Es stellt sich jedoch die Frage, warum dies scheinbar der Fall ist, wenn das Modell tatsächlich obsolet geworden oder zerbrochen ist. Ebenso ist für viele der an der Ausstellung *Latente Utopien* beteiligten Büros dieses Narrativ des klassischen und des noch-nicht-modernen Modernismus zum Normalen geworden. Greg Lynns frühe Schriften und theoretische Erläuterungen seiner Arbeit verweisen zum Beispiel kontinuierlich auf dieselbe diskursive Struktur des homo vitruvianus, die wir auch bei Eisenman und Perez-Gomez finden. Viele der neuen Modelle, Körper und Formalismen, die in der Ausstellung anzutreffen sind, bleiben konzeptuell, historisch und diskursiv – wenn nicht sogar in gewissem Sinn auch formal – diesseits des klassischen Utopienhorizonts. Die Utopie des Klassischen ist der anachronistische Boden, auf dem die zeitgenössische Architekturtheorie aufbaut.

Wir müssen unseren gewohnten Narrativen den Status des Normalen nehmen und fragen, wie Vitruvius und das Klassische konstruiert wurden – nicht im ersten oder 15. Jahrhundert, sondern als Ort der retrospektiven, historischen Projektion in und durch die Diskurse der *Moderne*. Ziel des Projekt wäre es nicht, einen alten römischen Text auszugraben und mit Lob oder Kritik zu bedenken. Stattdessen sollte die Struktur jener Diskurse des letzten Jahrhunderts untersucht werden, die das Klassische als Wissensobjekt für die anglo-amerikanischen Diskurse der Architekturtheorie des späten zwanzigsten Jahrhunderts geschaffen haben. Wir müssen heute also die Wirkungsweisen des Klassischen in der Moderne nutzen. Einer Moderne, in der das Klassische nicht mehr einen bestimmten Satz an historischen Fakten, Werte und Formen repräsentiert, die den modernen entgegenstehen, sondern als Instrument gesehen wird, durch das die Probleme, komplexen Möglichkeiten und Diskussionen der Moderne zum Ausdruck kamen. Im Gegenzug würde eine rückblickende Analyse dieser Art beginnen, die Moderne bzw. die moderne Architektur als etwas Drittes zu konzeptualisieren, d.h. weder als Bruch noch als Kontinuität mit einheitlicher Tradition. Kurz gesagt, ich möchte meine Ausführungen mit einer Hypothese beenden, die es zu überprüfen gilt: Der homo vitruvianus und seine klassische Vergangenheit wurden als Objekte des architektonischen Wissens bzw. als Ort für dessen Projektionen der Moderne irgendwann in den späten 40er Jahren des 20. Jahrhunderts erfunden.[16] Die rückblickende Analyse der Entwicklung des Klassischen in der Moderne würde weder darauf abzielen, die Vergangenheit zurückzugewinnen (Perez-Gomez) noch fiktive Ursprünge bloßzulegen (Eisenman). Es ginge ihr vielmehr um eine Aktualisierung der latenten Utopien der Gegenwart, um unterschiedliche Möglichkeitshorizonte abzubilden.

1 Siehe: Louis Marin, *Utopiques: Jeux d'espaces* (1973).
2 Im Deleuzeschen Sinne, der das Virtuelle als etwas imminent Latentes sieht.
3 Perez-Gomez, *Hermeneutics as Architectural Discourse* (1997), 1.
4 Perez-Gomez, *Architecture and the Crisis of Modern Science* (1983), 32.
5 Perez-Gomez, (1983), 311.
6 Perez-Gomez, (1983), 311.
7 Perez-Gomez, (1997), 3.
8 Peter Eisenman "The End of the Classical, The End of the Beginning, The End of the End", 217. Ursprünglich veröffentlicht in Perspecta: the Yale Architectural Journal 21 (1984). Dieser Aufsatz wurde in vielen verschiedenen Zeitschriften und mehreren Sprachen wiederveröffentlicht, darunter in Kate Nesbit (Hg.), *Theorizing and New Agenda for Architecture, An Anthology of Architectural Theory*, 1965-1995 (1996). Sämtliche Seitenangaben beziehen sich auf diese Ausgabe, da sie am leichtesten erhältlich ist.
9 Eisenman, 215.
10 Eisenman, 212.
11 Eisenman, 215.
12 Eisenman, 217.
13 Eisenman, 216.
14 Das jüngste Interesse an der raschen Produktion von Prototypen könnte als Beispiel für die Vorstellung gesehen werden, Architektur nutze erst jetzt kritisch die Kräfte der industriellen Produktion. Paradoxerweise kann das als "negative" Poetik interpretiert werden (wie in einer negativen Theologie), als Versuch, durch individualisierte Massenanfertigung die Gegenwart des Auraverlustes zurückzugewinnen, die Benjamin durch die mechanische Reproduktion gestört sah.
15 Sanford Kwinter, *The Architectures of Time* (2001), 15.
16 Ich behaupte nicht, dass es sich um Fantasien handelt, sondern dass sie für unsere Moderne andere Objekte des Wissens darstellen als für die Architekten und Theoretiker der Renaissance. Ich behaupte ferner, dass ihre historische Determination in der Gegenwart weder durch eine empirische Darstellung der Vergangenheit noch durch existierende theoretische bzw. historische Darstellungen der modernen Architektur einfach gegeben ist.

Aus der Zeit
Herbert Lachmayer

"Die Welt ... steht auch in der *Latenz des Nichts*. Mit Verborgenem [ist, Anm. des Autors] hier ein Zustand gemeint, worin noch ferne Geburt eines Neuen umgeht..."[1] (Ernst Bloch)

Seit einigen Jahren überwiegt in den Gegenwartsdiagnosen der Wissenschaften wie des Feuilletons die unisono vorgetragene These vom "Ende der Utopie"[2], wie sie etwa Joachim Fest in "Der zerstörte Traum. Das Ende des utopischen Zeitalters" 1991 apostrophiert hat, oder Richard Saage 1992 in seinem Bändchen "Hat die politische Utopie eine Zukunft?"[3]. Falls wir tatsächlich in einem *post-utopischen* Zeitalter leben, bleibt die Frage offen, in welcher Weise sich die gesellschaftlichen und auch die individuellen Utopie-Ressourcen verflüchtigt haben. Wie ist es etwa um die Dimension Zukunft, des Künftigen als Ereignis des Kommenden, bestellt, wenn es das *utopische Moment* in der Zeitlichkeit des Gesellschaftlichen – sprich der Geschichte – nicht mehr gibt? Müssen wir auch im 21. Jahrhundert *auf immer* von der Utopie Abschied nehmen? Was für einen Begriff von Aktualität und welche Art von Lebensgefühl können wir mit der Gegenwart und ihrer problematisch gewordenen *Unmittelbarkeit* respektive *Authentizität* verbinden, wenn kein "Geist der Utopie" das soziokulturelle Bewusstsein einer Gesellschaft in Bewegung hält – wenn aus dem vormaligen "Prinzip Hoffnung"[4] (E. Bloch) lediglich ein "hoffentlich" für OptimistInnen übrig bleibt? Was bedeutet es für die komplexe wie antagonistische Entwicklung einer technologiedominiert weltoffenen aber zugleich auch konservativ-traditionalistischen oder gar fundamentalistischen Agglomeration von Sozietäten, wenn der *U-Topos* – der geschichtliche "Nicht-Platz", respektive "Noch-Nicht-Platz" – nur durch die *Effizienzparameter* einer *neoliberalistischen Leistungsgesellschaft* reguliert und dominiert wird? Worin besteht heute und künftig für die Architektur, die als Massenerzeugnis ohnehin einer seriell produzierenden Bauindustrie verpflichtet ist, ihre avantgardistische Qualität, die sie in der Neuzeit und insbesondere in der Moderne des 20. Jahrhunderts so nachhaltig bewiesen hat?

Architekturutopie ist immer auch Gesellschaftsutopie. Die Verwendung des Begriffs "Utopie" auf Architektonisches bezogen, verweist auf zwei Herleitungen aus dem Griechischen: *eu-tópos* heißt so viel wie "Glücksheim", *ou-tópos* könnte man auch mit "Nirgendheim" übersetzen; oder hat in dem terminus technicus "Bauhoffnungsland" ein Fünkchen Restutopie die Zeiten überdauert. In der neuzeitlichen Kultur Europas findet sich der Begriff erstmals bei Thomas Morus in seinem Hauptwerk "Utopia"[5] (1516) – verfasst in lateinischer Sprache. Thomas Morus beschreibt in seinem Werk die 54 Städte auf der fiktiven Insel Utopia, die er in einem gleichförmigen Netz über die Insel verteilt, mit der Bemerkung "Wer eine von ihnen (Utopia, Anm. des Autors) Städten kennt, kennt alle". In der Renaissance wurden ideale Gemeinschaftsordnungen und Lebenswelten als *Gegenwelten* entworfen, wie sie sich etwa im Konzept der *Idealstadt* wieder finden und manifestiert haben: Unter "Idealstadt" kann man den "paradoxen Realisierungsversuch einer Utopie verstehen, die Stadtgestalt als ihren sichtbaren Ausdruck. ... Archäologie von formgewordenen Utopien"[6], so beschreibt Hanno Walter Kruft Städte in Utopia. Seit dem 15. Jahrhundert finden sich eine stattliche Reihe an exemplarischen Modellen, aber auch realisierten Idealstädten in: Pienza (1459), Sabbioneta (1554), La Valetta (Malta, 1566), Palmanova (1593), Grammichele (1693), Noto (1693), Freudenstadt (1619); mitangeregt durch Tommaso Campanellas Vision einer "città del sole"[7] (der Dominikaner beschreibt auch eine ideale Stadtanlage) gründet Richelieu die Idealstadt "Richelieu" (1631/34); San Leucio bei Caserta (1756), Chaux (1779), die Shaker-Siedlung in Hancock (Massachusetts, 1786) und andere mehr.

Auch in der Folgezeit firmiert das Modell der Idealstadt als exemplarisches Konzept einer Gesellschaftsutopie, wenn es darum geht, das "gute Leben" in der Gemeinschaft zur allgemeinen Norm zu erheben. So wurde in Frankreich, der *Grand Nation* der Aufklärung, die Idealstadt – wie sie von dem Architekten Claude-Nicolas Ledoux[8] (1804) oder vom Sozialreformer Charles Fourier[9] (1822) als reformistisches Manifest entworfen wurde – zum Modell eines neuen Gesellschaftsvertrages in der Weiterführung von Jean-Jacques Rousseaus "Contrat Social"[10] (1762) erhoben. Die Idee, dass eine reformierte Gesellschaft sich nur im konkreten Bau einer (radikal) reformierten Stadt verwirklichen und beweisen kann, findet sich schließlich auch in Entwürfen des späten 19. und 20. Jahrhunderts wieder. Als eher konservative Gegenbewegung zu den fortschrittsorientierten Idealstädten konzipierte Theodor Fritsch 1896 eine "Stadt der Zukunft"[11], mit welcher er bessere Grundlagen für den Städtebau bereit stellen wollte. Fritsch propagiert in seiner Gartenstadttheorie eine heile Welt, in der die störenden Bestandteile industrieller Zivilisation möglichst weit an den Stadtrand gedrängt und damit auch sozial verdrängt werden. In England verfolgte Ebenezer Howard seine wirkungsgeschichtlich bedeutende Idee der Gartenstadtbewegung, "Garden Cities of Tomorrow"[12], die von Hermann Muthesius in Berlin für eine Villengegend kongenial aufgegriffen und umgesetzt wurde – bedeutend auch seine Schriften "Das englische Haus"[13] (1904-1905), "Landhaus und Garten"[14] (1907). Beide Architekten waren mit Skepsis von den negativen Folgen der Industriegesellschaft erfüllt, von den Nachteilen verdichteter Großstadtentwicklungen überzeugt, aber zugleich inspiriert. In Opposition zu solch technik- und industriefeindlichen Konzeptionen, letztlich Ausdruck von Anti-Urbanität, entwickelte der französische Architekt Tony Garnier im Jahre 1901 das Projekt einer imaginären "Cité industrielle"[15], in dem die Vorstellung einer humanen und rational geplanten Industriestadt zur Idealstadt des modernen Zeitalters erklärt wird. Ein vergleichbarer Ansatz liegt auch dem von Ludwig Hilberseimer 1927 veröffentlichtem Werk "Großstadtarchitektur"[16] zugrunde; schon drei Jahre zuvor entwarf er mit "Ville Verticale" den Plan einer Stadt mit scheibenartigen Hochhäusern. Le Corbusier war bis zum Ende der 1920er Jahre mit exemplarischen Planungen idealstädtischer Dimension beschäftigt: Ville contemporaine pour trois millions d'habitants 1923, Plan Voisin 1925, Plan Obus, Algier 1930, La Ville Radieus 1930. Sein größter Auftrag war die Planung einer ganzen Stadt in Indien, Chandigarh; Gesamtplanung und Architektur des Regierungsviertels – Gerichtsgebäude (1951-56), Sekretariat (1952-56), Parlamentsgebäude (1953-63). Anfang der 1930er Jahre gab es im Umfeld des Paneuropagedankens das exzentrische "Atlantropa"-Projekt von Herman Sörgel: die Idee war, dass durch das Absenken des Wasserspiegels des Mittelmeers um etwa 180 Meter ein gigantischer Landgewinn für den gesamten Mittelmeerraum entstünde; im Zusammenhang mit diesem Großvorhaben entstanden u. a. Projekte von Lois Welzenbacher (Neu-Marseille und Großkraftwerk Gallipoli, 1930) sowie Konzepte von Hans Döllgast. An dieser Stelle sollte man sich auch an die Weltausstellungen erinnern, die mitunter modellhaft eine gewisse Affinität zum Konzept der Idealstadt hatten – vergleiche etwa die Weltausstellung in New York 1939. Das spektakulärste Stadtplanungsprojekt der 1950er Jahre war zweifelsohne "Brasilia" als neue Hauptstadt Brasiliens – Gesamtplan von Lúcio Costa (1957). Oscar Niemeyer war 1956-61 Chefarchitekt für die Hauptstadtplanung, er entwarf alle wichtigen öffentlichen Bauten; Mittelpunkt ist das Kapitol am "Platz der Drei Gewalten" 1958-60. Eine vergleichsweise revolutionäre Stadtvision hat mit "La Ville Spatiale" Yona Friedman zwischen 1958-65 ausgearbeitet; diese – auch für die sogenannte Dritte Welt – höchst effiziente Urbanitätsidee hat Friedman in seinen beiden wichtigsten Büchern "L'Architecture Mobile"[17] (1958) und "It's Your Town, Know How to Protect It".[18] (1975) anschaulich dokumentiert. Paolo Soleri entwickelt seine Musterstadt "Arcosanti" in der Wüste von Arizona (ab 1970). In den 1980er Jahren begann mit "New Urbanism" eine ziemlich rückwärts gewandte Städtebaureformbewegung, die etwa 1980 mit dem Bau von "Seaside" in Florida ihren Ausgang nahm, gefolgt von "Celebration", großspurig "Modellstadt des 21. Jahrhunderts" genannt, nach Plänen von Robert Stern, 1994 ebenfalls in Florida ins Leben gerufen; diese höchst umstrittenen Stadtphantasmen für eine betuchte Mittel- bis Oberschicht vereint zeitgenössischen Komfort, traditionalistischen Städtebau (historische Grundrisse) mit regionalen Architekturstilen. In jüngster Zeit ersetzten urbanistische Forschungsprojekte in Gestalt der "Urban Research" die früheren Stadtutopien. Die Niederlande spielen dabei eine entscheidende Rolle, allem voran Rem Koolhaas: Sein "Delirious New York"[19] war seit 1978 ein Kultbuch und sein "Harvard Projekt on the City" wurde zu einer Ikone für eine junge ArchitektInnengeneration; sein "MUTATION Projekt" hat man 2000/01 in Bordeaux präsentiert. Erwähnenswert sind auch die Forschungen und baulichen Realisierungen MVRDV, die unter anderem mit "Metacity/Datatown" (1999) Furore gemacht haben. Zeitgemäß steht der Begriff der Idealstadt nicht mehr im Zeichen der Utopie, sondern verfolgt mit der Digitalisierung und der modellhaften Verfügbarkeit virtueller Welten eine Art "Neuerfindung der Stadt im Zeitalter der globalen Vernetzung", wie es im Untertitel des Buches "Virtual Cities"[20] von Christa Maar und Florian Rötzer prophetisch angekündigt wird. In dieser Auseinandersetzung technologisch ausgerichteter Architekturvisionen steht ein "digitaler Urbanismus" kontroversiell der "digitalen Desurbanisierung" gegenüber – "Asymptote Architecture" und andere mehr. Abschließend sei auf die innovativen Architekturentwicklungen seit den 1960er Jahren hingewiesen, als mit "Archigram" (Ron Herron, Peter Cook, David Greene, Michael Webb, Warren Chalk, Dennis Crompton), Hans Hollein, Walter Pichler, Haus-Rucker-Co, Zünd Up, New York Five, Ludwig Leo, u. a. m. und in der Nachfolgegeneration mit Coop Himmelb(l)au, Zaha Hadid, Daniel Libeskind, Bernhard Tschumi, Ben van Berkel etc., aber auch Norman Foster, Jean Nouvel, Morphosis (Thom Mayne), um nur ein paar wichtige Namen herauszugreifen, eine stets neu inspirierte Architekturavantgarde – über die Postmoderne hinaus- und hinweggehend – immer auch einen visionären Blick auf urbane Utopien, innovative Ästhetik und Stadtkonzepte richtete. Trotz klingender Kategorisierungen wie "Dekonstruktivismus" etc. hat sich die zeitgenössische Architektur hoher Qualität weitgehend von *Vorneweg-Ideologien* losgesagt.

In welcher Weise vermag Architektur für die anscheinend *utopielos* gewordene Informationsgesellschaft (einer nicht nur hochindustrialisierten "Ersten Welt") in ihrer globalisierenden Zivilisations-Dynamik mit räumlichen Manifestationen folgen, wenn man nun mal nicht mehr für die Ewigkeit baut – wie es etwa für den Nationalsozialismus (Hitlers respektive Albert Speers gigantomanische Architekturphantasien für Linz und Berlin), den Stalinismus, aber auch die Bautätigkeiten eines Ceaucescu und anderer totalitärer Despoten etc. noch ein größenwahnsinniger wie bizarrer Anspruch war, die Hand auf die Jahrtausende zu legen. Architektur wird sich zunehmend ihrer immanenten Zeitlichkeit – ihrer kalkulierbaren Produktions- und Nutzungsdauer sowie dem absehbaren Verfall oder Abbruch etc. bewusst – nicht nur materiell/baustofflich, sondern in der Mediengesellschaft auch als *alltagskulturelle Symbolproduzentin*. Insofern ist die Lesbarkeit von Architektur und Stadtplanung in einer zunehmend *bildgeleiteten Gesellschaft* für den urbanen Alltag heute bedeutsam, nachdem die traditionellen Orientierungsräume respektive Orientierungsmuster eines althergebrachten Stadtverständnisses obsolet geworden sind. Dies trifft genauso auf das Design zu, wobei die vielfältige Verwendbarkeit dieses Begriffs weit über die räumliche oder um-räumliche Gestaltung hinausgeht und sich etwa als Organisations-Design (statt Unternehmens-Kultur), Sozio-Design (statt Politik), Psycho-Design (statt Religion oder Therapie) etc.

einen vergleichsweise universalen wie auch fragwürdigen Anwendungsspielraum erobert hat. All diese gestaltenden Kompetenzen – Architektur, Stadtplanung, Design – sind sowohl funktional als auch in der Rolle der Herstellung sozialer Identität heute mehr gefordert denn je, zumal Arbeit und die freie Zeit der Menschen einem grundlegenden Strukturwandel – nicht nur technologiebedingt – unterworfen sind. Was die Technologie angeht, haben die digitalen Steuerungsmöglichkeiten natürlich auch die *Maschine Haus* oder *Stadt* weitgehend geprägt, selbst wenn man ihr "Innenleben" gar nicht mehr zu Gesicht bekommt – auch darin liegt die Erfüllung einer architektonischen Vision.

In der Arbeitswelt von heute gehört die Ausübung einer lebenslang gültigen Berufsrolle in zunehmenden Maße der Vergangenheit an. Vielmehr haben sich das Berufsleben und die erforderlichen *skills* auf eine Vielzahl von professionalisierten Spezialfähigkeiten verteilt, wie auch die Identität der Einzelnen in unserer Gesellschaft korrodierte und sich in standardisierte "Identifizierungssplitter" verwandelt hat, die jeweils auf eine Person projektbezogen zu äußerst unterschiedlichen Arbeits- und Lebensformen führen: Patch-Work, Patch-Life. Um in einer derartigen Arbeitswelt von Outsourcing, abgeflachten Hierarchien und ständig wechselnden Auftragssituationen etc. überleben zu können, bedarf es nicht nur mannigfaltiger Spezialisierungen, sondern jener sprichwörtlich geforderten universalen *Flexibilität*, die zugleich von einer hoch entwickelten kommunikativen, sozialen und generalistischen Kompetenz ergänzt sein muss, um ständigen Neuorientierungen gewachsen zu sein – eine vor allem psychische Herausforderung, die gar nicht so wenige nicht immer und überall bewältigen können. Schon vor dem technologisch-digitalen Entwicklungsschub und seiner gegenwärtig neoliberalistischen Form der Leistungsgesellschaft (ihrem scheinbar ideologielosen Erfolgspragmatismus oft auf Kosten sozialer Gerechtigkeit) gab es eine radikale Ablösung von den ausgeprägt konventionellen Berufsbildern sogenannter *monosequentieller* Karrieren: das heißt, Schule, Ausbildung, Beruf, Heirat, Familie, Pension etc. standen in einer gleichsam linearen Sequenz von Lebensabschnitten, wie sie zuletzt im "Wohlfahrtsstaat" nach dem 2. Weltkrieg und den in ihm verankerten Vorstellungen sozialer Sicherheit erstrebenswert und in gewissem Sinne noch selbstverständlich waren. Auf einen derartig rasanten gesamtgesellschaftlichen wie alltagskulturellen Umbruch hat Architektur und Design – mit einer großen Hypothek an Erwartungen – höchst innovativ und sensibel zu reagieren. Neue Arbeits- und Organisationsformen in selbständiger wie unselbständiger Beschäftigung, Mischformen aus Teilzeitjobs und autonomer Projektarbeit etc. benötigen auch funktional und ästhetisch neue Raumqualitäten, die eben nicht mehr dem Klischee herkömmlicher Arbeitsplätze konventioneller Büros entsprechen.

Dislozierte Arbeitsmodelle, die auf die physische Anwesenheit der Beschäftigten großteils verzichten können, eröffnen ungeahnte Perspektiven für architektonische Gestaltung und Design. Ständig wechselnde Szenarien projektorientierter Vernetzung von Kompetenz- und EntscheidungsträgerInnen verlangen völlig andere Kommunikationsräume als etwa das klassische Großraumbüro oder die Einzelarbeitszelle von anno dazumal. Der Fortschritt der Informations- und Kommunikationstechnologien, deren Funktionsweise weitgehend unsichtbar bleibt, verlangt neue alltagskulturell deutbare Symbolkontexte durch Design und Architektur – darin liegt eine ganz und gar utopische Herausforderung an die GestalterInnen heute. Dies betrifft selbstverständlich nicht nur die Welt der Arbeitenden, sondern gleichermaßen die Forderung nach einer Neugestaltung ihrer Wohnbereiche, soweit sie nicht vom Konsumdiktat eines umfassenden Freizeit-Gestaltungsangebots (von seriell vorgefertigten Interieurs bis hin zur konsumorientierten Stereotypie der "Freizeitwelt" in Warenform) restlos subsumiert wurden. Gerade die ohnehin problematisch gewordene Privatsphäre bedarf eines ambitionierten Ambientes, um in der Sehnsucht nach unverwechselbarer oder prestigekonformer Identifizierbarkeit sichtbar präsent zu bleiben. Oft geht es in den heutigen Lebensprojekten (als Single, Temporärbeziehung von Lebensabschnittspartnern oder Kleinfamilie) auch um Mischformen von Arbeits- und Freizeitbereichen, welche durch die realen, ökonomischen oder karrierebedingten Lebens- und Überlebensbedingungen eng ineinander verflochten sind. Architekturvisionen müssen diesen gegenwärtigen Problemstellungen genügen, sie finden im *Hier* und *Jetzt* statt – ein Aufschub der Verwirklichung in die Zukunft ist genauso unzeitgemäß wie die Beschwörung einer antizipativen Utopie eines in die zeitliche Ferne aufgeschobenen Glückszustandes. Für die ausbildungsmäßig und beruflich schon sehr früh herausgeforderte junge Generation ist die Dimension der Zukunft weitgehend in die Gegenwart *mit hinein implementiert*. Visionen und Glücksversprechen werden als ständig aufgeschobene Erwartungshorizonte nicht akzeptiert. Das visionäre und utopische Potential muss für die junge Generation als Veränderungschance absehbar und gewissermaßen greifbar sein – freilich sollte man bereit sein, die Gegenwart in ihrer kontradiktorischen Widersprüchlichkeit analytisch wie dynamisch zu begreifen. Darin vermag der *utopische Zeitkern* in der Gegenwart auch erhalten, aktiviert und vor allem in kritischer Erkenntnis und produktiver Phantasie wirksam werden. So gesehen kann man gerade für unsere Zeit nicht von einem Utopieverlust sprechen, sondern eher von *verkapselten Utopien*, die im Sediment einer sich amorph vorwärtsschiebenden und vorwärtsgeschobenen Gegenwart gleichsam eingelagert wie ausgelagert sind – *latente Utopien* also.

Die Rede vom "Ende der Utopie" als einer Modethese der 1990er Jahre führt zu Slogans wie "postutopisches Zeitalter" oder "Utopie-Problem". Utopie scheint in ein historisches Museum für *Ideologiekonstruktionen* von Geschichte verbannt. Aber es kann nicht nur darum gehen, einen theoretischen Nachweis unterschiedlicher Konzepte zu liefern, sondern auch darum, einen bestimmten Begriff des Utopischen als *subversiv* und *systemtranszendendierend* zu erhalten. Das kann dann gelingen, wenn der aporetische und zutiefst widerspruchsgeladene Kern utopischen Denkens nicht geleugnet wird. Es ist gerade die darin zum Ausdruck kommende Widersprüchlichkeit, an welcher eine zur Totalität erhobene Utopie jeweils im Dogmatismus erstarrt und daran scheitert. Die Utopie kann sich nur dadurch als lebendig erhalten, dass sie sich ihrer eigenen *Bestimmbarkeit* und der Welt des Nur-Faktischen entzieht. Dieses Modell einer "kritischen Utopie", wie sie von der Frankfurter Schule in unterschiedlichen Varianten argumentiert wurde, war einem Utopiebegriff verpflichtet, der etwa bei Theodor W. Adorno der Realität des *Jetzt* stets entzogen bleibt und dadurch einen spezifischen Blick auf die Zukunft ermöglicht, und ist dennoch nicht genuin ein Denken *nach* der Moderne. Adornos Hauptwerk, die "Negative Dialektik"[21], steht keineswegs in einer theoretischen Opposition zur postmodernen Theorie des Politischen. Gegen den Dogmatismus der Erlösung und gegen die Beliebigkeit einer die gesellschaftlichen Verhältnisse bestätigenden Phantasie kann sich eine "kritische Utopie", der "Warnung vorm Utopismus gemäß"[22], in zweifacher Hinsicht behaupten: nämlich durch das *Bilderverbot* (kein "Auspinseln" oder "Ausmalen" gesellschaftlich harmonisierter Glückszustände, jenseits aller Widersprüche der herrschenden Gesellschaft) und das *Definitionsverbot* (aus einer kritisch reflektierten Utopie darf kein *praktisches Rezept* für die Behebung realer Mißstände erwartet oder verfertigt werden). Adornos "Negative Dialektik" erweist sich als konsequent vorgetragene Denkfigur, die sich der Radikalität und der damit verbundenen Autonomie stellt, ohne sie billig zu schlichten.

Die wesentliche Funktion der Utopie ist folglich die *Kritik am Vorhandene*n und *Bestehenden*. Utopie kann kein Ethos im Sinne von *Richtig* oder *Falsch* mehr sein – kritische Utopie macht die Notwendigkeit der Selbstreflexion evident. Sie verbleibt im Status der Selbstkritik, aber auch der Aporie, der Einsicht in ihre immer schon *vorausgesetzte Widerspruchshaftigkeit*. Diese gilt es im utopischen Denken kritisch durchzuhalten und zu reflektieren, keinesfalls aber dogmatisch zu nivellieren – dann verliert Utopie-Denken die Kraft, eine selbstreflexive *Distanz zur Wirklichkeit* und damit zu den herrschenden und beherrschenden Verhältnissen der Gesellschaft herzustellen. Walter Benjamin setzt in einer frühen Schrift, dem "Theologisch-politischen Fragment"[23] (1937/38), seinen Utopiebegriff in den Kontext einer aufgeklärt unorthodoxen Sicht des *Messianismus*. "Historisch gesehen ist es [das Gottesreich, eine Art religiöser Utopie, Anm. des Autors] nicht Ziel, sondern Ende. Darum kann die Ordnung des Profanen [weltliche Utopie, Anm. des Autors] nicht am Gedanken des Gottesreiches aufgebaut werden... Die Ordnung des Profanen hat sich aufzurichten an der Idee des Glücks... Denn im Glück erstrebt alles Irdische seinen Untergang, nur im Glück aber ist ihm der Untergang zu finden bestimmt." Für Benjamin ist in diesem Traktat die "profane Ordnung" ein Zeichen des "Kommens des messianischen Reiches", zumindest seines "leisesten Nahens". Dass alles Glück zum Untergang des Irdischen führt, ist Benjamin die Bedingung dafür, um der "unmittelbaren messianischen Intensität des Herzens" – Kern dieser Utopie – durch Unglück, "im Sinne des Leidens", inne zu werden. Das Ende des Benjaminschen Traktats spitzt sich zu einer äußerst radikalen Pointe zu: "Denn messianisch ist die Natur aus ihrer ewigen und fatalen Vergängnis. Diese zu erstreben, auch für diejenigen Stufen des Menschen, welche Natur sind, ist die Aufgabe der Weltpolitik, deren Methode Nihilismus zu heißen hat."[24] Das *promesse du bonheure*, jenes Glücksversprechen, das sogar in demokratischen Verfassungen festgeschrieben wurde, wird zum Versatzstück eines utopistischen Rituals, welches sehr vielen Menschen im Leistungsstress des Neoliberalismus fast zynisch erscheinen muss – fast ein Wiedergänger von *political correctness* aus früheren Tagen. Jean Améry hat dem Begriff der Utopie in seinem Essay "Reformation oder Revolution"[25] (1972) ein charakteristisches Merkmal zugeschrieben, worin sich Ideal und Realität in ihrer Diskrepanz produktiv verbinden: "Beim Erfassen des Utopie-Begriffs kommen wir ohne Dialektik nicht aus. Utopie ist eine in sich widersprüchliche Vorstellung: Sie muss zugleich als Utopie verstanden und als erreichbare Realität angestrebt werden. Begreift man sie ausschließlich als Zeitpunkt Niemals im Lande Nirgendwo, geht sie ihrer geschichtlich-motorischen Kraft verlustig. Utopie darf nicht Illusion sein..."

"Utopien treten stets in utopisch/anti-utopischen Diskursen auf", haben Rolf Eickelpasch und Armin Nassehi im Vorwort des von ihnen herausgegebenen Sammelbandes "Utopie und Moderne"[26] (1996) als Argument so positioniert, dass die Behauptung von *Utopielosigkeit* jeweils dann zu hinterfragen ist, wenn aus der Sicht eines realitätskonformen Pragmatismus jegliche Idee einer "kritisch-entwerfenden Utopie" als ideologische Konstruktion vermeintlich entlarvt oder eliminiert wird. Die Verschränkung von utopischen und anti-utopischen Thesen und Gegenthesen findet jeweils in inhaltlich-kontradiktorischen Gegensätzen beredten Ausdruck: technischer Fortschritt der Industrialisierung versus Stadtflucht (vom späten 19. Jahrhundert bis in die 80er Jahre des 20. Jahrhunderts), zentralistische Sozialutopie versus individualistische Selbstverwirklichung, radikale Revolutionierung gesellschaftlicher Verhältnisse versus evolutionärem Strukturwandel in Demokratien etc. Utopien treten neuzeitlich in Gestalt eines aufgeklärten Vernunft- und Fortschrittsglaubens auf, mit dem Anspruch der rationalen Gestaltbarkeit des Sozialen – gerade darin kann der Hang zur Utopie zum Totalitarismus eskalieren. Mit der Utopie verhält es sich vergleichsweise wie mit den Mythen in der Technikgeschichte: durch den technischen Fortschritt, etwa dem Telefon, werden gewisse Mythen der Fernverständigung (Telepathie, Stimmen hören, innere Stimme des Gewissens etc.) zerstört. Marcel Proust ornamentiert mythologisch-literarisch in seinem Roman "Auf der Suche nach der verlorenen Zeit" die spätere Banalität des Telefonierens noch mit der Beschreibung der Telefonfräuleins als "moderne Nymphen" in der "Unterwelt" der Telefonverbindungsanstalt.[27] Andererseits produziert derselbe technische Fortschritt neue Mythen, wie die Sciencefiction-Literatur seit Jules Verne und die amerikanische Tradition seit den 1920er Jahren anschaulich demonstrieren, bis hin zu Film und Fernsehen heute. Der Mythenabsorbtion durch technische Innovation korrespondiert die Produktion neuer Mythen (durch eine an der Technik explodierenden Phantasie), so wie der Utopieverlust keineswegs die Sehnsucht nach einer – kritisch in die Zukunft projizierten – Veränderbarkeit der bestehenden Verhältnisse stillen kann. Der gegen die Utopie gewandte Kulturpessimismus (von Jean-Jacques Rousseau bis Arthur Schopenhauer) tritt seit Ende des 19. Jahrhunderts (von Max Scheler über Karl Schmitt bis Odo Maquard) meist als Gegenreaktion auf den ungetrübten Fortschrittsglauben auf und entwirft mitunter apokalyptische Szenarien, Schreckensvisionen einer total industrialisierten Welt wie einer totalitär beherrschten Massengesellschaft ("Regeln für den Menschenpark"[28], Peter Sloterdijk), in welcher die Gefahren der Hybris von Technik, der Überschätzung philosophischer Vernunft, des Denkens überhaupt, der Naturwissenschaften und Marktinteressen beschworen werden. Utopie ist für diese skeptischen bis zynischen Denker kein philosophisch legitimer *topós*, sondern schlichtweg eine *Dystopie* (Synonym für Antiutopie), die auf manipulativer Täuschung oder Selbsttäuschung beruht.

Aus dem Schwinden – respektive Verschwinden – von Utopie aus dem aktuellen Sprachgebrauch der heute dominierenden *starken Worte* lässt sich einerseits der faktisch eingetretene oder gar irreversible Verlust von Utopie ableiten, andererseits aber eine *Zeit der Latenz* von Utopie argumentieren – als hätten wir es mit einer gleichsam *schlafenden Utopie* zu tun. Als zentraler Begriff taucht "Latenz"[29] in der Philosophie von Ernst Bloch auf, wenn er davon spricht, dass der Geschichte eine "Tendenz" auf das "Reich der Freiheit" innewohnt: Latenz ist das "utopisch Fundierende" dieser "Tendenz". Freilich ist diese nicht nach Art "des fertig jenseitigen Himmels" ("Experimentum Mundi") oder seines "latenten Gott[es]" ("Das Prinzip Hoffnung") gegeben. Latenz kann aber auch in der Diktion von Jacques Lacan das "zur Sprache bringen" bedeuten: "Seiner Natur nach ist das Objekt ein wieder gefundenes Objekt. Dass es verloren sei, ist die Konsequenz - jedoch nachträglich. Und also ist es wieder gefunden, ohne dass wir anders als aus diesen Wiederfindungen wüssten, dass es verloren ist."[30] Dieses Objekt, das *Ding* – man könnte sagen, es befinde sich in einem "Zustand der Latenz" – fungiert also allein in Hinblick auf eine gewisse Erwartung und auf eine gewisse Orientierung des Subjekts. Dies aber bedeutet: es ist nicht nur latent, sondern auch affektiv besetzt. Jedes Sprechen sagt mehr als das Ausgesagte, jedes Wort verweist auf eine mögliche Vielzahl von Bedeutungen, *hat* somit viele Bedeutungen. Es wird die Aufgabe der Psychoanalyse sein, dieses (unbewusste) *Mehr* an gesprochenem Wort des Subjekts nachzuvollziehen, den *verwaisten* Bedeutungsüberschuss, auf welche die aktuelle Rede des Subjekts *verweist*, den "latenten Signifikanten" zu entschlüsseln. Denn in diesem *Mehr* hält sich das "wahre" Ich des Subjekts (je) versteckt. Es artikuliert sich (und gerade dadurch) das Begehren des Subjekts, welches die Psychoanalyse in kurzen Augenblicken aufscheinen lassen kann. Bei Sigmund Freud wird der Gesichtspunkt der Bewusstseinsrepräsentanz psychischer Gegebenheiten zu einer zentralen Denkkategorie der Psychoanalyse. Er führt zum Begriff des Unbewussten, derjenigen Instanz in Freuds Topologie der Persönlichkeit, die alle *latenten Inhalte* der Psyche beherbergt. Der Terminus "latent" und sein Komplementärbegriff "manifest" werden von Freud explizit in der Traumtheorie verwendet. "Latenz" erhält hier die allgemeine Bedeutung *unbewusst*. Die wahre Aussage eines Traumes ist unbewusst oder *latent* und nur mit Hilfe geeigneter psychoanalytischer Verfahren zugänglich, ausgeführt in der "Traumdeutung"[31] (1900). Sigmund Freud verwendet den Begriff der Latenz sowohl als einen kulturgeschichtlichen Schlüsselbegriff wie auch als einen zentralen Begriff in seiner psychoanalytischen Interpretation der sexuellen Entwicklung des Individuums, in welcher sich die menschliche Zivilisationsgeschichte gleichsam wiederholt. Die verdeckten und verdrängten Schichten dieser kulturellen Entwicklung geben immer neu Anlass für poetische Kreativität der Wiederentdeckung dieser menschheitsgeschichtlichen Inhalte: "Je unbestimmter die Tradition geworden ist, desto brauchbarer wird sie für den Dichter."[32]

Ein möglicher Vorzug von *Utopie in Latenz* – in einer Zeit besagten, wenn nicht beklagten, Utopieverlusts – mag darin bestehen, dass der *utopische Kern* unseres analytischen Denkens und ästhetischen Verhaltens ins Zentrum einer *kritisch gewendeten Einbildungskraft* verlagert wird – und nicht mehr wie einst ideologisch plakativ als Absichtserklärung allen Einfällen und Ideen programmatisch vorangestellt werden muss. In der Medienöffentlichkeit von heute sind ohnehin Utopiebekenntnisse kollektiv obsolet, unaktuell und nicht gefragt; Ansprüche auf die Zukunft nur insofern relevant, als sie in der Fakten- und Aktenwelt *(files)* dem Realitätsprinzip konform gehen. In Zukunftsantizipationen ausgelagerte *Fortschrittsdepots* werden nicht ernst genommen und fristen in den Nischen des Sektierertums Rituale einer bizarren Nostalgie. Kulturkonzepte, die oft mit der Zwangsbeglückung der Menschheit einhergeschritten sind, haben im Überlebenspragmatismus der neoliberalistischen Gesellschaft kaum eine Chance auf Resonanz – die Zeit der Manifeste ist abgelaufen. Dennoch erzeugen Politik, Wirtschaft und Medien ununterbrochen und massenhaft Pseudo-Utopismen von durchgreifend manipulativer Effizienz – so gesehen werden die immer gleichen Ziele der Leistungsgesellschaft, des Konsums, die Diskrepanz von Reich und Arm, die Dominanz der Machtmonopole etc. der globalen Massengesellschaft so angeboten und verkauft, als wären es tatsächlich naturwüchsige Zielvorstellungen (genetisch bedingt) der Menschheit – alles, was gut und teuer ist. Kritische Utopie, als *latente Widerstandskraft* gegen das Overtaking einer zutiefst brutalisierten Zivilisationsmaschinerie und ihrer politischen, ökonomischen und sozialen Allgewalt, kann sich nicht mehr in moralischen Statements und einer daraus resultierenden Ab- und Ausgrenzung erschöpfen.

Für ArchitektInnen, DesignerInnen und StadtplanerInnen gilt es, die analytische Recherche des soziokulturellen Inhalts einer Auftragssituation vor den Entwurf zu stellen, denn die formal-ästhetischen Entscheidungen müssen sich Inspirationen verdanken, die den kritisch reflektierten Inhalt der Aufgabenstellung schon in Anschauungsformen und Images transformiert haben. Nicht intellektuelle Analyse versus baukünstlerische Kreativität ist die Devise, sondern ein kritisches Erfassen der gesellschaftlichen Auswirkungen von Aufgabenstellungen – freilich unter Berücksichtigung der funktionalen und nutzungsrelevanten Erfordernisse von Bauherrnwünschen, seien es Großkonzerne oder mächtige Player am Markt. Gegen den Trend zu sein ist auch einer, die Kompromisse laufen oft dem Widerstand voraus. Vielleicht besteht eine neue Form der kritischen Vision oder des utopischen Verhaltens im Herstellen einer *Distanz* gegenüber einer gnadenlos expandierenden Verräumlichung unserer städtischen Welt zu einer albtraumartigen Architektur-Agglomeration im Zeichen von Prestige, einer weltweit immer wiederholten Konsummeile und den obligaten Kulturquartieren im urbanen *All-überall* der Cities. Die zeitgemäße Künstlerfigur, auch ArchitektInnen, verfolgt ihre *latente Utopie* in einer subversiv gewendeten Produktivität, die Architektur-Statements setzt, sich aber nicht durch Verweigerung entbehrlich macht. Dort, wo die gebaute Massenarchitektur Leere schafft, entsteht immer auch – zumindest vage – die Sehnsucht nach inhaltlich lebendigen Alternativen. Diese unbefriedigten Sehnsüchte durch radikale Raumintervention in einer nicht nur städtischen Massengesellschaft zu akzentuieren, ist die Aufgabe einer neuen Architekturavantgarde, deren kritisches Potential sich der Emphase einer latenten Utopie verdankt. In der Welt der Etablierten *brisante Gegenwelten* zu platzieren, die nicht auf ihre Erfüllung in ferner Zukunft spekulieren, lässt das revolutionäre Moment dieser neuen Utopieformen aufblitzen.

Utopie in Latenz führt uns eine ArchitektInnenrolle vor Augen, die auf eine *exemplarische Individualitätskonstruktion* vorverweist, durch welche die Frage nach dem Subjekt (nicht nur dem der Geschichte, sondern auch dem individuellen Subjekt) neu gestellt wird – nachdem *das Subjekt* schon so oft tot gesagt wurde. Diese Frage nach dem Subjekt in einer gleichsam utopie- wie subjektlosen Zeit, macht die Dimensionen von Zeitlichkeit – Vergangenheit, Zukunft, Gegenwart – gleichermaßen virulent. In seiner Abhandlung "Liebe Dein Symptom wie Dich selbst!"[33] (1991) schreibt Slavoj Zizek: "Das Subjekt ist einem Ereignis aus der Vergangenheit gegenübergestellt, das es verändern möchte, es kehrt in die Vergangenheit zurück, greift in das Geschehen ein und erfährt – nicht, dass *alles unveränderbar ist*, sondern – dass erst durch seinen aus der Zukunft kommenden Eingriff das vergangene Ereignis *gewesen sein wird*!" Nicht der Bedeutung der Zeit als Ganzes gilt sein Interesse, sondern der Auseinandersetzung mit der Zeit als Zukunftskonstruktion, den daraus resultierenden Paradoxien und ihren Auflösungsversuchen. Damit wird vielleicht jener Individualismus greifbarer, der als kreativer *Umgang mit sich selbst* ins Produktive zu wenden wäre, indem das psychotechnische Korsett der Produktionsgewohnheiten von ArchitektInnen sich löst – raumkonzeptionelle Phantasie in Bewegung geraten und als Ideen explosiv werden lässt. Die künftig revolutionäre *Haltung* von ArchitektInnen wird möglicherweise darin bestehen, den *Dimensionsveränderungen von Zeit* gleichsam asynchron zu folgen, indem sie diesen entgegenzuwirken vermögen. Das Zeitalter des Statischen in der Raumkreation von Architektur ist vorbei, obwohl Statik als bautechnische Erfordernis natürlich mehr denn je funktionieren muss. Dennoch verbindet man mit einer in Beschleunigung geratenen Utopie allegorisch immer noch jenes uralte Bild der Insel Utopia, von der nicht Thomas Morus, sondern auch Oscar Wilde mit spitzer Feder eine ungestillte Sehnsucht der Menschen entwirft. In seiner Schrift "Die Seele des Menschen unter dem Sozialismus"[34] hat Wilde als *aktiv dekadenter Poet* eine der vielleicht anschaulichsten wie anmutigsten Beschreibungen von Utopie literarisch ins Bild gerückt: "Eine Weltkarte, auf der Utopia nicht verzeichnet ist, ist noch nicht einmal eines flüchtigen Blickes wert, denn auf ihr fehlt das einzige Land, wo die Menschheit immer landet. Und wenn die Menschheit dort landet, hält sie Ausschau, und wenn sie ein besseres Land sieht, setzt sie die Segel. Der Fortschritt ist die Verwirklichung von Utopien." Ein Hauch von Eskapismus und Abenteuer (nicht nur im Kopf) verdankt sich jener *Leere* in Latenz, jenem *produktiven Nichts*, das – wenn man es eben nicht hat – einer der Allmacht des Faktischen ausliefert und darin einschließt. Wenn der Spagat, das Kunststück einer *Distanz aus dem Nichts* in der Welt virtueller und realer Handlungszwänge gelingt, erscheint Utopisches schemenhaft jenseits der Spiegel auf – es ist heute wie früher verhängnisvoll und falsch, diese *profan poetische Selbsttranszendenz* künstlerisch inspirierter ArchitektInnen mit einem Utopiebegriff *definitorisch* zu betonieren, als wäre sie durch Programme mitteilbar: unwiderruflich entzieht sich *latente Utopie* jeglichen Rezepten und aus diesen vermag sie keine Strategie des Erinnerns neu zu beleben.

1 Ernst Bloch, *Das Prinzip Hoffnung*, Gesamtausgabe 5, Frankfurt/M. 1959.
2 Joachim Fest, *Der zerstörte Traum. Das Ende des utopischen Zeitalters*, Berlin 1991.
3 Richard Saage (Hg.), *Hat die politische Utopie eine Zukunft?*, Darmstadt 1992.
4 Ernst Bloch, *Prinzip Hoffnung*, 3 Bde., Frankfurt/M. 1954-1959.
5 Thomas Morus, *De optimo reipublicae statu, deque nova insula Utopia etc.*, Löwen 1516 (vgl. die deutsche Übersetzung von Klaus Heinisch in: Der utopische Staat, Hamburg 1960, S. 7-110).
6 Hanno Walter Kruft, *Städte in Utopia. Die Idealstadt vom 15. bis zum 18. Jahrhundert*, München 1989.
7 Tommaso Campanella, "La città del sole", in: *Scritti scelti di Giordono Bruno e Tommaso Campanella*, hg. v. Luigi Firpo, Turin 1968, S. 405-464.
8 Claude-Nicolas Ledoux, *L'Architecture considerée sous le rapport des l'art, des mœurs et de la législation*, Paris 1804.
9 Charles Fourier, *Théorie de l'unité universelle* oder *Traité de l'association domestique agricole*, Paris 1822.
10 Jean-Jacques Rousseau, *Contrat Social*, Amsterdam 1762.
11 Theodor Fritsch, *Stadt der Zukunft*, Leipzig 1896.
12 Ebenezer Howard, *The Garden Cities of Tomorrow*, London 1902.
13 Hermann Muthesius, *Das englische Haus*, Berlin, 3 Bde., 1904-1905.
14 Hermann Muthesius, *Landhaus und Garten*, München 1907.
15 Tony Garnier, *Une cité industrielle* (1917), hg. von Ricardo Mariani, New York 1990.
16 Ludwig Hilberseimer, *Großstadtarchitektur*, Stuttgart 1927.
17 Yona Friedman, *L'Architecture Mobile*, Paris 1958.
18 Yona Friedman, *It's Your Town, Know How to Protect It*, Strassbourg 1975.
19 Rem Koolhaas, *Delirious New York*, New York 1978.
20 Christie Maar und Florian Rötzer, *Virtual Cities*, Basel u.a. 1997.
21 Theodor W. Adorno, *Negative Dialektik*, Frankfurt/M. 1966.
22 Theodor W. Adorno, *Negative Dialektik*, Frankfurt/M. 1966.
23 Walter Benjamin, Theologisch-politisches Fragment, Gesammelte Schriften II/1, Frankfurt/M. [Entstehungszeit 1937/38].
24 Alle Zitate aus: Walter Benjamin, *Theologisch-politisches Fragment*, 1937/38.
25 Jean Améry, *Reformation und Revolution*, In: Merkur 26, 1972.
26 Rolf Eickelpasch und Armin Nassehi, *Utopie und Moderne*, Frankfurt/M. 1996.
27 Marcel Proust: "Die Welt der Guermantes 1", in: ders., *Auf der Suche nach der verlorenen Zeit*, Bd. 4, Frankfurt/M. 1979.
28 Peter Sloterdijk, *Regeln für den Menschenpark*, Frankfurt/M. 1999.
29 Ernst Bloch, *Latenz, Tendenz, Utopie*, Frankfurt/M. 1977.
30 Jacques Lacan, *Seminar VII. Die Ethik der Psychoanalyse*, Weinheim/Berlin 1996.
31 Sigmund Freud, *Die Traumdeutung*, Leipzig/Wien 1900.
32 Sigmund Freud, *Der Mann Moses*, Amsterdam 1939.
33 Slavoj Zizek, *Liebe Dein Symptom wie Dich selbst!*, Berlin 1991.
34 Oscar Wilde, *Die Seele des Menschen unter dem Sozialismus*, Zürich 1891.

In zeitgenössischer Stimmung
Sylvia Lavin

In der heutigen Zeit als innovative Architektin tätig zu sein bzw. eine Architektin von heute zu sein und Studentinnen der Architektur das "Mit-der-Zeit-Gehen" zu lehren, setzt voraus, dass sich die Architektur von ihrer nostalgischen Modernität verabschiedet und zeitgenössisch wird. Wie die Zeitschrift *Architectural Record* schon 1954 in "A Treasury of Contemporary Houses" fragte: "Warum sollte ein modernes Haus ein Flachdach aufweisen müssen? Oder eine Glaswand? Oder eine offene Küche? Warum sollte es seine Struktur vor dem Auge des Betrachters enthüllen müssen? Warum sollte es nicht alles besitzen, was seine Bewohner wirklich wollen, vielleicht auch ein oder zwei Rundungen, ja sogar eine viktorianische Rundung?"

Das zeitgenössische Moment zeigt sich in dem übermäßigen Verlangen bzw. Wunsch, der Moderne ein "neues Aussehen" zu verpassen. Die zeitgenössische Architektin legt den Nachdruck nicht mehr nostalgisch auf Beständigkeit und das Produkt an sich, sondern entwickelt ein zeitgemäßes Interesse daran, modisch zu sein und zu gefallen. Das Zeitgenössische bedient sich der Prozesse der Modernisierung, legt jedoch die Moderne bloß, indem sie sie mit einem zeitgenössischen Stil verbrämt. Der Modernismus war gut. Das Zeitgenössische hat ein gutes Gespür für Mode.
Das Zeitgenössische ist ein spekulatives Unterfangen. Weder ist noch war es jemals ein bestimmter, vorgegebener Standard. Das Zeitgenössische ist nicht gleichbedeutend damit, in der Essenz der Gegenwart zu existieren oder diese zu repräsentieren. Es unterscheidet sich auch grundsätzlich vom Zeitgeist. Das Ziel, zeitgenössisch zu sein, setzt voraus, dass das Feld zurschaustellbarer architektonischer Effekte bestimmt und aktiviert wird. Ein Effekt kann als Zustand verstanden werden, der von der Logik der Kausalität losgelöst existiert. Je größer die Distanz zwischen Ursache und Wirkung bzw. je herabgesetzter die bewusste Wahrnehmung der Verbindung zwischen den beiden, desto größer ist das Gefühl der Wirkung. So scheint die modernistische Transparenz in einem direkten und kausalen Zusammenhang mit den materiellen Eigenschaften des Glases zu stehen. Zeitgenössische Lumineszenz und Plastizität dagegen sind Effekte, deren Ursache nicht sofort ins Auge springen. Erhöhte Lesbarkeit reduziert ihre Wirkung, eine streuende, auflösende Sichtweise erhöht sie. Effekte sind vorgetäuscht, vorläufig, zeitgenössisch.
Die besten Effekte sind Spezialeffekte und auf diese stützt sich das Zeitgenössische. Spezialeffekte sind in hohem Maß bedingter und experimenteller Natur; wie etwa eine Avocado-Anrichte oder ein Replikant spüren sie ihr nahendes Ende. Aber dieses eingebaute Ablaufdatum verleiht ihnen Haltbarkeit und Dauer, lässt sie ihre Wirkung auf die Zeit und mit Hilfe der Zeit entfalten. Und wie begrenzt diese Dauer auch immer sein mag, Spezialeffekte sind besonders plastisch und augenfällig. "The Matrix" verkörperte das Neueste vom Neuen, ehe es banal und langweilig wurde. Der Modernismus andererseits glaubt ausschließlich an derartig alltägliche Effekte.
Der Unterschied zwischen speziellen und alltäglichen Effekten ist heute gerade deswegen von besonderer Bedeutung, weil der Unterschied zwischen Moderne und zeitgenössischem Gestalten so wichtig ist. Von einigen, wenigen Ausnahmen abgesehen geht es der Arbeit in dieser Ausstellung um das Zeitgenössische, wobei auf vielfältige formale Variationen zurückgegriffen wird. Als Symptom dafür kann der Status von Mies gesehen werden: Während der Großteil der Welt mit der Wiederbelebung des Neo-Miesianischen beschäftigt und von der Rhetorik des alltäglichen Utopismus durchdrungen ist, fehlt Mies hier überraschenderweise. Das Fehlen von Mies'schen Effekten in den Arbeiten von FOA oder Reiser & Umemoto ist beispielsweise besonders aufschlussreich. Mies war ein Meister der Effekte. Niemand schuf eine überzeugendere Wirkung und Atmosphäre des Modernen als er. Aber Mies' Interesse konzentrierte sich auf All-over-Effekte. Zwischen den einzelnen Zonen und Oberflächen gibt es wenig Differenzierungen, alles ist in eine kontinuierliche Reihe von Bedingungen integriert. Anders gesagt gibt es zwar Mies'sche Effekte, aber keine Mies'schen Spezialeffekte. Die mannigfaltige Einförmigkeit seiner Effektpalette ermöglichte es Mies, die modernistische Zeit, die Ewigkeit geschichtlicher Realisierung, die Zeit des Modernen als immerwährend zu inszenieren. In diesem Sinn definierten die kanonischen Mies'schen Projekte die Moderne, als sie neu waren, so wie sie heute Beispiele des Modernen darstellen und auch in Zukunft noch modern sein werden. Der Neomodernismus verleiht dem Modernismus Aktualität, indem er aus der Atmosphäre des Utopischen einfach die nichtssagende Welt des Nüchternen und Sachlichen macht. Mit seiner Verachtung für spezielle Effekte und die Zeitlichkeit des Vorläufigen und Experimentellen ist der neomoderne Pragmatismus nicht in der Lage, ein zeitgenössisches Projekt zu schaffen.

Diese Ausstellung scheint sich auf die Unruheherde zu konzentrieren, die das Zeitgenössische in die unnahbare und statische Utopie der Moderne einbringt. Die steile Wölbung einer Rampe in Yokohama, die atemberaubende Krümmung eines Daches von Reiser & Umemoto, die unheimliche Lumineszenz eines Servo-Sessels zeugen von einer Begeisterung, die gegen Langeweile und Überdruss immun ist. Diese Augenblicke der Erregung und Spannung entbehren – wie alle derartigen Momente – manchmal nicht der Peinlichkeit: Leidenschaft und Überschwang können Unförmigkeit und Plumpheit mit sich bringen, Experimente können von Erfolg gekrönt sein oder scheitern. Aber ohne dieses Risiko einzugehen, ist Architektur auf das Produzieren von Zuverlässigkeiten und lauwarmen Effekten beschränkt. Die Bewohnerin zeitgenössischer Architektur hält es nicht mit Vernunft und Mäßigung – sie hat ein Gespür für Mode und strebt eine Fülle an speziellen visuellen Effekten an. Ihr Haus erzeugt eine Art Vision der Zerstreuung: nicht die Ablenkung des Alltäglichen, Langweiligen oder Banalen, sondern einen visuellen Modus, der diffus und übersättigt zugleich ist. Die Neuausrichtung der Architektur durch das Zeitgenössische am Feld der Effekte ist kein mysteriöser, undefinierbarer oder rein phänomenologischer Zustand. Die zeitgenössische Architektur bildet einen identifizierbaren und sogar qualitativ bestimmbaren Forschungskomplex, der sich mit einer Reihe von fachlichen Fragen beschäftigt. Daraus ergibt sich eine erkennbare Palette an Methoden. Von überragender Bedeutung ist die Verlagerung des Schwerpunkts weg von der Größe, der Logik des Planes und der Ethik des Rationalismus hin zu den Atmosphären, die die Aufbereitung der Oberfläche erzeugt. Durch Akkumulation, Beschichtung, Dekoration, Färbung, Agitation, Bearbeitung mit Kunststoffen und Anpassung an die Umgebungsbedingungen können Oberflächen wirkungsvolle Stimmungen hervorrufen. Handelt es sich dabei um spezielle Effekte, wirken sie als Katalysator für das Zeitgenössische. Die zeitgenössische Architektur nimmt sich der überspannten Vergnügungen und konstruierten Veralterung der Konsumkultur mittels spezieller Effekte und ihrer verkürzten Zeitlichkeiten an. Spezialeffekte sind nicht durch Kurzlebigkeit gekennzeichnet, sie sind nicht wie flüchtige Spontankäufe. Spezialeffekte haben eher etwas von Gebrauchsgütern an sich: Es gibt sie heute, es gibt sie morgen, aber im nächsten Jahr sind sie wahrscheinlich verschwunden. Während die Architektur der speziellen Effekte der Moderne also ihren Platz in der Ewigkeit überlässt, beansprucht die zeitgenössische Architektur den Augenblick des Jetzt für sich. Und besser jetzt als für immer.

schwarm-tektonik:
ein manifest für eine entstehende architektur
Neil Leach

Es kann kein Zufall sein, dass Kommentatoren aus den verschiedensten Fachgebieten nun biologische Modelle heranziehen, um Verhaltensstrukturen verstehen zu lernen. Von der nüchternen wissenschaftlichen Forschung bis hin zur philosophischen Betrachtung kommt man zu dem Schluss, dass eine konstruktive Befassung mit biologischen Modellen neue Einsichten in alle Arten von Naturphänomenen gewährt. Es ist so, als ob sogar die Struktur des Universums und seine kontinuierliche Expansion sich nicht durch statische theoretische Modelle, sondern nur durch die Anwendung dynamischer Verhaltensmodelle erschließen ließen. Es ist gerade die Befassung mit der der Natur innewohnenden "Lebenskraft" – von der Zellorganisation bis hin zum Schwarm- und Herdenverhalten von Insekten, Pflanzen und Tieren – die uns verstehen lässt, wie der Mensch selbst sich verhält. So wie wir Zeugen der Entstehung der Biochemie aus der Chemie, der Biotechnologie aus der Technologie wurden, erleben wir nun, wie sich in den philosophischen Debatten[1] eine Art von "Biophilosophie" zu manifestieren beginnt.

Ganz allgemein gesprochen hat man in der Wissenschaft in letzter Zeit vielfach versucht, von der traditionellen Betrachtungsweise abzugehen, derzufolge die Natur ein von geschlossenen, statischen Regeln bestimmtes System darstellt, um statt dessen zu verstehen, dass beinahe alle Vorgänge sich innerhalb eines dynamischen, offenen Systems vollziehen. Das Santa Fe Institute im US-Bundesstaat New Mexico fungierte als einer der Katalysatoren für einen Großteil der innovativen Denkansätze in diesem Bereich. Die dortigen Wissenschaftler untersuchten im Rahmen eines interdisziplinären Ansatzes sich selbst organisierende Systeme in der Natur und analysierten, wie diese als Modelle angewandt werden können, um andere Verhaltensstrukturen zu verstehen. Durch die Befassung mit den Vernetzungsoperationen von Ameisenkolonien beispielsweise können wir ansatzweise beginnen, die komplexen Interaktionen im Gruppenverhalten zu ergründen, die sich ebenso sehr auf die Reaktion des Einzelnen auf die Logik der Masse oder des Schwarms stützen, wie auf jede gegebene Einzelinitiative. Dadurch erhalten wir einen Eindruck von dem komplexen Charakter jeder Art kulturellen Lebens, der sich, wie Kevin Kelly ausführte[2], wie ein roter Faden durch soziale, politische und sogar wirtschaftliche Systeme zieht.

Ein großer Teil der Tätigkeit in Santa Fe beruhte auf den frühen Studien der Komplexitätstheorie von Mitchell Waldrop und anderen.[3] Die Komplexitätstheorie versucht, jene Prozesse zu verstehen, durch die in der Natur komplexe Verhaltensmuster zustande kommen. Ihre Zielsetzung ist insofern etwas paradox, als sie, statt die unergründliche Komplexität des Universums zu akzeptieren, versucht, gerade jene Strukturgrundsätze zu erkennen, die diese scheinbare Komplexität entstehen ließen. Anders ausgedrückt versucht die Komplexitätstheorie zu beweisen, dass die Komplexität gar nicht so komplex ist, sondern auf klaren Grundsätzen beruht.

Der Drang, in einem Zustand der Komplexität zu symbolisieren, zu ordnen und Klarheit zu schaffen, liegt nicht nur dem tierischen Verhalten, sondern jeder Aktivität zugrunde. So lassen die Phänomene in praktisch sämtlichen Bereichen die Tendenz erkennen, sich selbst zu organisieren und in irgendeiner Art von System zu arrangieren. Dies hat die Wissenschaftler in Santa Fe dazu veranlasst, sich für "selbstorganisierende Systeme" zu interessieren. Dabei handelt es sich um Systeme, die zunächst auf dem Gebiet der Physik und der Chemie entwickelt wurden, um zu beschreiben, wie "sich aus auf mikroskopischer Ebene definierten Prozessen und Interaktionen makroskopische Muster entwickeln", die sich jedoch auch auf soziale Insekten anwenden lassen, um nachzuweisen, dass "aus Interaktionen zwischen einfache Verhaltensweisen zeigenden Individuen komplexes Kollektivverhalten entstehen kann."[4]

Dieses Modell lässt sich des Weiteren auch auf die Funktionsweise des Computers ausdehnen. Die von Eric Bonabeau, Marco Dorigo, Guy Theraulaz und anderen durchgeführten wissenschaftlichen Arbeiten zogen Vergleiche zwischen dem Verhalten der Ameisen und Computerprogrammen und kamen zu dem Schluss, dass beide Phänomene von interaktiven vektoriellen Kräften abhängen, die vernetzt und nicht isoliert wirken.[5] Diese Denkweise befasst sich mit der "Schwarmintelligenz" – "der sich herausbildenden kollektiven Intelligenz von aus einfachen Akteuren bestehenden Gruppen".[6] Das Gesagte beschränkt sich jedoch nicht auf die Welt der Insekten allein. Bemerkenswert ist vielmehr, dass innerhalb jeder gegebenen "Population" – gleich wie unterschiedlich aufgebaut sie sein mag – die Herausbildung gewisser gemeinsamer Handlungsmuster beobachtet werden kann. De Landa erklärt: "Die Dynamik von Populationen von Dislokationen ist sehr eng mit der Populationsdynamik sehr unterschiedlicher Einheiten, z.B. der Moleküle in einer rhythmischen chemischen Reaktion, der Termiten in einer nestbauenden Kolonie und vielleicht sogar der menschlichen Akteure in einem Markt, verwandt. Anders ausgedrückt tendiert eine gegebene Population interagierender Einheiten ungeachtet der großen Unterschiede bezüglich der Natur und des Verhaltens ihrer Komponenten dazu, gleiches Kollektivverhalten aufzuweisen."[7]

Schwarmintelligenz lässt sich beispielsweise am Verhalten eines Vogelschwarms beobachten. Der Schwarm ändert seine Flugrichtung, sinkt und steigt in einer ziemlich einheitlichen Bewegung, wobei einheitlich bedeutet, dass jeder einzelne Vogel sich mehr oder weniger dem Gesamtverhaltensmuster der Gruppe anpasst. Eine konventionelle Interpretation würde nun vielleicht lauten, dass der Schwarm wohl von einem Leitvogel geführt wird, dass ein einzelner Vogel die Bewegungen der anderen vorgibt. In Wirk-

Für diese gotische Auffassung lässt sich eine Genealogie aufstellen. Sie wird in der gotischen Tradition klar und deutlich zum Ausdruck gebracht, aber auch in Form eines gewissen Ansatzes in bezug auf Strukturen wie z.B. Brücken.[19] Dennoch liegt jeder guten technischen Praxis das Prinzip zugrunde, jeden Entwurf nach den Gesichtspunkten der Effizienz und des minimalen Materialeinsatzes auszurichten. In jüngerer Zeit ließen die Arbeiten von Antonio Gaudi zu Beginn des 20. Jahrhunderts und die Arbeiten von Frei Otto gegen Ende des 20. Jahrhunderts eine gewisse Wiederbelebung dieser gotischen Wissenschaft erkennen. Zu Beginn des 21. Jahrhunderts lassen die Arbeiten der Foreign Office Architects sowie die Werke von Reiser & Umemoto, Mark Burry, Mark Goulthorpe, Lars Spuybroek und des UN Studio Spuren einer Wiederauferstehung dieses Geistes erahnen. Die Arbeiten dieser Gruppe haben ein gemeinsames Ziel, nämlich eine Hinwendung zu den Grundsätzen der Bautechnik, die bautechnische Fragen nicht als eine Art praktischen Nachgedankens sondern als eine in den gesamten konzeptuellen Prozess des Entwerfens eingebettete essenzielle Komponente betrachtet. Diese Arbeiten wurden als "post-Gaudianische Praxis" bezeichnet. Wichtig dabei ist, dass sich diese stark auf eine rechnerische Methodik stützt.

Digitale Tektonik

Wie können diese Aktivitäten nun durch den digitalen Bereich unterstützt werden? Auf den ersten Blick scheint die Frage der Struktur und Strukturierung insofern nur wenig mit den Operationen eines Computers zu tun zu haben, als der eine Bereich eine entschieden materielle Domäne bleibt, während der andere eine immaterielle Domäne darstellt. Wenn wir den Computer jedoch nicht als monadische Maschine sondern als "Population" kleinerer, nomadischer Komponenten betrachten, die auf der Grundlage der Logik der Schwarmintelligenz operieren, werden die Möglichkeiten offensichtlicher. Wir könnten erkennen, dass Strukturen selbst auf höchst komplexe Art und Weise operieren. Strukturen sind niemals so diskret und in sich abgeschlossen, wie dies auf den ersten Blick scheinen mag, und operieren parametrisch als "selbstorganisierende Systeme". So wäre es besser, sich ihr Operieren als vernetzt oder sogar miteinander verwoben vorzustellen.

Die Forschung hat bereits nachgewiesen, dass theoretische Verbindungen zwischen dem Verhalten der Ameisen, Computernetzwerken und strukturellen Formen bestehen, und dieser Grundsatz wurde durch Programme weiter bestätigt, die dazu dienten, einen Einblick in das strukturelle Verhalten zu gewähren.[20] Architekten und Techniker verwenden bereits seit geraumer Zeit Computerprogramme, um die strukturelle Stabilität ihrer Entwürfe zu überprüfen. Nun jedoch werden Programme entwickelt, mit deren Hilfe tatsächlich neue strukturelle Formen generiert werden sollen. Diese gehen über den bereits sehr komplexen Gebrauch der von Karl Chu und anderen verfochtenen genetischen Algorithmen hinaus, um Formen mit eigener struktureller Integrität zu schaffen.

Ein Beispiel dafür ist das von Kristina Shea entwickelte Programm eifForm, das auf stochastische, nicht-monotone Art und Weise unter Anwendung eines als "structural shape annealing"[21] bezeichneten Verfahrens Formen generiert. Der "Entwerfer" gibt lediglich gewisse definierende Koordinaten vor und startet dann das Programm, das sich selbst schließlich in eine bestimmte Konfiguration "kristallisiert" und auflöst. Jede Konfiguration ist eine strukturelle Form, die der Schwerkraft und anderen vorgegebenen Belastungen widersteht, und dennoch ist jede vom Programm ausgeworfene Konfiguration anders. Dies ist die Logik einer von unten nach oben wirkenden stochastischen Methode.

Durch Programme wie eifForm erkennen wir das Potenzial des Computers, strukturelle Operationen zu simulieren, gerade weil es auf Populationsverhalten beruht. Damit sind die Möglichkeiten jedoch noch nicht erschöpft. Was wir mit derartigen Programmen erkennen, ist das Potenzial, die gesamte Entwurfsoperation als Prozess zu sehen. Was für die Struktur gilt, lässt sich gleichermaßen auch auf andere Aspekte des Bauprozesses anwenden – auf akustische und umweltbezogene Fragen, bauliche oder programmatische Themen. Der Computer liefert eine effiziente Suchmaschine, die auf dem Konzept der Effizienz beruht. Deshalb besteht das wahre Potenzial derartiger Operationen nicht darin, ein williges Spielzeug in den Händen von Entwerfern im wohlhabenden Westen zu sein, sondern als soziales Werkzeug zu fungieren, mit dessen Hilfe die Ressourcen in den weniger privilegierten Regionen der Welt optimiert werden können.

Dies hat jedoch auch wesentliche Auswirkungen auf die Natur des Designprozesses selbst. Der Computer wird nicht als Mittel zur Darstellung verwendet, sondern als generierendes Instrument, das selbst einen Teil des Designprozesses darstellt. Anders ausgedrückt hat der Computer die Rolle des Architekten äußerst radikal neu definiert. Der Architekt ist nicht mehr der demiurgengleiche Formgeber, der er in der Vergangenheit war. Dem Architekten kommt nun die Aufgabe zu, Prozesse zu steuern, die "Entstehung" von Architektur zu beaufsichtigen. Mit der Entwicklung neuer Computerverfahren finden wir uns selbst an der Schwelle eines neuen Paradigmas für die Architektur – eines Paradigmas, in dem die "Schwarm-Tektonik" eine wesentliche Rolle spielt.

1   Keith Ansell Pearson, *Germinal Life*, London: Routledge, 1997.
2   Kevin Kelly, *Out of Control*, Cambridge, MA: Perseus Books, 1994; *New Rules for the New Economy*, London: Fourth Estate, 1998.
3   Mitchell Waldrop, *Complexity: The Emerging Science at the Edge of Order and Chaos*, New York und London: Simon and Schuster, 1992; John Holland, *Emergence: From Chaos to Order*, Oxford: OUP, 1998.
4   Eric Bonabeau, Marco Dorigo und Guy Theraulaz, *Swarm Intelligence: From Natural to Artificial Systems*, New York und Oxford: Oxford University Press, 1999, S. 6.
5   Bonabeau, Dorigo und Theraulaz, *Swarm Intelligence*. Siehe auch James Kennedy, *Swarm Intelligence*, New York: Morgan Kaufmann, 2001; Mitchel Resnick, *Turtles, Termites, and Traffic Jams*, Camb., MA: MIT Press, 1994.
6   Bonabeau, Dorigo und Theraulaz, *Swarm Intelligence*, S. xi.
7   Manuel De Landa, "Material Complexity", unveröffentlichtes Manuskript, vorgetragen anläßlich der Konferenz Digital Tectonics, University of Bath, März 2002.
8   Bonabeau, Dorigo und Theraulaz, *Swarm Intelligence*, S. xi.
9   Jane Jacobs, *The Death and Life of the Great American Cities*, New York: Vintage, 1961.
10 "Unter der scheinbaren Unordnung der alten Stadt liegt, wo die alte Stadt erfolgreich funktioniert, eine geniale Ordnung, mit deren Hilfe die Sicherheit auf den Straßen und die Freiheit der Stadt bewahrt werden. Es ist eine komplexe Ordnung. Ihre Essenz ist die Intimität der Benutzung der Bürgersteige, die eine konstante Abfolge von Augen mit sich bringt. Diese Ordnung besteht zur Gänze aus Bewegung und Veränderung, und obwohl sie Leben ist und nicht Kunst ist, können wir sie hochtrabend die Kunstform der Stadt nennen und mit dem Tanz vergleichen – nicht einem anspruchslosen Präzisionstanz, wo alle gleichzeitig das Bein hochwerfen, sich gemeinsam drehen und sich 'en masse' verbeugen, sondern einem komplizierten Ballet, in dem die einzelnen Tänzer und Ensembles jeweils unterschiedliche Rollen spielen, die einander auf wunderbare Art und Weise verstärken und ein geordnetes Ganzes ergeben., Jacobs, *The Death and Life of the Great American Cities*, zitiert nach Steven Johnson, *Emergence: The Connected Lives of Ants, Brains, Cities and Software*, London: Penguin, 2001.
11 Manuel De Landa, *A Thousand Years of Nonlinear History*, New York: Zone Books, Swerve Editions, 1997; Steven Johnson, *Emergence: The Connected Lives of Ants, Brains, Cities and Software*, London: Penguin, 2001.
12 John Holland, zitiert nach Johnson, *Emergence*, S. 27.
13 "Die Stadt existiert nur als eine Funktion von Zirkulation und Kreisläufen. Sie ist ein einzelner Punkt auf den Kreisläufen, die sie bilden und die durch sie gebildet werden. Sie ist definiert durch Eingänge und Ausgänge: Etwas muss in die Stadt hinein und aus der Stadt heraus gelangen. Sie gibt eine Frequenz vor. Sie bewirkt eine Polarisierung von inerter, lebender oder menschlicher Substanz. Sie sorgt dafür, dass das Phylum, der Fluss, sich entlang horizontaler Linien durch spezifische Orte bewegt. Sie ist ein Phänomen der Transkonsistenz, ein Netzwerk, da sie fundamental mit anderen Städten in Kontakt steht. Sie stellt eine Schwelle der Entterritorialisierung dar, da ungeachtet der beteiligten Substanz diese entterritorialisiert genug sein muss, um in das Netzwerk zu gelangen, um sich der Polarisierung zu unterwerfen, um dem Kreislauf der Neukodierung von Stadt und Straße zu folgen." Deleuze und Guattari, "City/State" in Neil Leach (Hg.), *Rethinking Architecture*, London: Routledge, 1997, S. 313.
14 Die Stadt wird deshalb dem Staat als Raum der Entterritorialisierung gegenübergestellt. Und dennoch droht die Stadt, wie die Entterritorialisierung selbst, die immer dazu neigt, sich in ihr Gegenteil, die Territorialisierung, zu verkehren, vielschichtig zu werden und den Zustand des Staates anzunehmen. Wir können derartige Prozesse reziproker Präsupposition nicht vermeiden – sie bleiben ein inhärenter Teil des von Deleuze und Guattari angebotenen Modells – und dennoch neigt man grundsätzlich dazu, einen der beiden Zustände dem anderen vorzuziehen. Man sollte diese Zustände nicht als "gegenteilig" im Sinne einer binären Gegenteiligkeit betrachten – denn Deleuze und Guattari streben danach, eine solche Polarisierung zu überwinden und ihre Aufmerksamkeit dem Konzept des Prozesses zu widmen – eher die Schwankung oder Bewegung zwischen zwei extremen Zuständen als die Zustände selbst. Die "Tendenz" in Richtung Multiplizität, Fluidität und Prozess, die die Stadt verkörpert, wäre deshalb der "Tendenz" in Richtung Einheitlichkeit, Stase und Darstellung vorzuziehen, die Staaten verkörpern.
15 "Gotische Architektur ist in der Tat untrennbar von dem Willen, Kirchen zu errichten, die länger und höher als die romanischen Kirchen sind. Immer weiter, immer höher … Doch dieser Unterschied ist nicht nur quantitativ, sondern markiert auch eine qualitative Veränderung: Das statische Verhältnis, Form-Substanz, tritt zugunsten eines dynamischen Verhältnisses, Substanz-Kräfte, zunehmend in den Hintergrund. Das Behauen des Steins macht diesen zu einem Werkstoff, der in der Lage ist, Schubkräfte aufzunehmen und zu koordinieren, und es ermöglicht, immer höhere und längere Gewölbe zu errichten. Das Gewölbe ist nicht länger eine Form, sondern die Linie kontinuierlicher Variation der Steine. Es ist so, als ob die Gotik einen glatten Raum eroberte, während die Romanik teilweise innerhalb eines gekerbten Raums blieb (in dem das Gewölbe auf der Gegenüberstellung paralleler Pfeiler beruht)." Gilles Deleuze und Félix Guattari, *A Thousand Plateaus: Capitalism and Schizophrenia*, in der Übersetzung von Brian Massumi, Minneapolis: University of Minnesota Press, 1987, S. 364.
16 "Man stellt nicht dar, sondern man erzeugt und durchquert. Diese Wissenschaft ist weniger durch das Fehlen von Gleichungen als durch die sehr unterschiedliche Rolle, die diese spielen, gekennzeichnet: Anstatt absolut gute Formen zu sein, die die Substanz organisieren, werden sie vom Material in einer qualitativen Berechnung des Optimums als 'Schubkräfte' (poussées) 'generiert'." Deleuze und Guattari, *A Thousand Plateaus*, S. 364.
17 "Die königliche Wissenschaft oder Staatswissenschaft toleriert und nutzt das Behauen von Stein anhand von Schablonen (d.h. das Gegenteil des quadratischen Behauens) unter solchen Bedingungen, die die Vorherrschaft des festen Formmodells, der mathematischen Zahlen und der Maße wiederherstellen." Deleuze und Guattari, *A Thousand Plateaus*, S. 365.
18 Eine weitere Möglichkeit, zwischen diesen beiden Modellen zu differenzieren, ist die Unterscheidung, die Deleuze und Guattari zwischen "hoher" und "niedriger" Wissenschaft treffen: "Die Tendenz der gebrochenen Linie, zu einer Kurve zu werden, eine vollständige operative Geometrie von Eigenschaft und Bewegung, als pragmatische Wissenschaft variierender Platzierungen, die anders funktioniert als die königliche oder hohe Wissenschaft von Euklids Invarianten und auf eine lange Geschichte der Verdächtigung und sogar Unterdrückung zurück blickt." Deleuze und Guattari, *A Thousand Plateaus*, S. 109.
19 Deleuze and Guattari zitieren als Beispiel den Brückenkonstrukteur Perronet aus dem 18. Jahrhundert, der versuchte, die Masse einer Brücke zu verringern und diese so zu konstruieren, dass sie so effizient wie möglich funktioniert: "Der Schwere der Brücke, dem gekerbten Raum aus dicken und regelmäßigen Pfählen stellte er eine Verschmälerung und Diskontinuierlichkeit der Pfähle, des Fußgesimses und des Gewölbes, eine Leichtigkeit und kontinuierliche Variation des Ganzen gegenüber." Deleuze und Guattari, *A Thousand Plateaus*, S. 365. Brücken werden nicht immer so gebaut, und Perronets Experiment selbst wurden, wie Deleuze und Guattari beobachten, bald vom Staat Hindernisse in den Weg gelegt.
20 Siehe Bonabeau, Dorigo und Theraulaz, *Swarm Intelligence*, insbesondere Kapitel 6, "Nest Building and Self-Assembling", S. 205-251.
21 "Annealing" ist das Verfahren des Glühens, bei dem Metalle erhitzt und wieder abgekühlt werden. Das Programm eifForm simuliert diesen Prozess, so dass sich die endgültige Form "herauskristallisiert". Das Verfahren ist stochastisch, da es ein Zufallselement für das Suchverfahren umfasst, das so gesteuert wird, dass auch die Analyse von Konzepten möglich ist, die anfangs schlechter als der aktuelle Entwurf sind. Deshalb ist es auch insofern nicht-monoton, als es permanenter Revision unterliegt, wobei oft frühere Entwicklungen wieder negiert werden. Für eine Beschreibung des Programms eifForm siehe Kristina Shea, "Creating Synthesis Partners" in Architectural Design, Nr. 72, S. 42-45.

Etwas fehlt
Bart Lootsma

Würden wir Utopia erkennen, wenn wir es sähen? Würden wir Utopia erkennen, wenn wir nur einen kurzen Blick darauf werfen könnten, ein Fragment, ein Bruchstück zu Gesicht bekämen? Würden wir es in Form eines Gebäudes erkennen oder nur, wenn es sich um die Zeichnung eines Gebäudes handelt? Würden wir Utopia auf den ersten Blick erkennen oder nur durch vermittelnde Erklärungen? Und angenommen, wir würden es erkennen, würden wir es als Utopie akzeptieren und willkommen heißen oder als Dystopie ablehnen? Denn schließlich gehen Utopie und Dystopie ebenso Hand in Hand wie Utopie und Fatalismus. Historiker und Theoretiker, die sich mit dem Thema Utopie auseinandergesetzt haben, scheinen weitgehend einer Meinung zu sein, dass Utopien ihre Wurzeln in den dunklen Abschnitten der Geschichte haben. Das utopische Denken, das im 16. und 17. Jahrhundert seine definitive Gestalt fand, kann als Antwort der westlichen Gesellschaft auf das dramatische Ende des Mittelalters verstanden werden. Auch wenn Lewis Mumford sein Buch "The Story of Utopias" mit einem Plädoyer für Eutopia beschließt, für das schöne Land also, in dem alle Doppeldeutigkeiten verschwunden sind, die Utopia kennzeichnen – die Hauptaussage des Werkes scheint im Heraufbeschwören einer Atmosphäre des Verhängnisses zu bestehen. Ohne jede Erklärung müssen wir plötzlich zwischen Mumfords Eutopia und Oswald Spenglers "Untergang des Abendlandes" wählen.[1] Nach der Katastrophe des zweiten Weltkriegs war es Sigfried Giedion, der nach einer kritischen Auseinandersetzung mit der Frage, warum die Moderne in Architektur und Urbanismus den Kampf gegen konservative, ja reaktionäre Kräfte in den 1930er Jahren verloren hatte, leidenschaftlich für eine intensive Zusammenarbeit zwischen modernen Architekten und modernen Künstlern plädierte. "Künstler können leichter ohne die Allgemeinheit existieren, als die Allgemeinheit ohne Künstler. Warum? Weil die Mechanisierung Amok läuft ohne richtungsweisende Linie, ohne entsprechenden Ausdruck für das Gefühl." Selbst in den wenigen Staaten, in denen die moderne Architektur den Sieg davon trug, fehlt der gebauten Umgebung seiner Meinung nach "etwas". "Dieses 'Etwas' ist eine inspirierte architektonische Vorstellungskraft, die das Verlangen nach Monumentalität befriedigt."[2] Giedion dachte dabei an eine neue Monumentalität, die sich – anders als die klassische, die in der Architektur und im Urbanismus der 1930er Jahre wiederkehrte – von der modernen Kunst inspirieren lassen sollte, die mittlerweile nicht nur reifer geworden war, sondern auch von weiten Teilen der Bevölkerung verstanden wurde. "Was als notwendige, strukturelle Verkürzungen begann, erscheint nun in Form von Symbolen."[3]
Ähnliche Gedankengänge scheinen der Frage zugrunde zu liegen, die Zaha Hadid und Patrik Schumacher in diesem Buch aufwerfen. "Jede Zeit braucht ihre Utopie(n). Eine Gesellschaft, die ihre Entwicklung nicht mehr reflektiert, ist unheimlich, eine Monstrosität." Dabei scheint es den beiden jedoch insbesondere um die Gegenwart zu gehen. In einem kürzlich gegebenen Interview bemerkt Hadid, dass wir in einer "sehr uninspirierten Zeit" leben, in der "das Extravagante" keinen Platz mehr hat.[4] Giedions neue Monumentalität war jedoch in den Utopien des modernen Urbanismus verwurzelt. Und heute? Der Konsens über die symbolische Bedeutung der modernen Kunst mag in den vierziger und fünfziger Jahren des 20. Jahrhunderts in der Tat breiter gewesen sein. Die moderne Kunst der Gegenwart dagegen kennt sehr unterschiedliche Formen, die sich nicht so einfach als Symbole charakterisieren lassen. Wie also können wir uns die Wiederverbindung von Architektur, Urbanismus und Utopie vorstellen?
Beginnend mit dem ersten Frontispiz von Thomas Mores "Utopia" aus dem Jahr 1516 waren Utopien stets mit architektonischen Repräsentationen verbunden, auch wenn diese nicht immer dem Text entsprachen. Die ersten Frontispize von Mores "Utopia" zeigten mittelalterliche Landschaften, die wenig von der vom Autor beschriebenen regelmäßigen Ordnung hatten. Andererseits könnte man sagen, dass alle architektonischen Projekte gewisse utopische Züge aufweisen, da es allen um eine Verbesserung des Lebens in einer bestimmten Situation zu tun ist. Manche Architektur wird gar als utopisch oder visionär bezeichnet, weil sie eine völlig anders geartete Gesellschaft entwirft oder hervorbringen möchte bzw. weil sie nur in einer solchen realisiert werden könnte.
Die Frage ist jedoch, um welche Utopie es sich handeln würde und welche Rolle Architektur in ihrer Umsetzung spielen könnte. Der Direktor der US-amerikanischen Zentralnotenbank, Alan Greenspan, beispielsweise ist stark von den Ideen Ayn Rands beeinflusst, die unter anderem in "The Virtue of Selfishness: A New Concept of Egoism" und "Anthem" beschrieben werden. Als solche üben diese Ideen bereits einen nachhaltigen Einfluss auf jeden Bürger dieser Welt aus. Rands Vorstellungen finden ein architektonisches Pendant in ihrem Roman "The Fountainhead". Da das Geheimwort in "Anthem" EGO lautet, könnte man behaupten, das neue Phänomen der "Stararchitekten" stünde in einem unmittelbaren Zusammenhang mit Rands Utopie, die durch die jüngsten, hauptsächlich von der US-amerikanischen Geldpolitik vorangetriebenen politischen Entwicklungen verwirklicht wird.[5]
Tatsächlich ist es in den letzten 25 Jahren etwa immer schwieriger geworden, über Utopien zu sprechen. In seinem äußerst einflussreichen Buch "La condition postmoderne" aus dem Jahr 1979 erklärte Jean-François Lyotard das Ende der großen Erzählungen, und nach dem Zerfall des kommunistischen Imperiums sprach Francis Fukuyama gar vom "Ende der Geschichte und vom letzten Menschen".[6] Die "New Economy" sollte dem Phänomen der Rezession ein Ende bereiten. Der Architekturtheoretiker Manfredo Tafuri räumte bereits in seinem Buch "Progetto e utopia" aus dem Jahr 1973 mit der Vorstellung auf, Architektur könne eine neue, bessere Gesellschaft schaffen und alle diesbezüglichen Versuche würden letztendlich vom Kapitalismus absorbiert werden.[7] In diesem Jahr etwa lösten sich nahezu alle Gruppen auf, die sich in den 1960er Jahren mit radikaler Architektur beschäftigt hatten, von Haus-Rucker-Co bis Superstudio, von Constant Nieuwenhuys bis Archigram. In seinem Essay "L'Architec-

ture dans le boudoir" aus dem Jahr 1974 spricht Tafuri darüber hinaus von der Niederlage der Avantgarde, die den Architekten keine andere Wahl lässt, als sich von jeglicher architektonischer Ideologie, von allen Träumen über ihre gesellschaftliche Funktion loszusagen, sämtliche utopische Spuren zu eliminieren und sich statt dessen auf das Spiel mit den historischen Fragmenten einer Sprache zu konzentrieren, deren Code verlorengegangen ist – all das in dem Bemühen, wenigstens die Architektur selbst zu retten.[8] Tatsächlich steht dieser Aspekt seit jener Zeit im Zentrum der offiziellen Architekturdebatte, ungeachtet aller Versuche, auch neue Kosmologien zu formulieren, die größtenteils von philosophischen und wissenschaftlichen Quellen (Gilles Deleuze, Chaostheorie, Komplexität etc.) inspiriert waren. Sogar der Aufschwung der neuen Computertechnologien wurde eher im Sinne dieser neuen Kosmologien interpretiert und genutzt als im Sinne utopischer Spekulationen. Dies ist bemerkenswert angesichts der Tatsache, dass der Aufstieg neuer Technologien normalerweise mit einer ganzen Reihe von Utopien und Dystopien einhergeht. Der einzige Aspekt dieser Denkrichtung, der in der Tradition von Deleuze als utopisch gelten könnte, ist die Dekonstruktion von Benthams Panopticon in Deleuze' Interpretation von Michel Foucault: Die Kerbung des Panopticon, gelesen als Diagramm, wird durch andere Diagramme ersetzt, die versuchen, glatte Oberflächen zu produzieren, die im Sinne eines nomadischen Modells großzügigere Besetzung erlauben würden.[9] Das Modell basiert weitgehend auf Gebäuden und ist von einzelnen Architekten und Kunden abhängig, was ein gravierendes Hindernis für das utopische Potential bedeutet. Es ist aber auch auf einer anderen Ebene angreifbar, wie die Philosophin Gillian Howie jüngst in ihrem Buch "Deleuze and Spinoza" gezeigt hat. Howie zufolge ist gerade die Inspiration, die Deleuze aus der Natur bezieht, problematisch, da sie die Welt aus einer mystischen, romantischen Perspektive deutet und damit unter einen fatalistischen Bann stellt. Howie hält es nicht für Zufall, dass Deleuze' Denken gerade in einem historischen Kontext auf so starke Resonanz stößt, in dem vom "Ende des Menschen" die Rede ist und in dem gleichzeitig der liberale Individualismus Hochkonjunktur hat.[10] Organische Metaphern und Naturmetaphern, die die in der Natur zum Ausdruck kommende Metaphysik zusammenzufassen suchen, gehören selbstverständlich zur Tradition des liberalen Individualismus. Sie wurden u.a. in Adam Smiths Theorie der "unsichtbaren Hand" formuliert, die von Autoren wie Kevin Kelly in dem Buch "Out of Control, The New Biology of Machines, Social Systems and the Economic World" zu neuem Leben erweckt wurde.[11]

In den letzten Jahren macht sich jedoch unvermutet eine zunehmende, beinahe verzweifelte Sehnsucht nach neuen Utopien bemerkbar, nach Utopien im Sinne von ideologischen Gedankengebäuden, die richtungsweisend für die Entwicklung der Gesellschaft wirken könnten. Das erklärt die weitgehend enthusiastische Aufnahme des Buches "Empire" von Antonio Negri und Michel Hardt, das Fredric Jameson bewundernd als "prophetischen Ruf nach zukünftigen Energien" charakterisiert hat. Slavoj Zizek sieht in ihm gar "eine Neuschreibung des Kommunistischen Manifests".[12] Parallel dazu fällt auf, dass nahezu in Vergessenheit geratene architektonische und urbane Utopien wie Constants "New Babylon" und Yona Friedmans "Ville Spatiale" bei der diesjährigen Documenta in Kassel gezeigt werden. Paolo Soleri wurde bereits im Rahmen der Biennale von Venedig im Jahr 2000 rehabilitiert. Ich teile den Wunsch nach neuen Utopien, aber wie die Kuratoren der Documenta und der letzten Biennale – Ausstellungen, deren Schwerpunkt üblicherweise auf neuen, zeitgenössischen Arbeiten liegt – kann ich derzeit noch keine klaren, kühnen Visionen erkennen, die etwa den Architekten der Französischen Revolution, den deutschen Expressionisten oder den russischen Konstruktivisten Konkurrenz machen könnten. Gemeint sind damit Visionen im Sinne von ästhetischen Modellen. Was ich aber sehr wohl erkennen kann, ist, dass das Klima, die Grundlagen und das Wissen geschaffen werden, auf dem Utopien letztendlich gedeihen könnten. Ich denke dabei an das überwältigende Ausmaß an Forschungsarbeit, das etwa in den letzten zehn Jahren geleistet wurde. Die diesjährige Documenta zeigt zahlreiche Beispiele aus der Welt der Kunst, die bestehende Wirklichkeiten kritisch analysieren und in Frage stellen. Manche der Arbeiten weisen eine größere Affinität zu Fotojournalismus und Dokumentarfilm auf als zur Kunst. Auch in der Architektur- und Urbanismusdebatte ist die Forschung wieder zu einem Schlüsselthema geworden. Architekten und Architekturbüros wie Stefano Boeri und Multiplicity, Rem Koolhaas und OMA/AMO, Raoul Bunschoten und CHORA, Winy Maas und MVRDV, Einrichtungen wie das "Harvard Project on the City" zum Thema Stadt (bzw. das, was einmal Stadt genannt wurde), das Berlage Institute, das Bauhaus in Dessau und ETH Studio Basel, Galerien wie Arc en Rêve in Bordeaux und die Triennale in Mailand sowie Wanderausstellungen wie "Cities on the Move" schaffen ambitionierte Projekte mit dem Ziel, den aktuellen Wandel der urbanen Umwelt zu verstehen. Alle diese Initiativen legen den Schwerpunkt nicht auf Projekte, sondern auf den größeren gesellschaftlichen, wirtschaftlichen und kulturellen Kontext architektonischen und urbanen Gestaltens. Gleichzeitig werden etwaige Projekte der forschenden Architekten unweigerlich im Licht dieser Forschungen gesehen. Das allein scheint eine enorme Veränderung zu bedeuten gegenüber jener Zeit, als Architektur sich ins "Boudoir" zurückzog. Wo aber bleibt die Utopie?

In einem Essay für den Documenta-Katalog gibt Molly Nesbit eine mögliche Antwort auf diese Frage. Sie bezieht sich auf eine Diskussion zwischen Ernst Bloch, dem Philosophen der Hoffnung, und Theodor Adorno im Jahr 1964. "Adorno erklärte, dass es kein positives Bild einer Utopie gebe, das sich auf positive Weise ausmalen ließe, dass es von ihr überhaupt kein positives Bild geben könne noch könne irgendein Bild von ihr vollständig sein. Er ging sehr weit. Bloch folgte ihm ein Stück des Weges, dann hielt er plötzlich inne. Er zitierte einen Satz von Brecht und sagte, dieser enthalte den Ansporn zur Utopie. Brecht hatte geschrieben: 'Etwas fehlt.' 'Was ist dieses 'Etwas'?', fragte Bloch. 'Es darf nicht 'ausgepinselt' werden, dann stelle ich es als seiend dar; es darf aber auch nicht eliminiert werden, als ob es nicht wirklich im praktischen Sinne das wäre, von dem man sagen könnte: 'Es geht um die Wurst.' Wenn also auch dies alles stimmt, so glaube ich, dass trotzdem das nicht aus der Welt zu schaffen ist, und auch das Technologische, das unbedingt eintreten muss und soll bei dem großen Reich des Utopischen, bildet nur ganz kleine Sektoren; das ist ein geometrisches Bild, das hier nicht zuständig ist, aber ein anderes Bild findet sich in dem alten Bauernspruch: Es gibt keinen Tanz vor dem Essen. Es müssen die Menschen erst satt werden, und dann kann getanzt werden.' Die Wurst und der Tanz könnten als ein Aphorismus des Marxismus verstanden werden, der, so erklärte er, nur eine Bedingung für ein Leben in Freiheit und Glück, ein Leben mit Inhalten ist. Bloch und Adorno nahmen die Utopie als den Grund, auf dem die Grenze zwischen Leben und Tod zu ziehen ist." Und Nesbit fährt fort: "Während sie die Fragen drehten und wendeten, ist vollkommen klar, dass das Bild und der Tanz um die Wurst für die Grundsätze der Metaphysik nebensächlich waren. Wie aber steht es mit dem Bild und seiner Vision? Müssen wir das utopische Bild selbst als verlorengegangen betrachten oder können wir die Utopie in einem Bild erkennen, in dem etwas fehlt, ein Bild, das mit leeren Taschen daherkommt?"[13]

Möglicherweise ging Tafuri von falschen Erwartungen aus. Möglicherweise könnten wir noch viel lernen, würden wir für einen Moment von der Erwartung Abstand nehmen, das Hauptargument der Moderne sei die Veränderung bestehender Zustände gewesen, und in ihr statt dessen eine Ansammlung von Individuen sehen, die vornehmlich mit denselben oder ähnlichen Problemen (Anwachsen der Metropolen, Aufstand der Massen, Verkehrsstaus, Umweltverschmutzung etc.) konfrontiert waren und entsprechende Lösungen finden mussten. Selbstverständlich wurden die Lösungen von Le Corbusier, Otto Neurath, Van Eesteren und Van Lohuizen, Hilberseimer und anderen im Hinblick auf ganz bestimmte politische Organisationsformen formuliert (die im übrigen sehr verschieden von einander waren). Dennoch scheint es, als seien nur die visionären Aspekte ihrer Arbeiten hervorgehoben und kritisiert worden, insbesondere in der neueren Architekturgeschichte. Und visionäre Projekte sind nun einmal zum Scheitern verurteilt. Das spricht nicht gegen ihre Notwendigkeit: Visionäre Projekte eröffnen eine Perspektive, die diskutiert und reflektiert werden kann. Es liegt in der Natur ihrer singulären Perspektive, dass sie Kompromisse eingehen müssen, um Wirksamkeit zu erlangen. Wenn wir versuchen, die Projekte der Moderne anders wahrzunehmen – nicht so sehr als Visionen denn als Mittel und Wege zum Verständnis der Wirklichkeit, mit der sich Architekten und Urbanisten der damaligen Zeit konfrontiert sahen – und statt dessen das Augenmerk auf die geleistete Forschungsarbeit legen, verschwindet vielleicht das tragische Schicksal des Scheiterns, das diese Projekte seit den siebziger Jahren des 20. Jahrhunderts kennzeichnet. Wenn wir in ihnen einzelne Momente der Synthese in einem kollektiven Prozess der Modernisierung sehen, der niemals von einer einzelnen Person oder Gruppe, von einer bestimmten Ideologie gesteuert werden könnte, erscheinen sie in einem anderen Licht. Nicht als Worte oder Silben einer Sprache, die nur endlose Wiederholungen zulässt, sondern als Essays, Landschaftsmalereien, Fotografien oder Schnappschüsse einer Stadt zu einem ganz bestimmten Zeitpunkt, unter Verwendung architektonischer Mittel: Plan, Schnitt, Aufriß und Perspektive. Unser Interesse gälte in diesem Fall nicht ihrem projektiven, visionären Aspekt, sondern konzentrierte sich auf die analytische Seite: auf die "Wurst", wie Bloch sagen würde, auf das Rohmaterial, aus dem sie entstanden sind und das in den Visionen verarbeitet wurde. Wir würden Ausschau halten nach Städten, die in diesen "visionären" Städten schlummern oder gar von ihnen verborgen werden. So ist es zum Beispiel kein Zufall, dass Le Corbusiers Stadt für 3.000.000 Einwohner exakt dieselbe Bevölkerungszahl aufweist wie das Paris seiner Zeit. Die Berechnungen und Entwürfe von Van Eesteren und Van Lohuizen für den allgemeinen Erweiterungsplan für Amsterdam beruhen ebenfalls auf der Extrapolation und Neuverteilung vorgefundener Daten. Vielleicht könnte diese Analyse die heutige Forschung voranbringen. Nicht nur, indem wir ihre Methoden wörtlich nehmen, wie es derzeit der Fall ist, sondern auch durch eine kritische Analyse der Analyse und den Vergleich mit heutigen Problemen, die so anders sind als die Probleme der Menschen vor hundert Jahren und manchmal sogar im Widerspruch zu ihnen stehen. Diese Notwendigkeit ergibt sich aus der Tatsache, dass es die frühen Modernisten mit Städten zu tun hatten, die geschlossene Einheiten bildeten und klar voneinander bzw. von der ländlichen Umgebung abgegrenzt waren. Heute hingegen geht es um urbanisierte Regionen, die weltweit miteinander verbunden und in komplexen Beziehungen voneinander abhängig sind. Waren die Visionen der frühen Modernisten für den Nationalstaat entworfen worden, so ist der Nationalstaat heute in der Auflösung begriffen. Waren die Lösungen der Modernisten als Lösungen für die Massen gedacht, müssen wir uns heute mit dem Prozess der Individualisierung auseinandersetzen.[14] Diese Fragen sind nicht nur für die Erstellung eines kohärenten Forschungsprogramms bedeutsam, das Utopie implizit als "etwas Fehlendes" definieren würde. Sie sind auch entscheidend, um verstehen zu können, was die Entwicklung einer expliziten modernen Utopie so schwierig macht. Vergessen wir nicht, dass Mores ursprüngliches Utopia eine Insel war und dass die meisten utopischen Visionen ein geschlossenes System bzw. eine geschlossene Einheit beschreiben. Die Aufgabe gestaltet sich auch deshalb so schwierig, weil in den Worten von Ulrich Beck "jeder Versuch zur Entwicklung eines neuen Konzeptes, das für soziale Kohäsion sorgen würde, von dem Eingeständnis ausgehen muss, dass Individualismus, Diversität und Skeptizismus in der westlichen Gesellschaft tief verwurzelt sind".[15]

Wenn wir uns einig sind, dass ein neues utopisches Model von der vorgefundenen Realität ausgehen müsste, dass es zumindest ein grundsätzliches Konzept zur politischen Organisation bieten müsste, dass es sich ferner mit den Kräften der Globalisierung auseinandersetzen und den Prozess der Individualisierung anerkennen müsste, ergeben sich unvermutet zwei moderne architektonische – oder besser gesagt – urbanistische Utopien. Die erste betrifft eine Serie von Projekten bzw. "Maschinen", die von Winy Maas und MVRDV entwickelt wurden, die zweite die Arbeit von Raoul Bunschoten und CHORA. Maas' Ideen stehen in der Tradition von Utopien, die als Antwort auf knappe Mittel die gesellschaftliche Spannung zwischen Bedürfnissen einerseits und Ressourcen andererseits berechnen zu können glauben. Dieser Zugang findet sich bereits in Mores Utopia, wo die Menschen bewusst darauf achten, dass ihre Freuden und Vergnügungen nicht höheren gemeinsamen Interessen im Weg stehen. Fortgeführt wird diese Tradition in Benthams Panopticon, das als Maschine gedacht war, die vollkommen unabhängig von den Motiven der beteiligten Menschen funktionieren und Verhalten "automatisch" hervorbringen würde.[16]

MVRDVs "Datatown" geht einen Schritt weiter und trägt die urbanen Projekte von Le Corbusier, dem frühen Hilberseimer sowie insbesondere von Van Eesteren und Van Lohuizen auf die Ebene des Nationalstaates.[17] Es handelt sich um eine Reihe von theoretischen Übungen, die sich mit einem autarken Stadtstaat namens "Datatown" auseinandersetzen, der eine Größe von 400 x 400 Kilometern und 241 Millionen Einwohner umfasst. Damit wäre Datatown der am dichtesten besiedelte Ort der Welt. Aufgrund dieser Bevölkerungsdichte wären die Bewohner gezwungen, zur Vermeidung ökologischer Katastrophen sowohl ihr Verhalten als auch die räumliche Organisation des Landes in kollektiven Entscheidungen festzulegen. Datatown führt uns vor Augen, wie kollektives Verhalten die räumliche Organisation eines Landes oder einer Stadt beeinflusst und greift aus diesem Grund auf vorhandene statistische Daten zurück. Die Auswirkungen dieser auf kollektiven Entscheidungen beruhenden Daten werden in eine konkrete Gestalt gebracht (Gebäude, Straßen, Städte und Landschaften) und als dreidimensionale Simulationen auf die vier Seiten eines Kubus projiziert. Die Besucher des Kubus erleben die Stadt und ihren Wandel, der durch Veränderungen des Kollektivverhaltens ausgelöst wird. So sehen sie beispielsweise, was passiert, wenn sich alle Bewohner für eine vegetarische Lebensweise entscheiden, wenn mit Abfall auf eine bestimmte Art und Weise verfahren oder Energie ausschließlich durch Wind produziert wird. Es werden jeweils verschiedene Möglichkeiten gezeigt. Ziel ist es natürlich, den Besuchern Entscheidungshilfen zu geben, so dass sie über die nationale Regierung abstimmen bzw. als Mitglieder derselben ihre Stimme abgeben können. Datatown geht von einer repräsentativen Demokratie aus, wie wir sie in der westlichen Welt in ihrer klassischsten Form kennen. Die Hauptschwäche des Projektes liegt klarerweise darin, dass es nur unter der Voraussetzung funktioniert, dass Nationalstaaten tatsächlich autonome Einheiten sind. Die Idee des Nationalstaates befindet sich jedoch in einer Krise und mit ihr auch die Idee der repräsentativen Demokratie. Als weiterer Schwachpunkt erweist sich die klassische Verwendung statistischer Daten, die sich an die frühen Modernisten, insbesondere an Van Eesteren und Van Lohuizen anlehnt. Das heisst, das Modell geht nicht nur von einer Gesellschaft aus, die sich zum Großteil aus Massen zusammensetzt. Es setzt, was die Entwurfsmethode betrifft, auch die gleichmäßige Verteilung aller Mittel auf der Basis eines politischen Konsensus voraus. Mit anderen Worten, es hat eine sozial orientierte Demokratie bzw. einen Wohlfahrtsstaat zur Voraussetzung. In seinen neueren, noch utopischeren "Maschinen" wie dem "Region Mixer", die am Berlage Institute in Rotterdam entwickelt wurden, dehnt Maas sein Territorium auf die ganze Welt aus und setzt sich mit Migrationsströmen, Ernährung und Energieproduktion auseinander. Auch in diesem Fall bestünde das Ideal in einer mehr oder weniger gleichen Verteilung von Ressourcen, Einkommen und Menschen. Der "Region Mixer" – im Prinzip ein Stück Software – übernimmt daher eine "Equalizer-Funktion" wie wir sie auch von Stereoanlagen kennen. Selbstverständlich setzt auch dieses Modell eine sehr globale, repräsentative und demokratische Organisation voraus, beispielsweise eine mit größerer Machtbefugnis ausgestattete Variante der Vereinten Nationen. Darüber hinaus ist es interessant, dass sich Maas, wenn er die ganze Welt wie eine modernistische Stadt betrachtet, mit denselben Problemen der Auslagerung konfrontiert sieht wie die Modernisten. Während Van Eesteren und Van Lohuizen im fertigen Plan der Niederlande auf ein künstliches Stück Land im Meer zurückgreifen mussten (Maasvlakte) – als eine Art Sicherheitsventil für alle unerwünschten und unvorhergesehenen Funktionen –, sieht Maas für die Produktion von Nahrungsmitteln ein in Zusammenarbeit mit der NASA entwickeltes, satellitenähnliches Stück Land vor, das um die Erde kreist.

Bunschotens Utopie geht von ganz anderen Prämissen aus. Als Ausgangspunkt nimmt er Spinozas Konzept der Politik, das erst unlängst auch von Gilles Deleuze und insbesondere Antonio Negri mit neuem Leben erfüllt wurde.[18] In Negris Interpretation weigert sich Spinoza, die politische Gemeinschaft als eine Ordnung zu sehen, die den Wünschen des einzelnen von außen bzw. als Gesellschaftsvertrag aufgezwungen wird. Auch die verschiedenen Systeme der repräsentativen Demokratie sind demzufolge Überreste der einzigen, alles überragenden Macht des Monarchen. Statt dessen ist die Gesellschaft das quasimechanische (nichtdialektische) Ergebnis von Interaktionen zwischen individuellen Kräften, die durch ihren Zusammenschluss eine kollektive Macht bilden. Wie in der Natur auch bestehen die politischen Beziehungen aus Strukturen, die die kollektive, produktive Macht im Zuge ihres Entfaltungsprozesses in Besitz nimmt und erneuert.[19] Spinoza hält diese Beziehungen und Strukturen stets für "richtig", ohne ihnen moralische Konsequenzen oder Vorstellungen zuzuschreiben. Bunschoten versucht in seiner Arbeit, die Keime dieser produktiven Macht in der Wirklichkeit aufzuspüren, indem er sich auf die Suche nach individuellen Initiativen macht. Durch die Einführung von Spielstrukturen suggeriert bzw. simuliert er mögliche Verbindungen zwischen diesen Initiativen, um die Schaffung größerer räumlicher Organisationen anzuregen. Um ihnen auf die Spur zu kommen, hat Bunschoten eine spezielle Methode entwickelt, bei der Bohnen auf den Plan einer Stadt geworfen werden. Anschließend suchen einzelne Teilnehmer die jeweiligen Orte auf, um herauszufinden, welche Kräfte dort am Werk sind. Sie dokumentieren diese Einflüsse in Form von kurzen Erzählungen und formulieren mögliche Szenarien für ihre Weiterentwicklung in Kombination mit anderen in einem potentiell endlosen Prozess des Faltens und Entfaltens. Natürlich sind die Bohnen eine Metapher für die Keimung und Entwicklung dieser Kräfte zu einem neuen organischen Ganzen. Bunschotens jüngste Projekte haben die Form von Web-Sites, auf denen Myriaden dieser Keimprozesse zu finden und beobachten sind. Er verlässt sich nicht so sehr auf traditionelle staatliche Planungsbehörden, sondern greift entweder auf die eben beschriebenen Initiativen zurück oder zieht NGOs bzw. "spontane" Organisationen als Verantwortliche für größere Projekte vor.[20]

Wenn wir uns einig sind, dass das Ende des utopischen Denkens im wesentlichen mit dem – wie Lyotard es nennt – Ende der großen Erzählungen verbunden ist, scheint es interessant, dass Bunschoten neue Erzählformen einführt, deren Entwicklung sich auch im Internet bzw. in den neuen Medien beobachten lässt. Dieses Konzept könnte die verschiedenen Fallstudien – ich denke dabei an die letzte Documenta, an Stefano Boeris Forschungsarbeit mit der Gruppe Multiplicity bzw. an meine Forschungen am Berlage Institute, die nun so verzweifelt fragmentarisch erscheinen, in vielen Fällen so frustrierend analytisch und ausschließlich kritisch, Forschungen, in denen immer "etwas fehlt" – zu einer neuen Kraft vereinen. Könnte sich daraus eine neue Form der utopischen Architektur entwickeln? Doch was ist dann mit dem Architekten, der seine Legitimation traditionellerweise in genau jenen großen Erzählungen findet, die Lyotard verworfen hat?

In seiner Einleitung zur französischen Übersetzung von Antonio Negris Spinoza-Buch ("Die wilde Anomalie") schreibt A. Matheron, er stimme vollkommen mit Negri überein, wenn dieser feststelle, hier seien die Antipoden zur Trinität Hobbes-Rousseau-Hegel zu finden: "Und ich erkenne mit ihm die enorme revolutionäre Bedeutung und die außergewöhnliche Aktualität dieser Doktrin: Das Recht und nur das Recht, welches die Macht darstellt, das Recht, über welches die Träger der politischen Macht verfügen, welches die Macht der breiten Masse und nur der breiten Masse ist: welches die kollektive Macht darstellt, die die breite Masse ihnen (wiederholt) überträgt, die sie ihnen aber auch wieder entziehen kann. Wenn die Menschen revoltieren, haben sie per definitionem das Recht dazu und ipso facto verschwindet auch per definitionem das Recht des Souveräns."[21] Eine Revolution, ein Aufstand, erhält also ihre Legitimation durch den Erfolg. Dasselbe könnten wir von Bunschotens architektonischer Utopie sagen. Daher wissen wir auch, dass es noch eine Weile dauern wird, denn noch dominieren die Macht des Staates (auch wenn sie im Zerfall begriffen ist) und die Macht des Kapitals (auch wenn sie an Einfluss verliert). Hier muss ich erneut an Gillian Howies Interpretation von Spinoza erinnern sowie an die Schwierigkeiten, die sie mit der Aktualität des Deleuzeschen Denken hat.[22] Im Sinne des utopischen Denkens ist es problematisch, sich auf ein metaphysisches Verständnis der Natur zu stützen, wie Colin Bird in "The Myth of Liberal Individualism" schreibt: "Ich kann glauben, dass der Staat tatsächlich ein Organismus ist und dennoch leugnen, dass ihm irgendeine moralische Bedeutung zukommt. Die Tatsache, dass eine Qualle ein 'organisches' Wesen ist, verleiht ihr keinen moralischen Status, der dem des Menschen gleichkommt oder darüber hinausgeht. Genauso kann ich abstreiten, dass Kollektivitäten oder Staaten in irgendeinem Sinne organisch oder anthropomorph sind, und dennoch behaupten, dass sie einen größeren Anspruch auf unsere moralische Aufmerksamkeit haben als gewöhnliche menschliche Individuen."[23]

1 Siehe: Hans Achterhuis, *De erfenis van de utopie*, Ambo, Amsterdam, 1998.
2 Sigfried Giedion, *Architecture You and Me, the Diary of the Development*, Cambridge (Mass.), 1958.
3 Idem.
4 Siehe: Wojciech Czaja, "Adonis auf Krücken", in: Die Presse/Spectrum, 3. 8. 2002.
5 Siehe Fußnote 1.
6 Jean-François Lyotard, *La condition postmoderne*, Editions de Minuit, Paris, 1997; Francis Fukuyama, *The End of History and the Last Man*, Free Press, New York/Maxwell McMillan/Toronto, 1992.
7 Manfredo Tafuri, *Progetto e Utopia*, Rome, 1973.
8 Manfredo Tafuri, *L'Architecture dans le boudoir, The Language of Criticism and the Criticism of Language*, Oppositions, 3, 1974, S. 37-62.
9 Bart Lootsma, "The Diagram Debate, or the Schizoid Architect", in: Marie Ange Brayer, Béatrice Simonot (Hg.), *Archilab Orléans 2001*, Mairie d'Orléans, Orléans, 2001.
10 Gillian Howie, *Deleuze and Spinoza, Aura of Expressionism*, Palgrave, Basingstoke/New York, 2002.
11 Kevin Kelly, *Out Of Control*, Addison-Wesley Publishing Company, New York, 1994.
12 Michael Hardt & Antonio Negri, *Empire*, Harvard University Press, Cambridge (Mass.)/London, 2000. Die Zitate von Slavoj Zizek und Fredric Jameson finden sich auf der Rückseite.
13 Molly Nesbit, "The Port of Calls", in: Documenta und Museum Fridericianum (Hg.), *Documenta 11-Platform 5*, Hatje Cantz, Ostfildern, 2002.
14 Bart Lootsma (Hg.), *Research for Research*, Berlage Institute, Rotterdam, 2001.
15 Ulrich Beck, *Je eigen leven leiden in een op hol geslagen wereld*, ARCHIS 2/2001.
16 Siehe Fußnote 1.
17 MVRDV, *Metacity/Datatown*, 010 Publishers, Rotterdam, 1999.
18 Spinoza, "Tractatus politicus", in: *Opera Posthuma*, Jan Riewertz, Amsterdam, 1677, eine Auswahl davon wurde publiziert in: Spinoza, *Hoofdstukken uit de politieke verhandeling*, Boom, Meppel/Amsterdam, 1985; Gilles Deleuze, *Expressionism in Philosophy: Spinoza*, Zone Books, New York, 1992; Antonio Negri, *The Savage Anomaly, The Power of Spinoza's Metaphysics and Politics*, University of Minnesota Press, Minneapolis/Oxford, 1991; Siehe auch Fußnote 10.
19 A. Matheron in seiner Einleitung zur französischen Übersetzung von Antonio Negris *The Savage Anomaly* in der Einleitung von W.N.A. Klever zu *Hoofdstukken uit de politieke verhandeling*, siehe Fußnote 18.
20. Raoul Bunschoten und CHORA, *Urban Flotsam*, 010 Publishers, Rotterdam, 2001.
21. Siehe Fußnote 19.
22. Siehe Fußnote 10.
23. Colin Bird, *The Myth of Liberal Individualism*, Cambridge University Press, Cambridge/New York/Melbourne, 1999.

Lyrische Architektonik
Detlef Mertins

"Und scheint mir das lyrische Werk ursprünglich in Verbindung zu stehen mit dem lebendigen Tanz, das architektonische Werk mit dem Körper des Sternes Erde, den es umbauend verschönern will..."
Adolf Behne, "Wiederkehr der Kunst", 1919[1]

Diese Worte, geschrieben im Jahr 1919 vom Berliner Kritiker Adolf Behne, führen uns in eine Zeit zurück, als das Sein noch in zwei sich gegenseitig ausschließende Kategorien geteilt werden konnte – belebt und unbelebt, lyrisch und architektonisch. Ein Beispiel für diese Unterscheidung aus der Zeit vor dem ersten Weltkrieg findet sich in der "Bildungsanstalt für Musik und Rhythmus" von Emile Jaques-Dalcroze, erbaut im Jahr 1911 von Heinrich Tessenow in der Gartenstadt Hellerau. Tessenows betont immobiler, prismatischer und architektonischer Klassizismus lieferte den Hintergrund für die flüssigen, ausdrucksstarken, abwechselnd ekstatischen und kämpferischen Bewegungen der Studenten. Er bot einen ruhigen, leidenschaftslosen Rahmen für die plastische Darstellung von Gedanken und Emotionen in Raum und Zeit. Die von Dalcroze entwickelten Übungen sollten die Studenten mit Hilfe von Bewegungen auf musikalische Rhythmen einstimmen, übertrugen ihre Wirkung jedoch rasch auf die gesamte Persönlichkeit der Teilnehmer bzw. – in einem noch größeren Zusammenhang gesehen – auf die Wiederherstellung der Lebensrhythmen unter den widrigen Bedingungen der Modernisierung. Das Abstimmen von Muskel- und Nervenreaktionen förderte gleichzeitig auch die Koordination zwischen den sich bewegenden Körpern sowie die Eingebundenheit in die Dynamik der Natur.

Behnes Ausführungen wiederholten implizit die grundlegende Unterscheidung, die Nietzsche in "Die Geburt der Tragödie" zwischen der dionysischen und der apollinischen Kunst – zwischen Musik und Bildhauerei – getroffen hatte. Nietzsche sah diese als Ausdruck einer Dualität, die zuerst in der Natur, dann in der Kultur existierte, einer Dualität zwischen dem Impuls zur Selbstverleugnung durch Berauschung und dem Impuls zur Selbstbestätigung durch das Streben nach Schönheit in inneren Traumwelten. Nietzsche ging es weniger um eine Kodifizierung dieses Unterschieds – der selbst eine Wiederholung des Gegensatzes zwischen Chaos und Ordnung, Erschaffung und Beständigkeit darstellt –, er wollte vielmehr die Geburt der griechischen Tragödie verstehen, in der sich diese Impulse vermischen. Mehr noch, Nietzsche verwendete die griechische Tragödie dazu, um das Beispiel eines Künstlers zu beschreiben, der sowohl in träumendem als auch ekstatischem Zustand arbeitet: "...als welchen wir uns [den Künstler] etwa zu denken haben, wie er, in der dionysischen Trunkenheit... niedersinkt und wie sich ihm nun, durch apollinische Traumeinwirkung, sein eigener Zustand d.h. seine Einheit mit dem innersten Grunde der Welt in einem *gleichnißartigen Traumbilde* offenbart."[2] Im Gegensatz dazu trat Behne für eine klare Trennung ein, wobei er der – von ihm so empfundenen – neuen Bedeutung der Architektonik in der kubistischen Kunst den Vorzug gab vor dem Lyrismus des Expressionismus. Es blieb anderen Kritikern vorbehalten zu erkennen, dass der Kubismus – so wie auch der Futurismus, Suprematismus und Konstruktivismus – durch das Einbeziehen von Bewegung, Zeit und Betrachtungsdynamik in die Darstellung von Objekten einen Wandel in der Vorstellung vom Objekt selbst bedeutete. Einen Wandel, demzufolge Körper und Bewegung, Figur und Grund, Zeit und Raum einander nicht länger ausschließen, sondern sich gegenseitig überlagern. Rückblickend weist die Vorstellung vom Künstler bzw. Architekten als dionysischem Apollo auf die Wiederkehr des Traumes von einer lyrischen Architektonik im Laufe des letzten Jahrhunderts hin. Von tanzenden Kristallen bis zu Leerräumen der Potentialität, von immersiven, abstrakten Umgebungen bis zum Eintauchen in selbstorganisierende Systeme – all das sind Bilder, in denen die unerfüllte Sehnsucht nach einer Architektonik der Musik, des Tanzes und der Lebendigkeit, der rhythmischen Vereinigung und der Virtualität zum Ausdruck kommt.

1 Adolf Behne, *Wiederkehr der Kunst*, Leipzig: Kurt Wolff, 1919, S. 20.
2 Friedrich Nietzsche, *Die Geburt der Tragödie*, Alfred Kröner Verlag Leipzig, 1924, S. 57.

Von der Avantgarde zur Arriéregarde und zurück
Andreas Ruby

Heute die Frage nach einer zeitgenössischen Avantgarde in der Architektur zu stellen, rührt an ein Tabu. Man meidet den Begriff, als hätte man Angst, sich an ihm anzustecken. Zu schwer wiegt die Hypothek des gescheiterten modernen Projekts, das mit der historischen Avantgarde verbunden wird, als dass man heute noch an sie anzuknüpfen vermochte. Als rhetorische Figur im Diskurs der Architektur hat sich die Avantgarde jedoch erhalten. Mit der Zuverlässigkeit eines biologischen Reflexes reklamiert bis heute jede nachwachsende Architektengeneration eine "Vorreiterstellung" gegenüber dem "Mainstream". Und um die terminologische Problemzone "Avantgarde" zu umschiffen, versteckt sie sich hinter einer scheinbar ideologiefreien Diskursgröße wie der "Forschung". Selbst das enfant terrible der zeitgenössischen Architektur, die Architektur der topologischen Oberflächen, ist zutiefst durchdrungen vom Gesetz der Avantgarde, d. h. der methodisch angewandten Transgression alles bisher Dagewesenen, die mit ihrem kontinuierlichen Impetus entfernt an Che Guevaras Praxis der Berufsrevolution erinnert. Wie die heroische Moderne konstituiert sich auch die topologische Architektur als Avantgarde durch zwei miteinander verbundene Tropen: etwas radikal Neues in die Geschichte einzuführen und dadurch gleichzeitig mit der Geschichte zu brechen. In der heroischen Moderne war der Tropus des Neuen bekanntlich durch eine gesellschaftliche Utopie definiert, die das Ende der Entfremdung des Individuums und die Aufhebung gesellschaftlicher Ungleichheiten versprach und sich mehr oder weniger direkt in neuen architektonischen Themen materialisierte: in der Transparenz als neuem Interface zwischen Mensch und Raum, in neuen Konstruktionsformen, neuen Materialien und einer neuen formalen Ästhetik. Die Geschichte wurde zur verbrannten Erde erklärt, während man zu einem anderen Ort aufbrach, um eine neue Tradition zu begründen. "The Growth of a New Tradition" lautete denn auch der Untertitel von Sigfried Giedions Propagandaschrift des neuen Bauens "Space, Time, and Architecture".
In der topologischen Architektur tritt der Tropus des Neuen ähnlich vehement auf, wird aber natürlich völlig anders definiert: durch den behaupteten Bruch mit der Euklidischen Geometrie zugunsten neuer topologischer Oberflächen und "calculus-based geometries" (Greg Lynn); durch neue Konstruktionstechnologien wie file-to-factory als direkte Verbindung von Computer-Aided Design und Computer-Aided Manufacturing (angewandt in Frank Gehrys Zollhofkomplex in Düsseldorf); durch die neue Raumvorstellung der free section, die den free plan der Moderne ersetzt (z. B. das Yokohama Terminal von FOA); sowie schließlich neue Materialien, die den Kanon der Moderne über die Trias von Stahl, Glas und Beton hinaus erweitert (zum Beispiel Kotalan & McDonald's O/K Apartment).
Ganz ähnlich wie das Paradigma der Dekonstruktion, das sie ablöste, gründet die topologische Architektur ihren Avantgarde-Anspruch vor allem auf eine formale Differenz zu allem bisher Dagewesenen, wie der Titel eines Textes von Greg Lynn ("Why Tectonics Is Square and Topology Groovy") deutlich macht. Mit einem ähnlichen Impetus reklamiert auch Lars Spuybroek für seine Architektur, die formalen Inkonsequenzen der Vätergeneration hinter sich zu lassen: Während Peter Eisenmans dekonstruktivische Volumen potemkinsche Dörfer für geometrisch regelmäßige Schnitte seien (The Aronoff Center) und Rem Koolhaas seine gefalteten Oberflächen in modernistische Boxen stecke (Bibliothèques de Jussieu), wende seine Architektur die Idee des topologischen Raumes erstmals auf das gesamte Gebäude an (Waterpavilion).
In dieser Sicht wird die Lösung eines formalen Problems zum alleinigen Gegenstand der Architektur gemacht. Die Form wird zum Fetisch, der alle anderen Aspekte der Architektur überdeckt, und die sich in einer Monokultur der "extravaganten Form" ausdrückt, die das Feld der Architekturproduktion besonders im Umfeld der renommierten anglo-amerikanischen Architekturschulen gegenwärtig so uniform bestimmt. Aber Extravaganz ist ein temporärer Attraktor, der sich verbrauchen muss, um zu wirken. Ein Anzeichen dieser Abnutzung ist die zunehmende Homogenisierung der architektonischen Ergebnisse, die sich bereits in der spürbaren Konvergenz ihrer medialen Repräsentation widerspiegelt (siehe dazu die kürzliche bei Thames & Hudson erschienene Re-Edition der Archilab-Kataloge von 1999 und 2000 sowie Peter Zellners Überblickswerk "Hybrid Space", Thames & Hudson 1999). Mit ihrer zunehmenden Verfügbarkeit verliert die "extravagante Form" immer mehr das diskursive Potential, eine Avantgarde zu konstituieren. Ganz nach dem aus der Computerbranche bekannten Zyklus von Professionalisierung, Verbilligung und wachsender Marktdistribution werden sich heute noch exklusive Computersysteme – wie das bisher allein von Frank Gehry benutzte Catia samt der darauf aufbauenden automatischen Herstellungsverfahren – zum immer selbstverständlicheren Bestandteil der technologischen Infrastruktur der Architektur verwandeln. Die klandestine Aura, mit der die digitalen Formenwelten heute oft noch umhüllt sind, wird sich auflösen in der Alltäglichkeit ihrer Verfügbarkeit (analog zur Auflösung des Mythos von Apple Macintosh in der Pragmatik des ihn klonenden Massenproduktes Windows); sie wird einfach zu einer zusätzlichen Design-Option im Katalog des Machbaren. Dass dieser Prozess längst begonnen hat, zeigt ein Projekt wie der BMW-Pavillon auf der Internationalen Automobilausstellung (IAA) in Frankfurt/Main von 1997. Entworfen und gebaut wurde der Pavillon, dessen doppelt-gekurvte Wandflächen aus digital animierten "Kraftfeldern" der ausgestellten Automodelle erzeugt wurden, von dem Frankfurter Großbüro ABB, dass bisher eher im Territorium der "Corporate Architecture" heimisch war, so dass sich ihm nur schwer avantgardistische Ambitionen unterstellen lassen. Die Entscheidung, für den BMW-Pavillon (und inzwischen auch seinen Nachfolger auf der dies-

jährigen IAA) eine Architektur des Blobs einzusetzen, basiert weniger auf einer architektonischen Vision als dem strategischen Kalkül, den Imagefaktor des Blobs als Exponent des "brand new" für das Branding der Marke BMW einzusetzen.

Mit dieser Verfügbarkeit einher geht die wertmäßige Egalisierung von jeglicher Form. Ein komplexer Blob und eine schlichte Box werden irgendwann prinzipiell gleichwertig sein und sich, die Endphase des Kalten Krieges paraphrasierend, in "friedlicher Koexistenz" zueinander verhalten. Dieses postdissuasive Stadium der Avantgarde und die Beilegung ihrer "form wars" führt in letzter Konsequenz zu einer De-Moralisierung der Form, ganz im Sinne von Nietzsches Idee des "Außermoralischen".

Diese Umwertung der Form zu einem strategischen Dispositiv ist in der Architektur der jüngeren Gegenwart entscheidend von Rem Koolhaas initiiert worden. Eine systematische Betrachtung seines Œuvres offenbart seine traumwandlerische Sicherheit, sich verschiedenster formaler Paradigmen zu bedienen, je nach den programmatischen Zielen, die er gerade verfolgt, ohne sich ihnen deswegen stilistisch zu verschreiben. Als Amoralist glaubt Koolhaas nicht mehr an die Form, er benutzt sie. Dieses säkularisierte Formverständnis scheint auch in der Arbeit jener Architekten eine wichtige Rolle zu spielen, die – mehr oder weniger offensichtlich in der Koolhaas-Nachfolge stehend – mit der "datascape"-Methode arbeiten. Dieser vor allem von MVRDV, dem Design Research Lab (DRL) der Architectural Association, forcierte Ansatz ist aus der kritischen Auseinandersetzung mit semiologischen und linguistischen Entwurfsverfahren entstanden, die in den 1970er und 1980er Jahren vor allem in der Architektur der amerikanischen Ostküste Hochkonjunktur hatten (u. a. Tschumi, Eisenman, Libeskind). Im Gegensatz zu einer solchen Theorieapplikation von außen wollte diese jüngere Generation das formative Potential der Architektur "von innen", mit den ihr eigenen Mitteln entwickeln. Daher jener fast obsessive Impuls in der "datascape"-Architektur, vor dem Entwurf ein flächendeckendes Mapping all jener Bedingungen und Kräfte anzufertigen, die auf dem Grundstück schon latent aktiv sind oder das zukünftige Projekt in irgendeiner Weise beeinflussen werden (z. B. Verkehrsströme, Geräuschpegel der Umgebung, Bodenkontamination, etc.).

Das Potential dieses Ansatzes liegt in einer Architektur, in der Form nicht a priori gesetzt wird, sondern aus existierenden Bedingungen entwickelt wird. Eine Architektur, die eine bisher nie dagewesene Pluralität von Formensprachen erlaubt und ein für alle Mal mit der Mär von der "guten Form" aufräumen könnte. Doch löst die architektonische Produktion, die sich heute implizit oder explizit der "datascape" bedient, dieses enorme Versprechen häufig nicht ein. Obwohl eine konsequente Anwendung der Methode in verschiedenen Situationen zu jeweils anderen Ergebnissen kommen müsste und daher per definitionem zu keinem bestimmten Stil führen dürfte, ist die Majorität der datascape-Projekte von einer auffälligen stilistischen Uniformität charakterisiert. Mysteriöserweise scheint es von "datascape" eine unvermeidliche Verbindung zu kontinuierlichen Oberflächen und topologisch gemorphten Landschaften zu geben (das trifft insbesondere auf FOA und einen Teil der Forschung aus dem DRL zu). Auf diese Weise reduziert sich ein eigentlich vielversprechender Ansatz auf nur noch ein weiteres formal-ästhetisches Projekt. Als solches hat es zweifellos bestimmte Qualitäten, so wie seine Vorgänger auch, aber genauso wie diese fügt es sich in die atavistische Tradition einer Architektur des Artistischen, die durch ihre formale Originalität brillieren möchte und den Architekten in die längst überwunden geglaubte Position des Künstler-Architekten zurückwirft.

Doch da es für eine architecture pour l'architecture keinen erkennbaren gesellschaftlichen Gebrauchswert gibt, ist es nicht überraschend, dass die gesellschaftliche Nachfrage von Architektur im Sinken begriffen ist. Immer mehr schrumpft ihr Handlungsfeld auf jene abgegrenzten "Architekturschutzgebiete", die durch protektionistische Eingriffe des Staates aufrecht erhalten werden – das öffentliche Wettbewerbswesen oder auch andere gezielte Fördermaßnahmen für junge Architekturbüros, wie sie in den Niederlanden praktiziert werden. Jene Mega-Environments, die unsere Alltagswelt momentan so tiefgreifend verändern, indem sie bisher getrennte Funktionen wie Einkaufen, Unterhaltung und Freizeit zu neuen programmatischen Hybriden verschmelzen, entstehen dagegen fast ausschließlich ohne das Zutun von Architekten.

Will Architektur sich in die Gestaltung dieser Wirklichkeit einbringen – und das wäre die Aufgabe einer heutigen Avantgarde – dann muss sie sich dafür entsprechend positionieren. Jede bisherige Avantgarde hat sich durch eine bestimmte Vision als Avantgarde konstituiert. Für die Avantgarde der 1920er Jahre war dies eine soziale Utopie. Die Avantgarde der 1970er und 1980er Jahre gründet sich dagegen auf ein formales Projekt. Einer heutigen Avantgarde stehen diese Optionen nicht mehr zur Verfügung, und vieles spricht dafür, dass sie sich durch eine strategische Vision neu konstituieren muss. Anstatt weiter nur nach neuen formalen Verfahren zu suchen, wird sie ab jetzt primär Strategien erfinden müssen, wie sie sich wieder in der ökonomischen und gesellschaftlichen Realität unserer Zeit verankern und sie aktiv gestalten kann.

Bisher beschränkt sich die professionelle Praxis des Architekten im wesentlichen darauf, vordefinierte Programme räumlich zu interpretieren. Da sich diese Programme immer mehr zu standardisierten Typologien verfestigen, bedarf es zu ihrer architektonischen Umsetzung immer weniger der Leistung von Architekten. An ihre Stelle treten kommerziell arbeitende Baufirmen, die herkömmlichen Architekturbüros auf dem Gebiet des pragmatischen Bauens durch ihre viel umfassendere Leistungspalette sowieso überlegen sind.

Den Verlust dieses Marktsegments für die Architektur kann man natürlich bedauern. Genausogut könnte man aber auch fragen, wie lohnend es für Architektur überhaupt ist, developer-optimierte Grundrisstypen architektonisch zu dekorieren – auch dafür steht Frank Gehrys Düsseldorfer Zollhof. Dieser angebliche Verlust dieser Sphäre des kommerziellen Bauens könnte die Architektur im Gegenteil frei machen für eine viel aktivere Praxis, nämlich in Zukunft ihre Programme selbst zu entwerfen. Dabei könnte sie jene Kompetenzen zur Geltung bringen, über die tatsächlich nur Architekten verfügen: die Fähigkeit, dank einer ausgeprägten räumlichen Vorstellungskraft Ereignisstrukturen in Raum und Zeit zu organisieren. Um diese Stärke ausspielen zu können, muss die Architektur die entsprechende Gestaltungskompetenz jenen Parteien im Markt streitig machen, die sie bisher an ihrer statt ausüben – den Developern, Projektentwicklern und Szenarioplanern. Erst wenn sie sich deren operatives Vokabular kritisch zu eigen gemacht hat, kann sie sich aus der reaktiven Situation, in der sie momentan befangen ist, wieder in eine Position des Agierens begeben. Die Gestaltung der operativen Bedingungen der Architektur erweist sich so gesehen als eine Art Metaprojekt, das die Grundlagen der "eigentlichen" architektonischen Arbeit erst schafft. Insgesamt muss sich Architektur heute vielleicht eher aus der zweiten Reihe anbieten, flankiert und teilweise camoufliert von anderen Fähigkeiten (Event Design, Interior Design, Event-Marketing, Produkt-Design und einer spezifischen Form von Unternehmensberatung). Doch folgt daraus nicht, dass deswegen die Frage der Form irrelevant werden würde. Zweifellos bleibt Form auch weiterhin eine vitale Dimension der Architektur. Nur steht sie nicht mehr als isoliertes Fetischobjekt im Vordergrund ihres Diskurses, sondern operiert im Zusammenspiel mit allen anderen Ebenen der Architektur. In gewisser Weise durchwandert sie eine ähnliche Umwertung, wie sie sich im Werk Marcel Duchamps zwischen zwei Schlüsselwerken vollzog. Mit "Nude Descending a Stair Case" (1916) führte Duchamp eine ungemein saturierte Entwicklung formaler Experimentation für sich zu Ende. Mit "Fountain" (1917) stieß er hingegen in völlig unbekanntes Terrain vor. Im ersten Fall spielt die Form noch die Rolle der Primaballerina, sie zelebriert ihre Darstellung. Im zweiten Fall verschwindet die Form scheinbar hinter der Anonymität des industriell hergestellten Gebrauchsgegenstandes, eine Spur von Fragen und Zweifeln hinter sich lassend, die als konzeptioneller Motor die zeitgenössische Kunst bis heute in Bewegung hält. Von einer ähnlich tiefgreifenden Erschütterung ihrer Grundannahmen überrascht zu werden, wäre ein Glücksfall für die zeitgenössische Architektur. Und dann müsste auch die Frage nach der Avantgarde kein Tabu mehr sein.

Die Stadt im globalen digitalen Zeitalter:
Zwischen Topographie und räumlichen Machtprojekten
Saskia Sassen

Eine Stadt auf ihre gebaute Topographie hin zu untersuchen, ist möglicherweise in unserer globalisierten digitalisierten Welt nicht mehr angemessen. Topographische Darstellungen der Stadt werden der Tatsache nicht mehr gerecht, dass bestimmte topographische Komponenten einer Stadt eine Verräumlichung globaler Machtprojekte bzw. Teil globaler Kreisläufe sind, wobei sie die Bedeutung des Lokalen und Ortsgebundenen und damit auch die topographische Darstellung der Stadt durcheinander bringen.[1] Mir geht es in diesem kurzen Essay um eine Unterscheidung zwischen der topographischen Darstellung der "Kernkompetenzen" der Stadt und einer Interpretation dieser Kompetenzen im Lichte verräumlichter wirtschaftlicher, politischer und kultureller Dynamiken. Das ist ein analytischer Zugang zu den Themen, die im Zusammenhang mit der Erforschung der im Entstehen begriffenen Urbanitäten wichtig sind.

Ich konzentriere mich hier auf einen Aspekt dieser Analyse: jenen, der möglicherweise am besten als Schnittpunkt zwischen Topographie und Verräumlichung von aus der Globalisierung und Digitalisierung heraus entstehenden Machtprojekten beschrieben werden kann. Da letztere mit einer Streuung und zumindest teilweisen Entmaterialisierung assoziiert werden, geben sie dem Diskurs über neu entstehende Urbanitäten eine besondere Wende. Kurz gesagt, argumentiert man, dass die topographischen Darstellungen die Tatsache, dass Städte die Schlüsselorte der Verräumlichung von Machtprojekten auch im Zeitalter der Globalisierung und Digitalisierung seien, nicht berücksichtigen. Ebenso wenig sind topographische Darstellungen in der Lage, die Tatsache zu berücksichtigen, dass Städte auch Schlüsselorte der Verräumlichung einer anderen Art von Machtprojekten sind, die man als "Protestbewegungen" bezeichnen könnte. Mein Argument dabei ist, dass globale Städte die Bildung eines neuen politischen Bürgers aus einem häufig akut benachteiligten Umfeld heraus begünstigen. Eine topographische Darstellung von Armenvierteln einer Stadt gäbe nur die physischen und sozialen Bedingungen der Benachteiligung wieder: die schlechten Wohnverhältnisse, die unzulängliche Verkehrsinfrastruktur, die reparaturbedürftigen Schulen.

1. Verräumlichte Machtprojekte

Städte sind schon seit langem Schlüsselorte für die Verräumlichung von politischen, religiösen oder wirtschaftlichen Machtprojekten.

Für die Verräumlichung in den Städten und in Großstadtregionen gibt es zahlreiche Beispiele. Wir finden sie in den Strukturen und Infrastrukturen für Kontroll- und Managementfunktionen vergangener Kolonialreiche und in den derzeitigen globalen Firmen und Märkten; wir finden sie in der Absonderung von Bevölkerungsgruppen, die auf diese Weise leichter entweder als billige Arbeitskräfte oder als überschüssig dargestellt werden können; in der Entscheidung für bestimmte Bauformen zur Repräsentation und symbolischen "Reinigung" von wirtschaftlicher Macht, wie in der Vorliebe für "griechische Tempel", in denen Börsen untergebracht werden; in der Dynamik, die Wohn- und Geschäftsviertel für Spitzenverdiener und eine Verbürgerlichung hervorbringt, um Raum für die expandierenden Klassen mit Spitzenberufen zu schaffen, was unweigerlich zur Verdrängung von Haushalten und Firmen mit geringem Einkommen führt; und wir erleben die Zerstörung von Naturlandschaften in großem Maßstab auf Grund der Einführung bestimmter Urbanisierungsformen, die auf Flächenkonsum statt auf Dichte setzen und hinter denen ganz spezifische Erschließungsinteressen stehen. Beispiele dafür sind die unkontrollierte Streifenerschließung und Suburbanisierung in der Region Los Angeles.

Die besondere Dynamik und die Kapazitäten, die den Begriffen "Globalisierung" und "Digitalisierung" innewohnen, signalisieren, dass in dieser Dynamik der Verräumlichung ein tiefgreifender Wandel möglich ist. Die herrschende Interpretation postuliert, dass die Digitalisierung eine absolute Abkoppelung von der materiellen Welt nach sich zieht. Schlüsselkonzepte im herrschenden Diskurs über die globale Wirtschaft – Globalisierung, Informationswirtschaft, Informationstechnologie – implizieren, dass der Ort keine Rolle mehr spielt. Und sie implizieren auch, dass der Ort, so wie ihn Großstädte darstellen, von der Perspektive der Wirtschaft und speziell der führenden Industrien aus obsolet ist, weil diese ja den besten Zugang zur Informationstechnologie haben und deren am besten ausgebildeten Nutzer sind.

Das sind Darstellungen, für die die Tatsache der sofortigen globalen Übertragung wichtiger ist als die Konzentrationen gebauter Infrastruktur, die die Übertragung ermöglichen; für die Informationsoutputs wichtiger sind als die Arbeit, die mit der Produktion solcher Outputs, angefangen bei den Spezialisten bis zu den Sekretärinnen, verbunden ist; für die schließlich die neue transnationale Firmenkultur wichtiger ist als die Vielfalt kultureller Umgebungen inklusive der re-territorialisierten Immigrantenkulturen, in denen viele der "anderen" Arbeitsplätze der globalen Informationswirtschaft angesiedelt sind.[2]

Eine Folge solch einer Darstellung der globalen Informationswirtschaft als ort-lose wäre, dass es eine Verräumlichung dieser Art von Macht heute nicht mehr gibt. Sie wäre vermutlich geographisch beliebig gestreut und würde teilweise digitalisiert ablaufen. Genau diese Behauptung wollte ich in zahlreichen Veröffentlichungen widerlegen, mit dem Argument, dass diese Streuung nur ein Aspekt der Geschichte ist und wir tatsächlich neue Arten der Verräumlichung der Macht erleben.[3]

Ich plädiere für eine besondere Lesart der Digitalisierung und Globalisierung. In dieser Logik sollte man danach trachten, jene Bereiche, in denen Digitales und Nicht-Digitales ineinander greifen, aufzudecken und dadurch die Stadt in "Mappings" des Digitalen, sowohl in tatsächliche als auch in rhetorische Mappings, aufzunehmen, in denen sie häufig nicht vorkommt. Es ist eine Lesart, die heraus zu finden versucht, wann und unter welchen Umständen sich die globale Wirtschaft auf den Boden begibt und sich mit konkreten gebauten Umwelten "verortet". Die Gefahr bei dieser Argumentation liegt, so scheint mir, in der Verallgemeinerung durch die Verwendung von Metaphern und Sprache im übertragenen Sinn – kurz, im Überfliegen von allem. Wir müssen zu graben beginnen.

2. Ortsgebundene Materialität und globale Wirkung

Es scheint mir, dass die Schwierigkeit für Experten und Kommentatoren bei der Beschreibung/beim Verständnis der Auswirkung der Digitalisierung auf die Städte bzw. auf verschiedenste Konfigurationen hauptsächlich auf zwei Irrtümer in der Analyse zurück zu führen ist. Einer, der in den U.S. besonders offenkundig ist, besteht darin, dass man die Interpretation auf eine technologische Lesart der technischen Möglichkeiten der Digitaltechnologie beschränkt. Das kommt zwar den Ingenieuren entgegen, aber wenn man die Auswirkungen einer Technologie verstehen möchte, wird es problematisch. Eine rein technologische Interpretation der technischen Möglichkeiten der Digitaltechnologie führt unweigerlich zu einem Ort, der ein Nicht-Ort ist, an dem wir im Brustton der Überzeugung die Neutralisierung vieler Konfigurationen, für die das Physische und die Ortsgebundenheit kennzeichnend sind, wie etwa des Urbanen, verkünden können.[4]

Der zweite Irrtum, würde ich sagen, besteht darin, dass man sich bei der Bewertung weiterhin auf analytische Kriterien verlässt, die unter anderen räumlichen und historischen Bedingungen formuliert wurden, d.h. unter Bedingungen aus der vor-digitalen Zeit. Es besteht ein Trend, das Digitale ausschließlich digital und das Nicht-Digitale (unabhängig davon, ob es als physisch/materiell oder als real existierend dargestellt wird, was, obwohl gängig, gleich problematisch ist) ausschließlich als nicht-digital zu betrachten. Durch diese Polarisierungen werden andere mögliche Konzeptualisierungen heraus gefiltert, was eine komplexere Sichtweise der Digitalisierung und ihrer Auswirkungen auf materielle und ortsgebundene Bedingungen ausschließt.

Eine solche alternative Kategorisierung wäre das Ineinandergreifen bestimmter Aspekte. Ich möchte das an Hand der Geldflüsse näher erläutern. Die finanziellen Transaktionen sind weitgehend digitalisiert; dennoch kann man sie nicht darauf beschränken. Elektronische Finanzmärkte und digitale Mittel für die Transaktionen erfordern enorme Mengen an Material, ganz zu schweigen vom menschlichen Know-how (wobei letzteres eine ganz eigene Körperlichkeit besitzt). Diese "Hardware" beinhaltet herkömmliche Infrastruktur, Bauten, Flughäfen etc. Vieles davon enthält Digitales. Anders herum gesagt, wird vieles von dem, was im Datenraum vor sich geht, durch die außerhalb des Datenraums existierende Kultur, Praxis und Vorstellungswelt gebrochen. Nahezu alles also von dem, woran wir beim Wort Cyberspace denken, hätte keine Bedeutung oder Fixpunkte mehr, wenn wir die Welt jenseits des Datenraums ausschließen würden. Kurz, der digitale Raum und die Digitalisierung sind keine ausschließlichen Bedingungen, die außerhalb des Nicht-Digitalen stehen. Der digitale Raum ist in größere gesellschaftliche, kulturelle, subjektive, wirtschaftliche und Vorstellungsstrukturen der gelebten Erfahrung und der Systeme, in denen wir existieren und agieren, eingebettet.[5]

Die komplexen Querverbindungen zwischen dem Digitalen (und dem Globalen) und dem Nicht-Digitalen bringt ältere Hierarchien und damit Maßstäbe ins Wanken und haben oft dramatische Neuskalierungen zur Folge. Wenn der nationale Maßstab an Bedeutung verliert und damit ein Verlust von Kernkompetenzen aus dem Bereich der formalen nationalstaatlichen Hoheit einher geht, gewinnen andere Instanzen strategisch an Bedeutung. Meist handelt es sich dabei um subnationale Instanzen wie die globale Stadt, oder um supranationale Instanzen wie globale Märkte oder regionale Handelszonen. Ältere Hierarchien (die sich im Kontext des Aufstiegs der Nationalstaaten heraus bildeten) sind herkömmlicher Weise nach Größe der Institutionen organisiert: von "international" zu "national" zu "regional" zu "Stadt" und "lokal". Die derzeitige Neuskalierung passiert unabhängig von der Größe der Institutionen und verläuft auf Grund von Politiken wie Deregulierung und Privatisierung quer durch die territorialen Umfriedungen, die durch die Nationalstaatenbildung entstanden. Das bedeutet nicht, dass die alten Hierarchien verschwinden, sondern eher, dass entlang der alten neue Skalierungen stattfinden und die neuen dann stärker sind und sich durchsetzen.

Für diesen Wandel und seine komplexen Rückwirkungen auf das Digitale und Nicht-Digitale und zwischen dem Globalen und Nicht-Globalen gibt es viele Beispiele. Vieles von dem, was wir beispielsweise noch als "lokal" empfinden (ein Bürogebäude oder ein Haus oder eine Institution in unserer unmittelbaren Nachbarschaft oder in der Innenstadt) ist in Wirklichkeit etwas, das ich als "Mikroumgebung mit globaler Tragweite" bezeichnen möchte, weil es weitgehend über Internet vernetzt ist. Solch eine

Mikroumgebung ist in vieler Hinsicht lokal, also etwas, was als lokal, unmittelbar, nahe und daher in topographischen Kategorien erlebt wird. Es hat eine ortsgebundene Materialität.

Sie ist aber auch Teil der globalen digitalen Netzwerke, durch die sie sofort weltläufig wird. Es bringt einen nicht weiter und ist auch nicht richtig, dass man sich diese Mikroumgebung weiterhin als ausschließlich lokal vorstellt. Noch wichtiger ist, dass die Nebeneinanderstellung von Ortsgebundenheit und Materialität einerseits und globaler Tragweite andererseits das Ineinandergreifen des Digitalen und des Nicht-Digitalen darstellt und zeigt, dass jede rein technologische Interpretation der technischen Möglichkeiten der Digitalisierung fehl gehen muss. Daraus liesse sich die Neutralität der Ortsgebundenheit dessen postulieren, was eine Einheit mit globaler Tragweite überhaupt erst ermöglicht. Daraus folgt aber auch, dass jede rein topographische Interpretation scheitern muss.

Vieles von dem, was in liquider Form in digitalen Netzwerken zirkuliert und dessen wichtigstes Merkmal die Hypermobilität ist, hat auch physikalische Bestandteile. Nehmen wir das Beispiel des Immobilienmarktes. Die Finanzdienstleister haben Tools entwickelt, die die Immobilien quasi verflüssigen, wodurch sie Investitionen und den Umlauf dieser Tools auf den globalen Märkten erleichtern. Ein bestimmter Teil jeder Immobilie jedoch bleibt sehr physisch. Gleichzeitig jedoch änderte sich genau dieser physische Rest durch die Tatsache, dass er durch hoch liquide Tools, die in globalen Märkten zirkulieren können, repräsentiert wird. Nach außen hin mag er gleich aussehen, aus den gleichen Ziegeln und dem gleichen Mörtel bestehen, neu oder alt sein, aber er hat sich dem Wesen nach verändert. Diese Mehrwertigkeit ist mit herkömmlichen Kategorien schwer zu beschreiben. Wenn der Rest physisch ist, so *ist* er es auch. Wenn er liquid ist, *ist* er liquid. Die teilweise Darstellung einer Immobilie durch liquide finanzielle Tools erzeugt eine komplexe Verzahnung zwischen dem materiellen und dem immateriellen Anteil dessen, was wir weiterhin Immobilie nennen.

3. Räumliche Kreisläufe

An Hand interner Kreisläufe kann ich wirtschaftlichen Aktivitäten bis auf Gebiete folgen, welche sich den immer beschränkter werdenden Mainstream-Vorstellungen "der" urbanen Wirtschaft entziehen, und kann ich diskontinuierliche Räume durchqueren. Das versetzt mich beispielsweise in die Lage, verschiedene Komponenten der informellen Wirtschaft (ob in New York oder in L.A.) auf Kreisläufen fest zu machen, die sie an das, was als fortgeschrittene Industrien (Finanzen, Design, Mode) gelten, anschließen. Eine topographische Darstellung würde nur die unglaubliche Diskontinuität zwischen den Orten und den Bebauungen der informellen Wirtschaft einerseits und dem Finanz- oder Designbezirk einer Stadt wiedergeben, und nicht die komplexen wirtschaftlichen Interaktionen und Abhängigkeiten.

Anhand internationaler und transnationaler Kreisläufe kann ich die spezifischen Netzwerke erkennen, die spezifische Aktivitäten in einer Stadt mit spezifischen Aktivitäten in Städten im Ausland verbinden. In meinen Forschungen entpacke ich die globale Wirtschaft in eine Anzahl oft hoch spezialisierter grenzüberschreitender Kreisläufe. Wenn man sich beispielsweise auf Terminmärkte konzentriert, so wird man sehen, dass Sao Paulo und Kuala Lumpur zu Städten wie London und Frankfurt aufrücken. Wenn man den Goldmarkt betrachtet, fallen alle außer London weg, und Zürich, Johannesburg und Sydney sind im Kommen. In dieser Logik ist L.A. an zahlreiche globale "Kreisläufe" angeschlossen (darunter auch an bilaterale, mit Mexiko), jedoch nicht an die selben wie New York oder Chicago. Das bringt uns zu einem weiteren wichtigen Thema, nämlich, dass wir uns diese Städte oder Stadträume als von diesen Kreisläufen gekreuzt und gequert und als teilweise (nur teilweise!) Amalgamierungen derselben vorstellen können. Typographische Darstellungen können diese Verräumlichung globaler wirtschaftlicher Kreisläufe mit Ausnahme bestimmter Teile der Logistikrouten nicht wiedergeben.

4. Neue politische Bürger

Städte sind auch Schlüsselorte für die Verräumlichung einer anderen Art Machtprojekt, die man sich als Protestbewegung vorstellen kann. Digitale Netzwerke tragen zur Entstehung von Gegengeographien der Globalisierung bei. Politische Aktivisten können digitale Netzwerke für globale oder nichtlokale Transaktionen und für die Stärkung der lokalen Kommunikation und lokaler Transaktionen innerhalb einer Stadt oder einer ländlichen Gemeinde verwenden.[6]

Wichtig in meiner Argumentierung in diesem Essay betreffend die Lokalisierung globaler Kreisläufe an bestimmten Orten und den Wandel der Bedeutung der lokal ortsgebundenen Einheit ist das Folgende: Durch das Internet können lokale Initiativen Teil eines globalen Netzwerkes von Aktivisten werden, ohne dass der Fokus auf spezifische lokale Initiativen verloren geht. Das ermöglicht eine neue Art grenzübergreifenden politischen Aktivismus, mit zahlreichen verschiedenen örtlichen Zentren, die jedoch digital eng zusammen arbeiten. Aktivisten können die Netzwerke nicht nur zwecks Austausch von Informationen (über Umwelt, Wohnen, Politik etc.) aufbauen, sondern damit politisch und strategisch arbeiten.

Derzeit werden in diesem neuen grenzüberschreitenden politischen Aktivismus elektronische Medien hauptsächlich zu zwei Zwecken eingesetzt.[7] Erstens, um Aktivistengruppen in Städten oder Landgemeinden mit anderen gleichen Gruppen in der ganzen Welt zu verbinden. Das ist meiner Ansicht nach eine der wichtigsten Formen einer kritischen politischen Haltung, die sich durch das Internet manifestieren kann: lokale Politik zu betreiben, mit dem Unterschied, dass sich lokal Engagierte mit anderen in einer Region, einem Land oder weltweit zusammen schließen, um für eine Sache zu kämpfen. Das ist eine Politik des Globalen, konzentriert auf lokale Themen und lokale politische Akteure. Ein globales Netzwerk bedeutet noch nicht, dass alles auf einer globalen Ebene abgehandelt werden muss.

Zweitens kann die digitale Netzwerkarchitektur als weltumspannendes Tool par excellence dazu verwendet werden, den Austausch zwischen den Bewohnern einer Stadt oder einer Region zu unterstützen und zu intensivieren, sie kann das Bewusstsein für Nachbarschaft zwischen den Gemeinden wecken und das Verständnis für lokale Anliegen positiver oder negativer Art bei den Gemeinden fördern, die zu ein und derselben Stadt gehören, statt im Namen der allmächtigen Telekommunikation Gemeinschaften mit jenen zu konstruieren, die am anderen Ende der Welt wohnen. Oder aber sie fördert den Austausch betreffend lokaler Anliegen von Gemeinden, die tatsächlich am anderen Ende der Welt liegen. Das ergibt eine ganz besondere Mischung aus intensiver Auseinandersetzung mit dem Lokalen, mit dem Ort, und aus Sensibilisierung für das, was irgendwo auf dieser Welt lokal ist.[8] Das ist nicht der kosmopolitische Weg zum Globalen, sondern das Globale als Multiplikation des Lokalen.

Das grenzübergreifende Netzwerk globaler Städte ist ein Raum, in dem sich Gegengeographien zur Globalisierung bilden, die die herrschenden Wirtschaftsformen der globalen Wirtschaft ablehnen. Die Demonstrationen des Globalisierungsgegnernetzwerkes weisen darauf hin, dass globale Firmenmacht an ganz bestimmten Orten direkt an Ort und Stelle angreifbar sein kann. Es gibt ein Potenzial für die Entwicklung einer Politik, die auf den Ort im Sinne einer "Location" in einem globalen Netzwerk konzentriert ist. Das ist eine ortsspezifische Politik mit globaler Wirkung.

---

1 Ich verwende den Begriff "Topographie" hier wörtlich. An anderer Stelle (in Konstrukten wie "Topographie des digitalen Raums") habe ich den Begriff im übertragenen Sinn verwendet.

2 Diese bevorzugte Behandlung zieht den Ausschluss einer ganzen Reihe von Aktivitäten und Arbeitsformen aus der Darstellung des Globalisierungsprozesses nach sich, die meiner Ansicht nach ebenso sehr Teil desselben sind wie die internationale Finanz. Der Ausschluss dieser Aktivitäten und Arbeitsformen aus der herrschenden Darstellung der globalen Informationswirtschaft hat den Ausschluss der vielfältigen kulturellen Kontexte, in denen sie existieren, zur Folge. Diese kulturelle Vielfalt ist im Globalisierungsprozess ebenso präsent wie in der neuen internationalen Firmenkultur.

3 Siehe *The Global City* (neue, vollkommen überarbeitete Ausgabe) Princeton, NJ: Princeton University Press 2001.

4 Eine andere Folge dieser Interpretation ist die Annahme, dass eine neue Technologie eben dadurch alle älteren, weniger effizienten oder langsameren Technologien zur Durchführung bestimmter Aufgaben ablösen wird. Wir wissen aus der Geschichte, dass das so nicht stimmt. Nähere Ausführungen zu diesen Themen betreffend Methodik und Analytik finden Sie in meinem Artikel "Towards a Sociology of Information Technology" in Current Sociology, Special Issue on Technology and Sociology (Mai 2002).

5 Siehe "Digital Networks and Power", S. 49-63, in: M. Featherstone und S. Lash (Hg.): *Spaces of Culure: City, Nation, World*. London: Sage 1999.

6 Siehe beispielsweise Lovink und Riemens zu diesem Thema: "Digital City Amsterdam". In: Sassen (Hg.), *Global Networks, Linked Cities*. London und New York: Routledge 2002.

7 Es gibt eine dritte Art Politik, die sich auf digitale Netzwerke stützt, die aber für die Diskussion über die Zusammenhänge zwischen Macht und Topographie weniger relevant ist. Es handelt sich dabei um eine Politik, die tatsächlich zum Großteil über digitale Netzwerke abgewickelt wird und dann ein bestimmtes wirkliches (geographisches) Gebiet aktivistisch bearbeitet, wie Seattle beim WTO-Gipfel. Die meiste Arbeit und der politische Aktionismus konzentriert sich auf die Kommunikation im digitalen Netzwerk. Die Mobilmachung gegen das multilaterale Investitionsabkommen erfolgte hauptsächlich digital. Wenn sich diese politischen Aktionen aber auf den Boden begeben, dann ist das sehr effizient, vor allem an so konzentrierten Orten wie Städte es sind.

8 Siehe Lovink und Riemens, op. cit. Es gab eine Explosion urbaner Seiten im Netz, die auf eine ganz neue Spielart des Urbanismus' schließen lassen: den Netzurbanismus (Siehe meine Analyse dieser Webseiten in "Hot Sites", Art Forum, Dezember 1996).

Entwurfsintelligenz
Michael Speaks

Nun, da Postmodernismus, Dekonstruktivismus, Minimalismus und Supermodernismus zunehmend weniger von zeitgenössischem denn von historischem Interesse sind, machen sich die berufsmäßigen Trendsetter in der Architektur auf die aggressive Jagd nach dem nächsten großen Ding. Doch es zeichnet sich kein dominierender Stil am Horizont ab, der nur darauf wartet, von kühnen Promotern ausgeschlachtet zu werden. Und dabei dürfte es, so scheint es, auch bleiben. Herausgeber, Kritiker und Kuratoren durchkämmen die Landschaft auf der Suche nach unbedeutenden Strömungen, die zu richtigen Architekturstilen hochgepäppelt werden könnten. In der Zwischenzeit erfährt die "Praxis" der Architektur selbst einen bemerkenswerten Wandel. Da die berufsmäßigen Architektur-Scouts darauf trainiert sind, Trends nur aus dem Kaffeesatz architektonischer Objekte zu lesen, hat sich dieser Wandel weitgehend unbemerkt vollzogen. Wer jedoch über den Tellerrand der architektonischen Form hinausblickt, erkennt die Anzeichen eines Trends, dessen Auswirkungen auf die Praxis der Architektur bereits zu spüren sind. Viele der in diesem Katalog angeführten Praktiker gehen davon aus, dass der Motor dieses Trends in einer neuen Beziehung zwischen architektonischem Denken und Handeln zu suchen ist. Ein wohlbekanntes Thema, das mit der Globalisierung und dem Aufkommen einer wissensbasierten Ökonomie den allerletzten Stand neuer Formen der architektonischen Praxis definiert. Um die Auswirkungen dieses neuen Interesses am "Denken als Handeln" auf die zeitgenössische architektonische Praxis besser verstehen zu können, müssen wir uns vorab mit einer Frage beschäftigen, die Martin Heidegger in einem seiner späten Aufsätze zum Thema Philosophie und Denken gestellt hat.

In seinen späteren Schriften und Vorlesungen interessierte sich Heidegger zunehmend für die Auswirkungen der Technik auf die Philosophie und auf das Denken im allgemeinen. Er sah in der Vormachtstellung des rechnenden Denkens, insbesondere in der Kybernetik, das Ende bzw. die Vollendung der Philosophie als Metaphysik. Doch statt diese Situation zu beklagen, war Heidegger der Meinung, das Ende bzw. die Vollendung der Philosophie bereite den Weg für die Wiederkehr einer von der Philosophie bisher hintangestellten, grundlegenderen Form des Denkens. Von Plato über Descartes bis in die Gegenwart hat die Philosophie die Konfrontation mit der für sie wesentlichsten Frage vermieden: "Was heißt Denken?" Statt sich vor der eigentlichen Aufgabe des Denkens zu fragen, was es damit denn auf sich habe – d.h. die Fundamente des Denkens selbst zu analysieren – beschäftigte sich die Philosophie mit einer Form des Denkens, die Heidegger für nicht-wesentlich hielt. Nach Heidegger ist die Geschichte der westlichen Philosophie gleichbedeutend mit der Geschichte dieses nicht-wesentlichen Denkens, das er als Metaphysik bezeichnet. Die Metaphysik versucht, mit rationalen Mitteln ein Objekt, Prinzip oder Ding zu entdecken, das sie dann als grundlegende, wesentliche und regulierende Wahrheit erkennt. Heidegger sieht die Philosophie (als Metaphysik) am Ende, da in der modernen Zeit die Wissenschaft die metaphysische Ambition und historische Rolle der Philosophie als Entdeckerin und Lieferantin wesentlicher Wahrheiten überflügelt hat. Die Wissenschaft, insbesondere die Kybernetik, rationalisiert die ganze Welt als Objekt und verwandelt sie in eine berechenbare, mathematische Wahrheit.

Durch eine Hinwendung zur Poesie und zu stärker dialogisch ausgerichteten Formen philosophischer Exposition verfolgte Heidegger bis zum Ende seines Lebens den alternativen Weg eines "besinnenden" Nachdenkens. Obzwar sein eigenes Denken zunehmend reaktionäre und konservative Züge aufwies und an Bedeutung für zeitgenössische Fragestellungen verlor, bleiben Heideggers Kritik an der Philosophie als Metaphysik und seine scharfsinnige Frage "Welche Aufgabe bleibt dem Denken am Ende der Philosophie?" bestehen und sind wichtiger denn je. Gilles Deleuze beispielsweise, der vielleicht modernste unserer Philosophen, schließt sich Heideggers Kritik am metaphysischen Denken an und entwirft seine eigene Antwort auf Heideggers Frage in "Was ist Philosophie?", seinem letzten gemeinsam mit Félix Guattari verfassten Werk. In diesem Buch folgt Deleuze der Argumentation Heideggers, die Philosophie solle sich nicht mit dem Entdecken und Darstellen von metaphysischer Wahrheit beschäftigen. In Übereinstimmung mit Heideggers Beurteilung der Philosophie als Geschichte der Metaphysik verwendete Deleuze einen Großteil seiner eigenen Laufbahn darauf, eine alternative Denkrichtung zu entwickeln, die nicht-metaphysische Philosophen wie Hume, Spinoza und Nietzsche verband. Heideggers Überzeugung jedoch, die Aufgabe des Denkens angesichts des Endes der Philosophie liege in der Entdeckung eines grundlegenderen, besinnenden Nachdenkens, steht Deleuze ablehnend gegenüber. In "Was ist Philosophie?" vertritt er den Standpunkt, ein Philosoph entdecke keine fundamentalen Wahrheiten, sondern schaffe vielmehr ein "Bild des Denkens". Dieses Bild besteht aus einer (von ihm so genannten) "Immanenzebene", die mit Konzepten übersät bzw. bevölkert ist, den Produkten jedes einmaligen philosophischen Unterfangens also. Deleuze unterscheidet zwischen drei Formen des Denkens, die alle jeweils ein klar unterscheidbares Produkt hervorbringen: Die Philosophie erzeugt Konzepte, die Wissenschaft erzeugt Grundsätze und Prinzipien (Abbildungen von Zuständen), und das künstlerische Denken erzeugt Emotionen und Perzepte. Das Denken stellt für Deleuze somit eine aktive Form des Experimentierens dar, einen "pragmatischen Konstruktivismus", wie er es in seinen "Kino"-Büchern nennt, dem es mehr darum geht, was etwas tun kann, als was etwas ist.

Wie Heidegger lehnt auch Deleuze das rechnende Denken ab. Und zwar nicht, weil es einem grundlegenderen Denken im Weg steht, sondern weil es jenes experimentellere Denken hemmt, das das "Noch-Ungedachte" hervorbringt. In seinem wunderbaren kleinen Buch "Spinoza: Praktische Philosophie" unterscheidet Deleuze zwischen dem "Plan" als einem transzendentalen, regulativen Instrument und der "Immanenzebene", die von Philosophen konstruiert wird. Der Plan ist ein fertiger Entwurf, ein Entwicklungs- oder Organisationsprogramm – metaphysische Wahrheit im Sinne Heideggers. Die Ebene andererseits sieht er als Facette oder geometrischen Schnitt, als Ebene der Konstruktion, des Schaffens und Experimentierens. Deleuze hat sich zu einem der wichtigsten Denker für alle Architekten und Urbanisten entwickelt, die sich mit Heideggers Frage auseinandersetzen, gerade weil er stets das konstruierende, experimentelle Denken als Handeln verfochten hat. Seine Unterscheidung zwischen "Plan" und "Ebene" ist jedoch nicht nur deswegen von Bedeutung für uns, weil sie metaphysisches und experimentelles Denken trennt, sondern auch, weil sie die Aufmerksamkeit darauf richtet, wie das Deleuzesche Denken selbst in der Architektur häufig angewandt wird. Tatsächlich dienen die Arbeiten des Philosophen – und hier ganz besonders einige seiner Konzepte wie die "Falte" – der Architektur als "Plan", der nicht nur die Entwicklung neuer Formen steuert und reguliert, sondern auch die Entwicklung einer neuen metaphysischen Avantgarde. Das beste Beispiel dafür ist vielleicht die Publikation "AD: Folding in Architecture", die Mitte der 1990er Jahre erschien und ein Benutzerhandbuch für die Entwicklung gefalteter Formen ebenso enthielt wie ein fünf Punkte umfassendes Manifest für eine "neue Architektur". Obwohl diese Kritik von mir und anderen wiederholt geäußert wurde, möchte ich hier nur darauf verweisen, dass der unglückselige und vielleicht auch unbeabsichtigte Effekt dieses "metaphysischen" Zugangs zu Deleuze die klarer ersichtliche Bedeutung seines Rufes nach nicht-metaphysischen, experimentellen Formen des Denkens als Handeln verschleiert hat.

Wie könnten nun solche nicht-metaphysischen, experimentellen Formen des Denkens als Handeln aussehen? Eine im Herbst 2000 im Museum of Modern Art abgehaltene Konferenz mit dem Titel "Things in the Making: Contemporary Architecture and the Pragmatist Imagination" lieferte ein Beispiel dafür. Das vorgebliche Ziel der von Terrence Riley (MoMA-Chefkurator für Architektur) und Joan Ockman (Professorin für Architektur an der Columbia University) organisierten Veranstaltung war es, die problematische Beziehung zwischen Theorie und Praxis der Architektur aufzugreifen. Für Theoretiker definierte sich das Problem insbesondere als Versuch, das durch die Abnutzung jener europäischen "Theorie", die seit den 1970er Jahren die intellektuelle Basis der avantgardistischen Architektur gebildet hatte, entstandene Vakuum zu füllen. Das eigentliche Thema der Konferenz berührte die Beziehung zwischen Theorie und Praxis jedoch nur am Rande. Zur Debatte stand vielmehr das für die Praxis relevantere Problem, einen vernünftigen Umgang mit der schwierigen Beziehung zwischen architektonischem Denken und Handeln zu finden. Zu diesem Zweck wandten sich die Teilnehmer der Konferenz dem Pragmatismus zu – jener durch und durch amerikanischen Philosophie also, die mit William James, C.S. Peirce und John Dewey verbunden ist – da sich Ockmans Beobachtungen zufolge "der Pragmatismus als Theorie der Praxis anbietet". In einem etwa zehn Monate später in *A+U* veröffentlichten Aufsatz zu dieser Konferenz bemerkte Ockman, dass sich viele Avantgarde-Architekten, die ihren Ruf mit dem Entwerfen von Ideen und Konzepten begründet hatten, nun mit "realem Bauen" und den Schwankungen des globalen Marktes auseinandersetzten. In diesem Kontext, so stellt sie fest, "scheint eine Theorie der Praxis – insbesondere eine Theorie jener gerade am Anfang stehenden Formen der Praxis, die zum Großteil noch im Werden begriffen sind – von besonderer Notwendigkeit zu sein".

Der Pragmatismus scheint sich anzubieten für eine Konferenz zu dem Thema, welche Theorie – und sei es eine Theorie der Praxis – auf das Ableben der "Theorie" folgen könnte. Er trägt jedoch wenig dazu bei, das Denken als Handeln voranzubringen. Was auf den Versuch hinauslief, europäische Theorie durch amerikanischen Pragmatismus zu ersetzen, konterkariert das Vorurteil, Denken und Handeln seien zwei verschiedene, eindeutig nicht miteinander in Beziehung stehende Tätigkeiten. Denken, so lautet das Vorurteil, bringe Ideen hervor, und gutes Denken bringe wahre und echte Ideen hervor. Zur Zeit des Modernismus nahmen diese Ideen die Gestalt von Manifesten an, geschrieben von allwissenden Avantgardisten, und projektierten neue Wahrheiten, deren Verwirklichung in der fernen Zukunft lag. Zeitschriften wie *Oppositions*, *Any*, *Assemblage* und nun auch *Grey Papers* liefern den Beweis dafür, dass ebendiese modernistische Avantgarde besonders in Amerika ihren Ehrgeiz darin legt, diese Wahrheiten wieder mit der Realität zu verbinden bzw. – um es mit Colin Rowe zu sagen – "Wort" und "Fleisch" wieder zusammenzubringen. Die Pragmatismus-Konferenz des MoMA, an der Architekten, Kritiker und Philosophen der eben erwähnten Zeitschriften und ihrer Partnerprojekte teilnahmen, stellte einen weiteren derartigen Versuch dar, auch wenn die diskutierten Formen Formen der Praxis waren und der Pragmatismus jedwedem metaphysischen Denken entgegensteht. Die Intuition der Konferenzveranstalter, im amerikanischen Pragmatismus eine empirische, der Wirtschaft wohlgesonnene Denkrichtung zu suchen, die sich gegen die Metaphysik richtet, ist verständlich. Doch der amerikanische Pragmatismus ist Teil eines modernen, industriellen Paradigmas, das eine strikte Trennlinie zwischen Denken und Handeln zieht. Es sind gerade diese Vorurteile bezüglich Denken und Handeln bzw. die dazugehörenden "Theorien der Praxis", die ein echtes Verständnis der mittlerweile global organisierten, von Wissen und Kommunikation vorangetriebenen Wirtschaft und ihrer Auswirkungen auf die Architektur verhindert haben. Der Managementpionier Peter Drucker hat beispielsweise darauf hingewiesen, dass der Wandel des modernen Kapitalismus zu einem globalen System durch eine grundlegende Veränderung des Wissensfokus ermöglicht wurde, weg vom Sein und hin zum Handeln. In der ersten, industriellen Periode des Kapitalismus, in der der amerikanische Pragmatismus entstand, floss das Wissen in Werkzeuge und Arbeitsmittel. Doch Drucker geht von einer zweiten Phase des Wandels nach dem zweiten Weltkrieg aus, in der Wissen nicht mehr ausschließlich auf Werkzeuge, sondern auch auf das Wissen selbst angewandt wird. Drucker bezeichnet diesen Vorgang als Managementrevolution; er kündigt das Entstehen der so genannten "Wissensgesellschaft" an. Deren jüngste und mit Sicherheit nicht letzte Inkarnation war die New Economy. In dieser neuen Wissensgesellschaft zeigt sich das – nicht länger im Elfenbeinturm der metaphysischen Wahrheiten eingesperrte – Wissen als unternehmerische Intelligenz, von zentraler Bedeutung für Unternehmen, die sich in der wettbewerbsintensiven Welt der globalen Wirtschaft durchzusetzen versuchen.

In Übereinstimmung mit der Deleuzeschen Trennung zwischen "Plan" und "Ebene" unterscheidet Drucker zwischen Problemlösung und Innovation. Die Problemlösung geht von den Parametern eines gegebenen Problems aus. Entwerfen bedeutet hier das Arbeiten mit Parametern, bis das Problem gelöst, d.h. ein endgültiger Entwurf gefunden ist. Auch wenn in diesem Fall, wie Drucker feststellt, das Denken nicht mehr mit dem Entdecken metaphysischer oder philosophischer Wahrheiten beschäftigt, sondern auf das Handeln ausgerichtet ist, dient letzteres doch nur dazu, das vom Denken Vorgegebene zu vollenden. Innovation, so erfahren wir von Drucker, folgt einer anderen, experimentelleren Logik: Eine gründliche Analyse dient dazu, Möglichkeiten aufzudecken, die genutzt und in Entwurfsinnovationen umgewandelt werden können. Während es der Problemlösung im Rahmen eines definierten Paradigmas um die Suche nach Lösungen für bekannte Probleme geht, arbeitet die Innovation mit dem Risiko existenter, aber unbekannter Bedingungen, um so ursprünglich nicht vorhersagbare Möglichkeiten zu erkunden. Durch Rapid Prototyping zum Beispiel wurde die Suche nach Prototypen zur Lösung spezifischer Probleme abgelöst von Prototypen, die der Innovation dienen. Nicht der Prototyp stellt das Produkt dar, sondern die Innovationen, die aus dem Denken mit dem und durch den Prototyp hervorgehen. Wie Michael Schrage, Professor am MIT Media Lab, in "Serious Play: How the Best Companies Simulate to Innovate" feststellt:

"Das rasche und unaufhörliche Umwandeln von neuen Produktideen in primitive Simulationen und Arbeitsmodelle stellt unsere traditionelle Vorstellung vom Innovationszyklus auf den Kopf: Der Innovationsprozeß wird nicht zur Entwicklung fertiger Prototypen genutzt, sondern statt dessen selbst von den Prototypen vorangetrieben."

Entwurfspraktiken mit hohen Intelligenzquotienten können bei ihrer Suche nach brauchbaren Möglichkeiten das jeweilige Problem beeinflussen und erlauben somit einen höheren Innovationsgrad. Solche Praktiken passen sich an veränderte Bedingungen an, ohne sich in den vom Problem vorgegebenen Kategorien zu verfangen. Sie sind darüber hinaus nahezu immer widerstandsfähiger, was nachteilige Veränderungen ihrer Umwelt betrifft. Diese Praktiken sehen das Entwerfen als etwas Dynamisches, Nichtlineares an, und nicht als Prozess mit einem Anfang, einer Mitte und einem Ende. Dementsprechend verschwimmt auch in zunehmendem Maße die Beziehung zwischen Denken und Handeln: Denken wird zum Handeln und Handeln wird zum Denken. Das führt zu hochgradig gemeinschaftlich ausgerichteten, interaktiven Formen der Praxis, die das Gesicht der Architektur heute bereits verändern.

In seinem kleinen Buch über Spinoza weist uns Gilles Deleuze einen Weg für Überlegungen, wie Unternehmen ihre Intelligenz steigern, um sich besser an ihre jeweiligen Umgebungen und Welten anpassen bzw. diese leichter verändern zu können. Im Sinne von Spinoza definiert er den Körper als ein körperhaftes Ganzes, das aus einer unendlichen Anzahl von Teilen bzw. Teilchen besteht und zusammengehalten wird, wenn sich die Teilchen im Einklang miteinander mit derselben Geschwindigkeit bewegen. Alles kann demnach ein Körper sein: ein Tier ebenso wie ein Klangkörper, der Geist eines Menschen oder eine Idee, ja, vielleicht sogar ein Architekturbüro. Deleuze spricht dem Körper auch die Fähigkeit zu, zu beeinflussen und selbst von anderen Körpern beeinflusst zu werden. Körper sind mehr oder weniger einflussreich, d.h. sie sind mehr oder weniger fähig, Veränderungen in ihrer Umwelt hervorzurufen, je nach dem Grad ihrer eigenen Beeinflussbarkeit durch die Umgebung. Die Deleuzesche Theorie des affektiven Körpers stimmt exakt mit der Argumentation des Managementphilosophen Arie De Geus für das "lebende Unternehmen" überein. Gemeint ist ein Unternehmensgebilde, das in dem Ausmaß, in dem es von seiner Umgebung "lernt", einflussreicher und weniger krisenanfällig wird. Wenn ein Architekturbüro einen Körper bzw. ein lebendes Unternehmen dieser Art darstellt, dann existiert eine Art von verteilter Entwurfsintelligenz, die das Büro zusammenhält und seine Einheit sicherstellt, die es ihm aber auch ermöglicht, zu beeinflussen und beeinflusst zu werden. Ein Büro oder eine Praxis wird also in dem Ausmaß einflussreicher, indem es externe Informationen – auch solche, die dem "vorliegenden Problem" scheinbar zuwiderlaufen – in verteilte Intelligenz umwandelt. Offen zu sein für externe Informationen und beeinflusst zu werden, wirkt sich auf die Organisation eines Körpers eher positiv als negativ aus, zwingt es ihn doch zur Anpassung seiner Ruhegeschwindigkeit, was wiederum ein komplexeres und variableres Ganzes erzeugt.

Wenn Architektur in Zukunft Bedeutung haben soll, muss sie sich ebenfalls anpassen und lernen, Innovationen – die sich oftmals an der Peripherie oder jenseits der Grenzen ihres Körpers ergeben – als solche zu erkennen. Konferenzen und Publikationen wie diese werden die berufsmäßigen Architektur-Scouts vielleicht veranlassen, den Blick über den Rand ihrer Kaffeetassen zu heben. Doch aufgrund ihrer Unfähigkeit, zu lernen und sich anzupassen, werden sie auf ihrer Suche nach neuen Stilen wahrscheinlich weiterhin den Kaffeesatz bemühen. Und damit ist ihnen und ihren Auftraggebern auch am besten gedient, denn die Architektur ist unterwegs zu neuen Zielen, die neue Rahmenbedingungen und neue Akteure erfordern, wie sie in diesem Text vorgestellt wurden.

Dirty Details
Roemer van Toorn

"Das Tanzen an der Berliner Mauer symbolisiert die friedliche Revolution des Und, beginnt im Nirgendwo und ist bis heute unerklärlich. Wenn die Grenzen in Europa zunächst abgeschafft wurden und jetzt wieder errichtet, wieder beschworen und wieder beflaggt werden, so ist das noch immer eine Reaktion auf die absolute Untolerierbarkeit des Und. Der globale, diffuse, amorphe Charakter des Und bestürzt viele Menschen. Die Ent-Entfremdung des Fremden und damit einher gehende Ent-Eignung des Eigenen – beide ein unabsichtliches Ergebnis unserer Und-Zeit – werden als Bedrohung erfahren. Ohne Entweder-Oder, sagen sie, können sie nicht leben, und, fügen sie hinzu, können sie sich das Und gar nicht vorstellen. Das Und ist daher keineswegs der Anfang des Paradieses auf Erden. Wahrscheinlich beginnen Umstände einer ganz neuen Art. Die Welt des Entweder-Oder, in der wir denken, handeln und leben, verfälscht sich. Auf die eine oder andere Weise ist das der Anfang von Konflikten und Experimenten jenseits von Entweder-Oder..."
Ulrich Beck

Einführung

In der bürgerlichen Praxis der Sozialdemokratie, insbesondere in den Niederlanden, steht das glückliche und wohlhabende Mittelmaß im Mittelpunkt. Man predigt einen Humanismus, der nicht weiter geht und gehen kann als die Forderung nach Zähmung und Erziehung: "...der Mensch wird dem Humanisten vorgestellt, der ihn zähmt, erzieht und formt – in der Überzeugung, dass Lesen, Stillsitzen und Ruhigsein notwendiger Weise zusammen gehören", schreibt Peter Sloterdijk in seinem Artikel "Regeln für den Menschenpark" (1999). Die Menschen haben ein Domestizierungssystem eingeführt, das sie in Haustiere verwandelt hat. Sie haben um sich herum einen Park geschaffen, der von einer absoluten Schönheit, Stimmigkeit und Ordnung geprägt ist. Alles, was gefährlich, lärmend, roh, hässlich, unvollendet, anders, gebrochen, entfremdet und schizophren ist, wird aus dem Diskurs ausgeschlossen. Die bürgerliche Praxis läuft somit dem Konzept einer radikalen Demokratie zuwider, einer Demokratie, in der die Antagonismen schön und hässlich, wild und zahm, Konvention und Befreiung, das Eine und das Andere, Design und Nicht-Design, Gut und Böse, Nichtort und Ort, Nichtprojekt und Projekt, kurz, das Unanständige, als Potenzial bezeichnet werden. Wie Chantal Mouffe suche ich nach einer Politik jenseits des triumphierenden moralisierenden Liberalismus, der vorgibt, dass die Antagonismen ausgerottet wurden, dass die Gesellschaft nun durch rationale moralische Prozeduren regiert und die verbleibenden Konflikte durch Anwälte gelöst werden können. Es geht mir nicht darum, politische Architektur zu machen, sondern darum, die Architektur wieder politisch zu machen. Ich bin auf der Suche nach Räumen, in denen der "Pluralismus in Agonie" liegt[1], wo der Konflikt weder ausgerottet wird noch die Form eines Kampfes zwischen Feinden annimmt, sondern uns hilft, auf Grundlage unserer komplexen Realität fortschrittliche Mengen zu entwerfen.
Eine Architektur, die gegen die Zahnlosigkeit und Mittelmäßigkeit der Sozialdemokratie auftreten möchte, muss sich zunächst mit der "Dirtiness" auseinander setzen, das die sogenannte Und-Gesellschaft[2] erzeugt. Im Umgang mit dieser Dirtiness hat man zwei Strategien entwickelt, die einander auf den ersten Blick ähnlich sind: den Frischen Konservativismus einerseits und das, was ich Und/Andere Konzepte nenne. Der Frische Konservativismus verwendet unsere tägliche absurde Dirtiness vor allem, um uns zu überraschen. Die subversive Verfremdung durch die Ästhetik der "Dirty Details" des Frischen Konservativismus hat keine neuen politischen Lösungsvorschläge parat. Statt fortschrittlicher Alternativen feiert sie das Ende des Politischen. Es handelt sich dabei vielmehr um eine neue Mode, einen neuen Stil. Die Ungewissheit und Verfremdung als neue, pornographische Show ist im Frischen Konservativismus bereits weit fortgeschritten. Für die Konzepte des Und/Anderen hingegen ist die Verfremdung und Absurdität oder sind die Dirty Details ein inhärentes Mittel, um eine Art soziales Gleichgewicht herzustellen. Hier führt der Antagonismus der Dirty Details zu keinem Konsens, sondern zu verschiedenen Differenzen. Durch Interaktion beginnt der Kampf um die Freiheit immer wieder von vorn. Es geht darum, eine politische Haltung einzunehmen, indem man mit einer absurden ästhetischen Intervention provoziert. Die Anwendung der Dirty Details ist hier eine Strategie eines vielfältigen Widerstandes.

Dirtiness

"Wie kann man sich mit Methoden einer so sehr der Kontrolle, der Trennung und dem Einheitsdenken verpflichteten Disziplin auf die ganze Komplexität und Unbestimmtheit der Großstadt einlassen? Wir leben gerade deswegen in Städten, weil sie Orte der Überraschung und Produkte einer komplexen Ordnung sind, die sich langsam entwickelt hat."
Stan Allen

Die Zweite Moderne & Die Und-Gesellschaft
Ein Foto, das ich in Umbrien, Italien, von einem Berggipfel aus gemacht habe, veranschaulicht den Unterschied zwischen der Ersten und der Zweiten Moderne. Was sehen wir? Zunächst ein Kreuz, das Symbol der römisch-katholischen Kirche, ein transparentes Objekt unserer Ersten Moderne. Es wurde hier vor ein paar Jahrzehnten aufgestellt. Es ist ein industrielles Produkt, eine sorgfältige tektonische Arbeit, eine Stahlkonstruktion, die symbolisiert, wofür der Glaube steht, eine Institution des kollektiven Vertrauens. Das Kreuz besteht nicht aus Stein, sondern aus Stahl und stammt aus der ersten industriellen Modernisierung, als die Dialektik zwischen "Zuhause sein" und "obdachlos" – im Sinne einer Entfremdung von der authentischen Erfahrung unter dem Einfluss der Technik – noch stimmte. Neben dem Kreuz sehen wir eine vollkommen andere Welt. Der Container voll mit Satellitenschüsseln ist ein prototypisches Beispiel für unsere Zweite Moderne. Seine Architektur hat keine symbolische Funktion mehr; sie steht für keinen normativen Wert mehr. Wir können uns sogar die Frage stellen, worin die neue Rolle der Architektur besteht, wenn wir dieses "Dirty beast" näher betrachten. Auf alle Fälle ist es eine große Konstruktion, die man je nach Bedarf unbegrenzt ergänzen kann. Sie ist auch extrem flexibel, und hier stellt sich die Frage nach der optimalen Wirksamkeit auf Grund des Netzwerkes schneller Verbindungen. Eine neue Tektonik entsteht, Architektur als Infrastruktur: eine fuzzy Logik, die keiner Symbolik als Ausdruck der Macht der Individualisierung, der Medien, der Technologie und der weltweit agierenden Global Players bedarf. Der überaus wichtige militärische Beobachtungsposten auf dem Berggipfel – außer Sichtweite für Kameras – ist verfallen. Das Absolute des Ortes hat seine Macht verloren. In diesem Raum funktionieren die fixen Eingrenzungen nicht mehr. Das geordnete Chaos der Nichtlinearität des Containers mit den Satellitenschüsseln auf diesem Gipfel in Umbrien repräsentiert unsere Zweite Moderne sehr genau. Diese Zweite Moderne lehnt sich in ihrer Entwicklung nicht mehr an eine von oben vorgegebene Vernunft an. Zweipolige Gegensätze zwischen Mann und Frau, Links und Rechts, Gut und Böse, Arm und Reich, Heimbesitzern und Obdachlosen, Schön und Hässlich, staatlichem Dirigismus und Laissez-faire helfen nicht mehr dabei, die Zweite Moderne zu verstehen. Die Gegensatzpaare vom Typ Entweder/Oder sind nicht länger der Motor des Wandels, sondern Nebenwirkungen, Hybride, unbeabsichtigte Folgen endloser additiver Prozesse, die diese Gesellschaft nachhaltig verändern. Ich ersetze daher wie Ulrich Beck die Entweder/Oder-Logik durch das Und und schließe mich seinem Begriff der gegenwärtigen Gesellschaft als Und-Gesellschaft an. Einfach ausgedrückt, umfasst die Und-Konjunktion die Komplexität aller Konjunktionsarten, die von Oxymoren, Widersprüchen, Unsicherheiten, komplexen Überschneidungen und allen möglichen ineinander verschlungenen hierarchischen Werten nur so strotzt. Die Und-Konjunktion zeigt nicht einmal eine spezifische Verbindung oder ein bestimmtes Verhältnis an, sondern schließt alle Verhältnisse in sich ein. Was auf diesem Berggipfel in Umbrien sichtbar ist, ist die Tatsache, dass sowohl die Erste als auch die Zweite Moderne aktiv präsent sind. Die Nullte und die Erste Moderne wurden nicht einfach durch die Zweite abgelöst. Der Prozess der Modernisierung inkludiert verschiedene Modernen und Überlieferungen, die an verschiedenen Orten in immer unterschiedlichen Anteilen lebendig werden. Diese Und-Konjunktionen sind für die komplexe übernationale Verbindung zwischen dem Globalen und Lokalen verantwortlich, eine so genannte glokale Befindlichkeit, wie sie von jenem Berggipfel in Umbrien aus sichtbar wird.
Aus den bisherigen Ausführungen können wir darauf schließen, dass die Modernisierung unserer heutigen Gesellschaft auf einer mehr und mehr praktischen, beinahe manieristischen Und-Logik beruht, die von unten kommt und nicht durch eine pädagogische Form des Funktionierens vorgegeben ist. Die neue Komplexität der heutigen modernen Gesellschaft entwickelt sich anhand von Erfahrungen statt nach disziplinären Kriterien, wie das in den 1950er und 1960er Jahren der Fall war, der Zeit, in der die Gesellschaft hauptsächlich durch institutionelle Propaganda und die neuen unabhängigen Nationalstaaten geformt wurde. Kurz, wir leben im "Chaos" oder mit der Dirtiness, was gut funktioniert und dank dem fein verzweigten interaktiven Netzwerk der Und-Konjunktionen recht geordnet verläuft. In diesem Rhizom geht es nicht mehr um Anfang und Ende. Die Unordnung kann auch mit keinem Panoramablick mehr kontrolliert oder überblickt werden. Lineare Modelle werden durch andere Landkarten ersetzt, damit man in der Simultaneität des Raums und der Vorstellungswelt unserer urbanen Kultur funktionieren kann. Die sich verändernde Bedeutung unseres Platzes in dieser Und-Gesellschaft bedeutet den Übergang von der soliden und sicheren Welt der grundsätzlichen konstruierten Realität mit ihrer Logik der total transparenten Kommunikation hin zu der im Fluss befindlichen Welt der virtuellen Realität, die durch disjunktive relationale Bewegungen der Homogenität und Heterogenität angetrieben wird. Wir sind mit einer disjunktiven Und-Ordnung voll komplexer Überlappungen konfrontiert, die nicht mehr mit zweipoligen Logiken wie Zentrum-Peripherie oder anderen Entweder/Oder-Logiken erklärt werden kann.

Die Und-Schaften
Sie trafen einander in Frankreich. Er gehört zur neuen Managerelite. Er arbeitete bei der Umsetzung des niederländischen Poldermodells mit. Sie lieferte sich gestern noch eine Schneeballschlacht mit ihrer Großmutter vor der Sauna. Einige Stunden zuvor aß sie mit ihrem Großvater ein Straußensteak an der Copa Cabana. Er, ein Dekonstruktivist, träumt von einem traditionellen Einfamilienhaus am Rande der Wüste von Las Vegas. Sie ist eine Chipdesignerin und liebt die Oper. Beide besprachen sie angeregt eine

Meldung in der New York Times, der zufolge Wissenschaftler weibliche Eisbären mit kleinen Penissen entdeckt hätten, woran die PCB-Verschmutzung in Spitzbergen, Alaska, schuld wäre. In diesem Augenblick sind sie, wie wir sehen, Zuschauer beim Weltcup-Fussballmatch Niederlande gegen Brasilien in Marseille, Frankreich. Er ist in der Frauentracht des niederländischen Dorfes Monickendam gekleidet, sie trägt ein Trikot des brasilianischen Fussballspielers Romario. Niemals zuvor war der Samba so befreiend und gleichzeitig so konventionell.

In der Und-Gesellschaft ist die Verwirrung darüber, was Moderne bedeutet oder wie sie sich entwickeln könnte, größer als je zuvor. Das politische und soziale Lexikon des Raums, der Stadt und der Architektur und die Unterscheidungen zwischen Öffentlich und Privat sind obsolet geworden und müssen neu geschrieben werden. Früher waren Trennung und Spezialisierung, der Kampf um Klarheit und die Reduzierung der Welt auf kalkulierbare Proportionen die treibenden Kräfte. Jetzt, in der Und-Gesellschaft, sprechen wir von Simultaneität, Vielfachheit, Unsicherheit, Chaostheorie, Netzwerken, Infrastrukturen, Nichtlinearität, Rhizomen, Hubs und Nodalen, Interaktion, Hybriden, dem Diffusen, Ambivalenz, Schizophrenie, Datenraum, Cyborgs etc. Es gibt Indikatoren dafür, wie das Treffen der beiden Fußballanhänger in Frankreich, dass die traditionelle Landschaft in der Und-Gesellschaft auf die Idee der Gemeinschaft keinen großen Einfluss mehr hat. Früher konnte alles, was unser gemeinsames Leben entscheidend beeinflusste, in der unmittelbaren physischen Landschaft geortet werden. In der Gesellschaft des Und orientiert sich unsere Identität nicht so sehr an Objekten, als an diffusen Feldern, die von elektronischer Vermittlung und Massenmigration gesteuert werden. Arjun Appadurai nennt diese Felder Imaginationsschaften. Diese Schaften erzeugen spezifische Unregelmäßigkeiten, weil sowohl die Betrachter als auch die Bilder gleichzeitig zirkulieren. Bilder und Betrachter passen nicht mehr in Kreisläufe oder in Öffentlichkeiten, die an lokale, nationale oder regionale Räume gebunden sind.
In diesen Schaften steht nichts mehr je still. Alles bewegt sich in einem fort, weil es eine beständige Interaktion in und durch diese Schaften gibt. Wir müssen uns damit auseinander setzen, wie die verschiedenen Verläufe in diesen Schaften verschiedenste oder spezifische Und-Konjunktionen hervorbringen. Es handelt sich um relationale Muster, die unserer Gesellschaft des Und letztendlich ihr wahres Gesicht geben. Diese Medien- und Migrationsschaften[3] erzeugen einen konstanten transnationalen Verkehr von Vorstellungen über unsere Identität als Volk bzw. als Individuum, die, um mit Appadurai zu sprechen, imaginäre Schaften mit einem abstrakten Raum und einer ebensolchen Zeit erzeugen. Diese Imaginationsschaften bestimmen heute alle Formen der Handlungsfähigkeit; das ist eine soziale Tatsache und die Schlüsselkomponente der neuen globalen Ordnung, lokal und global. Unter dieser Bedingung gibt es eine neue Kategorie der Instabilität oder Dirtiness in der Produktion moderner Subjektivitäten. Das ist die Und-Gesellschaft, in der sich alle Und-Konjunktionen innig miteinander zu einem komplexen Ganzen aus Hybridschaften verbinden, die nie mehr auf eine absolute Wahrheit reduziert werden können.
Diese Undschaften weisen einen hohen Grad an Dirtiness auf. Je nach Ort findet in diesen Schaften immer ein relationales Aushandeln statt, das auf Grund der komplexen Natur des Und extrem instabil, roh, unvollendet und unbestimmt sein wird. Die Dirtiness all dessen, was sich in diesen Undschaften zusammen tut, ohne jemals ein ausgewogenes Ganzes zu bilden, besteht eigentlich in einer Art Fragmentierung. Die Fragmentierung sollte nicht als eine Bedrohung der bürgerlichen Freiheit und des politischen Willens interpretiert werden, sondern, im Gegenteil, als deren Ursprung. Sie ist, falls sie denn jemals als solches galt, kein Hindernis für, sondern der Beginn der Befreiung. In unserer Und-Gesellschaft haben wir es wegen der Dirtiness der Undschaftskonventionen mit einem Moment der Befreiung zu tun, und zwar dann, wenn aus den Klischees plötzlich ein Befreiungsmoment auftaucht, wie beispielsweise jenes unserer Fußballanhänger in Marseille.

Reflexivität[4] im Und
Den Soziologen Beck, Giddens und Lash zufolge werden wir nicht so sehr vom System kontrolliert, sondern agieren vielmehr reflexiv in der Und-Gesellschaft. Das Wissen jedes Individuums, in langjähriger Ausbildung erworben, versetzt es in die Lage, die Konsequenzen, Probleme und Prämissen unseres Modernisierungsprozesses in Betracht zu ziehen. Es gibt aber noch eine andere Form der Reflexivität: jene, die dem Reflex des Knies, auf das der Doktor mit einem Hammer klopft, vergleichbar ist. Es ist unglaublich, wie viele unabsichtliche Konsequenzen und welch enorme Risiken unsere Moderne durch ihr fortgeschrittenes und angewandtes spezialisiertes Wissen erzeugt. Wer hätte vorausgesehen, dass wegen der Globalisierung die demokratischen parlamentarischen Strukturen der Nationalstaaten immer mehr von der internationalen Wirtschaft dominiert werden? Wer möchte nicht ein Leben ohne Einmischung des Staates oder der Kirche führen?
Wir können es uns nicht leisten, diese mit exzessivem Konsum, Tourismus, selbstgebastelten Biographien – mit der höchstpersönlichen Entfaltung als einzigem Ziel, ohne Blick für mögliche Konsequenzen für den Anderen, für den neuen Imperialismus in Form von Globalisierung, Junkspace, usw. – kontaminierte Modernisierung nur unter dem Blickwinkel der Abschreckung zu betrachten. Ulrich Beck zufolge sind es genau die unabsichtlichen Folgen, wie Naturkatastrophen, und die zunehmenden Ungewissheiten in unserem eigenen Leben, die zu einer neuen Politisierung unseres Lebens von unten her führen. Die Konfrontation mit den zahlreichen Risiken, die eine Radikalisierung der Moderne heraufbeschwören, zwingt uns, die Politik von unten her in unser täglichen banalen Dirtiness neu zu erfinden. Das schafft für jeden von uns die Möglichkeit, immer reflexiver zu reagieren. Aus diesem Grund

liegt für die Und-Gesellschaft der Antrieb der reflexiven Modernisierung nicht in etwas Neuem, sondern vielmehr in der vertrauten Dirtiness des krisengeschüttelten, zu Konflikten neigenden Produktionszyklusses der Kapital-, Technologie-, Arbeits-, Wissenschafts-, Geschmack-, Freizeit-, Tourismus- und Individualisierungsschaften. Die Dirtiness der Undschaften und das reflexive Potenzial des Unerwarteten, des Ungewissen, und die zahlreichen Risiken um uns herum schaffen Möglichkeiten für eine Innovation entgegen den linearen transparenten Konstruktionen, die nur mit vorhersagbaren Sicherheiten zurande kommen. Der echte Fortschritt liegt daher nicht in der Zähmung der Realität, sondern gerade im Aushandeln mit der Dirtiness unserer Realität.

Dirty Details

"…Ich glaube, dass man Regeln aufdecken muss; man darf weder automatisch gehorchen noch automatisch revoltieren. Besser ist es, herauszufinden, was man sich vom System aneignen kann, um es anzunehmen oder zu ändern. … damit zu arbeiten, und das Unbekannte zu entdecken…"
Jean Luc Godard

Blätterteigkonzepte
Wie unter dem Titel "Dirtiness" erörtert, entwickelt sich die Und-Gesellschaft ausgehend von den experimentellen und reflexiven Bahnen, die sich aktiv durch die turbulenten Undschaften bewegen. Nicht nur die Soziologie versucht, diese komplexe alltägliche Dirtiness zu verstehen, sondern auch die Architektur, die Kunst, das Kino, die Philosophie und die Wirtschaft gewinnen neue Einsichten, indem sie sich auf die künstlichen urbanisierten Landschaften bzw. auf die Und-Gesellschaft einlassen. Die Arbeiten, die sich mit dieser Dirty Realität befassen, engagieren sich für und suchen in dieser täglichen Realität Kontakt und Interaktion mit der anderen Person/dem Anderen. Die neue Arbeit ist relational: sie besteht aus den zwischenmenschlichen Erfahrungen, die sie hervorbringt. Sie macht aus dem Besucher einen Zuschauer, einen Gesprächspartner und einen Nachbar. Nicht durch passive Erfahrung sondern durch aktive Teilnahme versucht diese neue Architektur den Kontakt mit dem Nutzer und dem Betrachter wieder herzustellen. Sie scheint mit der Dirtiness der Realität zusammenfallen zu wollen. Eigentlich will man den Beruf nicht abschaffen, sondern sich eher von institutional-repräsentativen Strukturen, von der Glorifizierung der Autonomie, von der Tradition des kritischen Randes emanzipieren. Man beschwört das Handeln, das Erleben, das Tun. Es gibt das Bestreben, einen Zusammenhang mit der Zeit und der Realität herzustellen, die als fragmentarisch erlebt werden. Die angestammte Rolle des Architekten wird überdacht. Auf der Suche nach der Realität muss sich der Beruf neu erfinden. Er entwickelt Strategien und Programme, die aus dem "Sich in der alltäglichen Realität die Hände schmutzig machen" auftauchen. Er spricht die Sprache unserer Massenproduktion, Distribution und Populärkultur. Es ist eine "Architektur gegen die Architektur"[5], die nicht danach trachtet, den Beruf anzugreifen, sondern dem Raum im Sinne der Begrenzung, Abhängigkeit, des Zentrums des Managements, der Ordnung und Verwaltung entkommen möchte. Diese Architektur möchte mehr Orte gleichzeitig mit einander verbinden, um dem Geschlossenen, dem Erstickungstod, zu entfliehen. Es ist eine Architektur, die sich nicht eigentlich für das Objektive, für die Darstellung oder für die Struktur eines Gebäudes interessiert, sondern sich spezifisch für die Herstellung von Bedingungen für aktuelle Tätigkeiten aller Art interessiert. Es ist eine Architektur-Schaft, die Raum bietet für die Dynamik unserer reflexiven Modernität. Eine Position, die die Dirtiness des Lebens als einen zu eben diesem Leben gehörigen, fröhlichen Teil des Lebens und die paradoxe Realität als Ausgangspunkt betrachtet. Alle Arten von (Sub-)Kulturen werden lebendig. Konsum wird nicht mehr als reine Verarmung beschrieben, im Gegenteil: Er wird als Haltung akzeptiert, mit der alle möglichen faszinierenden Eigenschaften aktiviert werden können.

Die Umsetzung vieler Praktiken der Dirty Details geht von einer Art Blätterteigbegriff aus. Obwohl diese Kreationen oft wie ein vergrößertes Croissant aussehen, geht es nicht um die buchstäbliche Form, sondern um ein Konzept, das mit einem raffinierten System verglichen werden kann, bei dem viele Schichten über oder unter einander oder aufgehäuft liegen, zu einem Ganzen aus kontinuierlichen Feldern gefügt, weder notwendigerweise beginnend noch endend. Und wir, die Benutzer und das Programm, sind die frei beweglichen Rosinen im Blätterteigkonzept. Wir können in beliebigem Zickzack alle möglichen Enden mit einander verbinden. Das Blätterteigkonzept ist ein poröses, kompaktes performatives Konstrukt, in dem sich die Masse frei bewegt. In diesem Konstrukt werden Gegensätze und Paradoxa in verschiedenen Mischungsverhältnissen verwendet. Ein Spiel ist es, in dem das Blätterteigkonzept alle möglichen Ambiguitäten und unbeabsichtigten Konsequenzen in einer ziemlich primitiven Form, die ständig infiltriert und neu bewertet werden kann, (re)aktiviert. Das Blätterteigkonzept ist Bauen als Infrastruktur, in die verschiedene Kreisläufe eingebaut werden oder in der diese spontan auftauchen. Es ist eine heterogene Landschaft, in der Mauern und Böden als Membran funktionieren. Das Blätterteigkonzept lässt mehr Komplexität in der Nutzung und im Programm zu. Es ist gleichzeitig spezifisch und undefiniert. Dieses Konzept kann sich sowohl in einem orthogonalen Raum als auch in einer "belebten Form" entwickeln.[6]

Zwei "junge" Architekturpraktiken
"Eine Welt, in der Reformen ohne Gewalt stattfinden, ist nicht nach meinem Geschmack. Das wäre entweder eine absolut eindimensionale Gesellschaft, in der 100% der Bevölkerung mit jeder einzelnen Reform einverstanden wären, oder eine, in der die Entscheidungen durch eine Armee von Sozialingenieuren mit Zustimmung des Rests der Bevölkerung getroffen würden. Jede Reform impliziert eine Änderung des Status quo und das bedeutet in den meisten Fällen eine Verletzung bestehender Interessen. Ein Reformprozess bedeutet immer Kampf, nicht ruhiges Dahinarbeiten. Das ist nichts Bedauerliches. Denn im aktiven Kampf erst werden die menschlichen Begabungen und Fähigkeiten – neue Sprachspiele – geschaffen."
Ernesto Laclau

Das Interesse, sich mit der Dirtiness der Und-Gesellschaft auseinander zu setzen, bedeutet nicht, dass man sich dem Status quo unterordnet. Wahr ist vielmehr das Gegenteil: Dadurch, dass man Teil der Gebrochenheit der Dirtiness ist, kann man fortschrittlich innovativ sein. Von innerhalb der Und-Gesellschaft zu agieren, führt nicht automatisch zur Adaptierung oder zum Verlust der Kritikfähigkeit. Um jedoch den Fortschritt zu aktivieren, muss man in das Blätterteigkonzept eine absichtliche Absurdität oder Reibung einbauen. Ich fasse das Hauptthema dieses ästhetischen Komplexes unter dem Begriff "Dirty Details" zusammen. Die Ästhetik, die Dirty Details-Architekten gebrauchen, zielt absichtlich darauf ab, die Realität umzudrehen, während die Kreation ein intrinsischer Teil der Dirtiness der Und-Gesellschaft ist. Ein Dirty Detail kann das Ergebnis einer kleinen Zweckentfremdung sein; eine kleine Komponente, eine, die für das Ganze nicht wichtig ist, wird geändert, produziert aber dadurch einen vollkommen neuen Bedeutungskontext.
Der Baum als Säule in der Galerie Kunsthal von Koolhaas wäre solch eine Zweckentfremdung. Das White-cube-Konzept des "neutralen" Museums wird bewusst gebrochen und mit einem Kommentar versehen. Diese verfremdende Zweckentfremdung ist jedoch eine bewusste Umlenkung eines von Haus aus bedeutungsschwangeren Elements, die zu einer anderen Sicht des Museums auffordert. Die Verwendung von Dirty Details ist eine Methode, mit der Institutionen von innen her angegriffen werden, wodurch eine Bresche zu einer offenen Gesellschaft geschlagen wird, in der die Unterhaltung permanent geworden ist. Diese Zweckentfremdung ist ein wichtiger Kunstgriff zur Demaskierung von Bedeutungssystemen, ohne diese notwendigerweise zu sprengen oder zu verleugnen. Es ist die Praxis der Dirty Details, die den Spielraum zwischen uns lokalisieren möchte. Sie lenkt unser Augenmerk auf die Dirtiness, die die ganze Zeit direkt unter der Oberfläche der Und-Gesellschaft herrscht, eine Dirtiness, die durch eine absurde, niemals ganz fassbare ästhetische Intervention provoziert wird.

Der Frische Konservativismus[7]
Heute erzeugt die Dirtiness unserer Und-Gesellschaft beinahe automatisch eine unendliche Reihe von Antagonismen, die viele Kunstschaffende dazu bewegen, zu einer Ästhetik des Dirty Details über zu gehen. Droog Design und viele andere junge holländische Künstler, Graphiker und Architekten sind ein gutes Beispiel dafür. Die Zweckentfremdungen, die unsere Gesellschaft in solch großer Zahl hervor bringt, können leicht (mittels Datenschaften) von der Straße aufgeklaubt und in einen neuen absurden Entwurfsprozess eingebaut werden. Wenn wir die Dirtiness unserer Und-Gesellschaft als Potenzial im Sinne der Realisierung progressiver Architektur verstehen, müssen wir uns sicher fragen, was sich da mit der Ästhetik der Dirty Details zusammen braut. Wenn sich die Praxis des Dirty Details nicht auf sich selbst beziehen möchte, wie so viele Entwürfe das tun, sondern sich nur an den Kontext anschließen möchte, was möchte sie mit ihrer Absurdität und Dirtiness dann eigentlich aktivieren?
Die Dirty Details der asiatischen Frau eurozentrischen Aussehens, die inmitten eines "Event-Raums" mit provokant gespreizten Beinen den Bauhaus-Katalog liest, fordern den Betrachter heraus, aber für welche Art von Fortschrittlichkeit stehen sie? Das pornographische Bild ist eine Mischung aus hoher und niedriger Kunst. Eine Kopulation von Klischees in der Praxis der Dirty Details. Im Und ist es eine sehr konservative Abbildung der Sexualität und weiblicher Eigenschaften.
Ein weiteres Beispiel ist die grüne universelle Fernbedienung von Philips, die für die letzte Fußballweltmeisterschaft entworfen wurde. Die grüne Farbe verweist auf die ökologische Korrektheit dieser Tage, während der Begriff "universal" anzeigt, dass sich diese Fernbedienung für Fernsehapparate auf der ganzen Welt eignet.
Darüber hinaus kann man mit diesem Dirty Design eine Bierflasche öffnen, während man auf den Fußballkanal zappt. Es ist ein wortwörtliches Und-Konjunktionsgerät. Beide Beispiele für Dirty Details sind von den Antagonismen der Dirtiness unserer Und-Gesellschaft inspiriert, haben aber jede Form von Widerstand verloren. Sie sind politisch und wirtschaftlich korrekt. Sie liefern das neue, frische, provokante Design für unsere Dirty Realität, die sich gute und gut verkaufbare neue Marken erwartet. Die reiche Vielfalt in der Und-Gesellschaft wird durch die Dirty Details eingeebnet. Sie erzeugen einen neuen Stil, der, eh man sich's versieht, einen neuen Konformismus hervorgebracht haben wird. Der Frische Konservativismus interessiert sich nicht wirklich für traditionelle Werte, sondern ist fasziniert von der Gegenwart und nahen Zukunft. Er ist eine Art Lounge-Futurismus einer Do-it-yourself-Avantgarde. Die Arbeit, die dieser Frische Konservativismus hervor bringt, besteht aus einer Art Avantgarde-Junkspace. Dieser Frische Konservativismus wirft ununterbrochen neue Ideen auf, amüsiert uns und macht uns glücklich. Er bewahrt uns vor Unfug. Er

ist eine Art ideologischer Leichtgängigkeit, die John Travolta so in Worte fasst: "Whatever you do, do it cool baby". Der Frische Konservativismus ist eine Situation im Und, in der ein bestimmter Grad an Absurdität als Stimulans und Identität wirkt und damit ein wesentliches Element in einer fragmentierten Gesellschaft bildet, in der die Ergebnisse von Machtkonflikten und politischem Widerstand unter den Teppich gekehrt werden. Es läuft alles auf das bekannte Wiegenlied für Erwachsene hinaus: "Don't worry, be happy".

Und/Andere-Konzepte
Wie können wir in der Und-Gesellschaft zu einer neuen Form der Befreiung kommen? Gibt es eine andere Möglichkeit, mit der Dirtiness umzugehen, als jene des Frischen Konservativismus? Die Dirty Details des Frischen Konservativismus sind in ihrer Freiheitserzeugung äußerst problematisch. Alle möglichen alten Konventionen verbleiben an Ort und Stelle oder werden in neue Konventionen übergeleitet. Die Dirty Details des Frischen Konservativismus können uns kaum dazu bewegen, zu dem, was existiert, eine andere Position einzunehmen. Viel schmerzlicher ist die Tatsache, dass sich die Macher solcher Arbeiten ihrer eigenen politischen Position nicht einmal bewusst sind. Sie halten ein passives und oft naives Dirty Detailing hoch, das sich mit dem Grad an Dirtinesst zufrieden gibt, den die Und-Gesellschaft in ihren zahlreichen Undschaften "automatisch" produziert. Deswegen plädiere ich für Dirty Details, die sich nicht nur an der Und-Gesellschaft orientieren, sondern sich als politischen Willen auch ein bestimmtes Anderssein einverleiben.
Dem Frischen Konservativismus ermangelt es an zwei Aspekten, die für die Befreiung wesentlich sind. Erstens erzeugt die absurde Praxis des Dirty Details keine wirkliche Verfremdung, die über das, was man bereits weiß, hinaus gehen würde. Es wird keine Verfremdung erzeugt, die uns zum Umgang oder, anders ausgedrückt, zur Entwicklung der Möglichkeit, uns im Kampf gegen die Unfreiheit auf die Freiheit hin zu bewegen, zwingen würde. Die Kunsthal des Rem Koolhaas in Rotterdam greift in mehrfacher Hinsicht auf eine Ästhetik der Dirty Details zurück, die die verschiedenen konventionellen Positionen des Museums offen und antagonistisch gegen einander ausspielt. Die Politik des "neutralen" Ausstellungsraumes, der die subjektive Wahl des Kurators eliminieren und den Kulturkontext des Kunstwerkes und seine Beziehung mit dem Außenraum entfernen soll, wird in dieser Kunstgalerie mehrfach konterkariert. An verschiedenen Orten im Gebäude treffen alle Arten von Programmen zusammen. Der monumentale Eingang, der den meisten Museen eigen ist, wurde durch einen kreuzförmigen Gang ersetzt, der alles und jeden unerwartet mit einander verbindet und wiederholt neue Perspektiven eröffnet. Museum und Stadt bewegen sich ständig neben einander her.
Die selektive Welt des Museums und die alltägliche Welt werden mit einander vezahnt und müssen sich immer wieder neu positionieren. Es ist das Gegenteil des Museums als Tempel, in dem die Kunst der phantasievollen Skulptur der architektonischen Form untergeordnet wird, einer Form, die sich lieber auf sich selbst bezieht, wie das Beispiel des Museums der modernen Kunst von Frank Gehry in Bilbao zeigt. So findet hier die Befreiung statt, während die spezifischen Bedingungen vieler Arten von Verfremdung oder Dislokation die Befreiung behindern.
Ein zweiter Aspekt, den der Frische Konservativismus übersieht, ist, dass die Ästhetik der Dirty Details immer mit einer bestimmten politischen Haltung einher geht. Die Praxis der Dirty Details kann nicht nur provozieren oder dazu entwickelt werden, ausgehend von den zahlreichen Und-Konjunktionen in unserer Und-Gesellschaft, etwas schockierend Neues zu erzeugen. Wie das Beispiel der Kunsthal zeigt, wurde auch eine bestimmte Ausstellungsideologie, die in den 1960ern in den Niederlanden entstand, weiter entwickelt. Hier treffen wir auf das Andere der Und/Andere Konzepte, oder auf die Einsicht, dass Dirty Details eine bestimmte politische Dimension haben müssen, wenn man Freiheit erlangen will. Das wird durch Willem Sandbergs Erweiterung des Städtischen Museums in den 1960ern in Amsterdam sichtbar, der das städtischen Leben in das Gebäude hinein holt. Sandberg gelangte zu dieser politischen Position, weil er dachte: "Heute möchten wir nicht mit dem leben, was zu verehren von uns erwartet wird. Wir wissen nicht, ob Museen, insbesondere Museen moderner Kunst, in alle Ewigkeit existieren sollen. Sie wurden zu einer Zeit geschaffen, als sich die Gesellschaft als Ganzes nicht ausreichend für die Arbeit der lebenden Künstler interessierte. Ideal wäre es, wenn die Kunst wieder ein Teil des täglichen Lebens wäre, auf die Straße ginge oder in die Gebäude hinein, und eine Notwendigkeit würde. Das sollte das Hauptziel des Museums sein: sich überflüssig zu machen..."[8] Sandberg entfernte in seinem neuen Flügel alle Wände. Der Boden des Ausstellungsraumes ist auf Straßenniveau. Alles, was vertikal steht, besteht aus Glas, und alle Fenster können zur Straße hin geöffnet werden. Sandberg bringt den Kurator dazu, darüber nachzudenken, welche Beziehung eine bestimmte Ausstellung mit der Stadt aufnimmt und welche Abfolge sie im Raum braucht. Es gibt keine Wände mehr, an die man als Kurator "einfach" alles Beliebige aufhängen kann. Er wird dazu herausgefordert, Stellung zu beziehen. Das ist ein Museum als Treffpunkt, als Werkstatt, als Diskussionsforum, als öffentlicher Raum im Konflikt mit konservativen Institutionen wie dem klassischen Museum. Wie Sandberg bricht auch Koolhaas mit der Autonomie des neutralen isolierten Ausstellungsraumes. Kunstwerk und öffentlicher Raum treten einander als offene Arbeit im Museum gegenüber. Die politische Dimension solch einer Und/Andere-Schöpfung wirkt nie auf eine abschließende Versöhnung hin. Die Freiheit der Möglichkeiten muss erzeugt und immer wieder neu verhandelt werden. Diese radikale Auffassung von Freiheit[9] zeigt, dass um der Freiheit willen

ein fortschrittliches Werden nur dann auftritt, wenn in der Positionierung oder Interpretation des spezifischen Programmes noch ein gewisses "Stammeln" oder eine Entfremdung vorhanden ist. In den Und/Andere-Konzepten taucht eine neue Form der Befreiung auf, die von allen möglichen Und-Konjunktionen unserer Und-Gesellschaft ausgeht und voll komplexer imaginärer Schaften ist. Irgendwie sind in der Kunsthal noch viele andere Wege des Museums vorhanden, während sie auf alle möglichen anderen Arten gleichzeitig funktionieren, etwa so, wie das Bertold Brecht mit "Umfunktionierung" bezeichnet hat. Ausgehend von der Kommodifizierung, die ebenfalls als unfrei beschrieben wird, sprießt eine neue Freiheit dank einer kleinen Dosis Entfremdung durch die Dirty Details. Es zeigt sich, dass zwischen den antagonistischen Ansprüchen der Dirty Details auch eine bestimmte Ausgewogenheit erforderlich ist, wie im Falle der Koolhaas'schen Kunsthal klar wird. Diese Ausgewogenheit kann nicht dadurch erreicht werden, dass man einen Punkt so fixiert, dass die Details mit einander harmonieren. Der Antagonismus zweier gegensätzlicher Punkte in einem bestimmten Kontext besteht vielmehr in einer Ausgewogenheit, bei der beide Parteien eine Art soziales Gleichgewicht einnehmen – was sich von einer rationalen Harmonie stark unterscheidet. Auch wenn wir eine Position einnehmen und argumentieren, werden wir verstehen, dass es immer ein Dialog voll Wenn und Aber, Machtunterschieden und sogar Gewalt sein wird. Das Moment der Solidarität wird nicht durch die Fixierung von Fakten erzeugt, sondern durch die Permanenz eines Dialogs im Bewusstsein der Widersprüche auf der unablässigen Suche nach radikaler Demokratie.

Die Methode der Und/Andere-Konzepte
Schließlich möchte ich auf den Film "Festen" (Das Fest) von Thomas Vinterberg eingehen und aufzeigen, dass der Film als Massenmedium par excellence und mit seiner langen Tradition der Kritik uns helfen kann, besser zu verstehen, was das Und/Andere Konzept soll. Der Film widerspricht dem naiven Glauben, dass die Masse selbst schon ausreichend viele alternative Welten schafft. Ich möchte den Film "Festen" und die Kunsthal von drei methodischen Aspekten Vinterbergs her analysieren: (1) der Narration, (2) der Positionierung und (3) den ästhetischen Mitteln. Diese drei Elemente wirken immer gemeinsam und sind im Verständnis nicht von einander zu trennen.

1) *Die Narration*
Eine große Party zu Vaters 60. Geburtstag bringt ein Familiendrama mit all den Lügen, die das fürchterliche Geheimnis des Inzests umgeben, ans Tageslicht. Der älteste Sohn, Christian, inszeniert ein Kräftemessen mit dem allseits beliebten Pater familias; mit seiner provokanten, bewegenden Ansprache nach dem Essen beginnt eine Demaskierung vor den überraschten Gästen, bis schließlich in dem sich intensivierenden Vater-Sohn-Konflikt alle Masken gefallen sind. Die Struktur und Darstellung erzählt eine klare und reiche Geschichte, spezifiziert komplexe Umstände und ihre Auswirkung auf das menschliche "Fleisch" und Verhalten, spielerisch und schmerzlich. Wir erkennen darin sofort unsere eigene Alltagskultur und deren beinahe unbewussten banalen Eigenschaften. "Festen" ist kein Hollywoodfilm mit einem Happyend voll kommodifizierter Schönheiten oder Anti-Helden. Es ist auch kein kritischer Kommentar über die bürgerliche Klasse (wie das der traditionelle Marxismus handhaben würde) – das wäre ein "Zufall", sagt Vinterberg. Das, was der Repräsentation als soziale Kraft trotzt oder was sie korrumpiert, bestimmt die Authentizität der Sprache und filmischen Handlung. In diesem Film wird sexueller Missbrauch an einem Kind "gefeiert" und zum Anlass genommen, die Charaktere zu verschieben und das Idealbild der Großfamilie preiszugeben. Die Geschichte bedeutet eine Ablehnung des Mittelklassemodells der Familie, um andere, weniger kommodifizierte und kontrollierte, erweiterte Familienstrukturen vorzustellen. Er eröffnet neue Möglichkeiten zwischen den Familienmitgliedern und führt hinter die Klischees, zu einem neuen öffentlichen Raum. Durch und mit den Klischees, statt durch deren Abwertung, findet Befreiung statt.
Die Struktur der Erzählung vermittelt nicht nur einen klaren Erzählfaden, sondern ist auch dialogisch. Der russische Philosoph Mikhail Bakthin definiert "Dialogismus" als eine Welt, die von der "Heteroglossie" dominiert wird, einer konstanten Interaktion zwischen Bedeutungen in der Geschichte, die die anderen potenziell beeinflussen können. "Dialogisierung" findet statt, wenn ein Wort, ein Diskurs, eine Sprache oder Kultur relativiert und ihrer Vorrechte beraubt wird, und konkurrenzierenden Definitionen für ein und dieselben Dinge unterliegt. Eine nicht dialogisierte Sprache bleibt autoritär und absolut. Die Dialogisierung der Architektur bedeutet eine Herausforderung der konzeptuellen Hierarchie, unter der die meisten Entwerfer arbeiten.
Man könnte sagen, dass durch die Einführung eines absurden Elements – eines Dirty Details – (etwas Unkonsumierbares) – in diesem Film der Inzest – eine bestimmte Ängstlichkeit bzw. Befremdung vorgeführt und zur Schau gestellt wird, um verschiedene Unterschiede mit Befreiungspotenzial zu aktivieren. Das ernüchternde narrative Element des Inzests hat nicht den Zweck, uns zufrieden zu stellen, sondern uns herauszufordern und zu befreien. Vinterberg unterstreicht auch, dass er nicht aus "politischen" Gründen zum Mittel Inzest griff und er sich nicht bei den konspirativen und Opfergeschichten davon, wie schlecht und schrecklich Inzest sei, aufhalten möchte, sondern dass er damit durch Klischees die Vielfalt der Familie aufzeigen und sie von ihren negativen Verstrickungen befreien wollte.
Der Film durchbricht die symbolische Repräsentation aller darin Involvierten und erweckt alternative und befreiende Potenziale, die sonst verborgen und im Bereich des Unmöglichen blieben. In "Festen" werden wir mit einem fortschreitenden Werden kon-

frontiert, das jedem eine authentische Stimme versagt. Jene jedoch, die nicht sprechen können, jene, die der Schmerz leer und verwundbar gemacht hat, finden plötzlich einen neuen Weg, man gibt ihnen Sprecherlaubnis und sie können jenseits der Grenzen und der guten Manieren der Familie Vielfalt schaffen.

Die Kunsthal versucht mit der banalen Mittelklassekultur auf die selbe Art zu kommunizieren wie "Festen". Die Kommodifizierung ist die wichtigste Voraussetzung für die Schaffung eines tiefer gehenden sozialen Werts. Nicht der Rand wird gesucht, um Widerstand auszumachen, sondern das Museum wird genau in das Zentrum unserer gefälligen Museumskultur gerückt. Wie "Festen" versucht die Kunsthal ein neues kreatives Potenzial genau in der Mitte des Netzes, in Koexistenz mit der Massenkultur zu aktivieren. Sie zeigt, dass der alte Begriff der kritischen Distanz aus der Mode gekommen, ja unmöglich geworden ist.

Die Art und Weise, wie die Kunsthal aufgebrochen und gegen den Deich mit der Autobahn aufgefaltet wird, wie der Fußweg das Museum öffnet und wie der Ausstellungs- und Vortragsraum zur Stadt und zum Park in Verbindung gesetzt wird, ist, auf andere Art und Weise, wie der Film "Festen" ein inzestuöser Akt. Wie Vinterberg den Inzest dazu verwendet, die Familie aufzubrechen, verwendet Koolhaas die Technik der Verschiebung und Verfremdung, um die Sprachlosen zum Sprechen zu bringen. Sowohl "Festen" als auch die Kunsthal sind ein Versuch, eine Politik der Sprachlosigkeit zu artikulieren.

Die Kunsthal und der Film "Festen" kommunizieren mit den Massen und erzeugen dialogische Bedingungen innerhalb des Netzes der Menge. Der Betrachter und Nutzer/Besucher macht verschiedene Erfahrungen und wird auf seiner Bahn durch die realen und filmischen Räume der Transformation mit unterschiedlichen Standpunkten konfrontiert. Die Narrationen von Vinterberg und Koolhaas erzeugen eine genuine Straße mit Gegenverkehr, und Feedback. Sie verwenden die Widersprüche der (banalen) Alltagsgesellschaft, lassen aber gleichzeitig auch andere Stimmen zu und verstärken diese, weil sie der Menge eine Richtung geben (eine Haltung), die mit einer fortschrittlichen Idee verbunden ist, die über das Netz dort draußen hinaus geht.

2) *Die Haltung*, oder *Positionierung*

Wie bereits erwähnt, ist es beinahe unmöglich, die drei Aspekte, d.h. die (1) Narration (das Programmatische), (2) die Positionierung und (3) die Ästhetik, getrennt zu behandeln. Sie wirken gleichzeitig. Man könnte eigentlich sagen, dass die Positionierung der verborgene schichtende Faktor ist. Sowohl "Festen" als auch die Kunsthal bringen die Sprachlosen wieder zum Sprechen. Beide Macher argumentieren für ein soziales Programm, das im fundamentalistischen Bild der Menge, das wir normalerweise im Museum und in der Familie finden, unterging. Plötzlich tauchen mit den zirkulierenden Klischees von Museum und Familie andere, radikale Optionen auf. Plötzlich passen Kommodifizierung und Befreiung zusammen.

Die Positionierung besteht nicht darin, eine Meinung zu haben oder eine endgültige Antwort zu geben. Darum ist die Positionierung dialogisch. Sie möchte nicht paternalistisch sein oder einer besseren Zukunft voll authentischer Momente und ohne Entfremdung das Wort reden. Für sie besteht die Alternative weder in einem Schritt zurück noch im Aus-der-Reihe-Tanzen, sondern darin, die Schizophrenie des Lebens (auch wenn diese bedrohlich ist) anzunehmen. Die Arbeit macht sie sichtbar, nimmt dazu mittels Technik und Narration Stellung. Der räumliche Verlauf ist ein ebenso wichtiges dialogisches Mittel wie die imaginäre Seite der vom Bild dominierten Materialität.

In der Kunsthal ist dieser Verlauf sehr spezifisch. Die Architektur wird von ihrer Verpflichtung zum Symbolischen oder, um mit Serge Daney zu sprechen, zum Visuellen befreit: "Während das Visuelle uns die Sicht verstellt (weil es möchte, dass wir dekodieren, entziffern, 'lesen'), fordert uns das Bild immer dazu heraus, es mit anderen oder mit einem anderen zu verbinden. Denn im Bild gibt es wie in der Demokratie keine Spielregeln, gibt es unvollendete Teile, Löcher, weiße Stellen." Bert Brecht sagte, "Es gibt nicht nur eine Stimmung in solchen Bildern, sondern viele verschiedene. Und auch wenn der Maler Breughel seine Widersprüche ins Gleichgewicht bringt, so gleicht er sie doch niemals aus." Die Kunsthal komprimiert das Gebäude in einen "sozialen Verdichter" und macht daraus einen Ort des Experiments, wo die Widersprüche zwar offen liegen, Fortschritt jedoch ermöglicht wird. Das Gebäude verleiht den Sprachlosen eine Stimme. Hoffentlich kann die Öffentlichkeit durch die Dirty Details der Kunsthal Kunst und Kultur jenseits der perfekten Simulation wie beispielsweise jener Frank Gehrys in Bilbao erleben.

3) *Die künstlerischen Mittel*

Sehen wir uns ein paar Techniken oder Stilmittel an, die Vinterberg und Koolhaas in ihrem fortschrittlichen Ansatz verwenden. Ich beschränke mich auf zwei: die ästhetische Grobkörnigkeit und Trickaufnahmen (trucage). Die Kunsthal beispielsweise, mit dem Baum als Säule und vielen anderen ironischen Spielereien mit der Tektonik, zeigt an, wenn man sorgfältig hinsieht, dass da ein Krieg herrscht. Statt den Nutzer zu befriedigen, wie das in der neutralen weißen Museumsschachtel der Fall ist, führt Koolhaas eine bestimmte Grobkörnigkeit ein, die weiter reicht als der Schein des Visuellen und Nutzer und Betrachter aktiviert. Koolhaas holt eine Art Krieg herein, einen Konflikt, der die Geschichte nicht zerstört, sondern vielmehr zwischen Betrachter und Nutzer einen Dialog eröffnet und Kommunikation ermöglicht.

In "Festen" verwendete Vinterberg zahlreiche kleine Handdigitalkameras, um möglichst nahe an den Konflikten auf der Party dran zu bleiben. Die Bilder sind grobkörnig und vorläufig. Diese Vorläufigkeit taucht auch in der Kunsthal auf, wenn Dirty Details zum Einsatz kommen und verschiedene Bahnen das Gebäude durchschneiden. Die grobkörnigen Aufnahmen der Digitalkamera, die wilde Bewegung und die natürlichen Lichtbedingungen erzeugen Unschärfe, Undurchsichtigkeit und eine Spielbarkeit, die die Endgültigkeit des Films unterminieren. Das Gleiche gilt für die Kunsthal. Sie ist ein ästhetischer Komplex, bei dem die Details sich nicht so sehr auf sich selbst beziehen, sondern dazu da sind, die zu entwickelnden Haltungen und Narrationen zu aktivieren. Christian Metz sprach von der Qualität und dem Bedarf an "Trickaufnahmen" im Film. Die Tricks in "Festen" und in der Kunsthal können als Unterminierung einer monumentalen Struktur, welche keine andere Funktion mehr hat als ihre eigene Erhaltung, verstanden werden. Dafür wird ein fragiler vorläufiger Rahmen vorgeschlagen, der für jede Interpretation offen ist. Tatsächlich führt die durch den ästhetischen Komplex in beide Werke eingeführte Grobkörnigkeit zu einer Art Irrationalität oder Absurdität, die den Grundstoff sichtbar macht.

Henri Lefebvre hat aufgezeigt, dass Experten und Intellektuelle, obwohl sie in den Alltag eingebettet sind, sich lieber als diesem Fernstehende betrachten. In der Überzeugung, dass der Alltag trivial ist, versuchen sie ihm zu entkommen. Sie verwenden eine rhetorische Sprache, Metasprache oder einen Jargon als "permanenten Ersatz für die Erfahrung, wodurch sie sich über die Mittelmäßigkeit ihrer eigenen Befindlichkeit hinweg setzen können." Vinterberg und Koolhaas nehmen die Alltagskultur in all ihrer faktischen Mittelmäßigkeit, Trivialität und mitsamt ihren bizarren Möglichkeiten, an denen wir alle teilhaben, voll an. Sie sind nicht gegen die Massenkultur, sondern verwenden ihre verborgenen Eigenschaften, um Befreiungspotenziale zu schaffen.

Meine Suche mit Hilfe der Dirty Details ist auf eine Art Radikalisierung unseres Alltagslebens durch eine gewisse Dosis einer "Fremdsprache" gerichtet, wobei die Kommunikation mit der Dirtiness der Und-Gesellschaft beibehalten, nicht abgeschafft werden sollte. Die Fremdsprache bzw. die Dirty Details der Und/Andere-Konzepte bringt uns zum Sprechen. Sie selektiert nicht, wer sprechen darf und wer nicht, was der Polizei überlassen bleibt, sondern eröffnet einen Dialog, bei dem jene, die nicht sprechen, zu sprechen beginnen. Obwohl das Und/Andere-Konzept mit einer Ästhetik des Dirty Details sich ständig weiter bewegen und niemals enden und ständig neu verhandelt werden sollte, sollte es darauf hinweisen, dass wir, obwohl der Vorschlag derzeit unmodern ist, einen Ort menschlicher Handlungsfähigkeit brauchen, kurz gesagt, dass es angesichts der Dirtiness unserer Und-Gesellschaft einen Bedarf an politischer Haltung gibt.

1 Für eine Weiterführung dieses Arguments siehe Chantal Mouffe, *The Democratic Paradox*, 2000. Siehe auch ihren Artikel "For an Agonistic Public Sphere" in *Democracy Unrealized*, Documenta 1_Platform1, 2002.
2 "The Society of the And. Constructing Progressive Reflexivity in the And", in *History & Theory Reader*, Berlage Institute, Roemer van Toorn, 1998.
3 Arjun Appadurai nennt in seinem Buch *Modernity at Large*, 1996, fünf perspektivische Konstruktionen imaginierter Welten: "Ethnoscapes": Personenschaften, die die sich verschiebende Welt, in der wir leben, bilden: Touristen, Immigranten, Flüchtlinge, Exilierte, Gastarbeiter und andere Migrantengruppen und Individuen. "Technoscapes": Bewegungen neuer und alter Technologien auf Maschinen- und Computerbasis über die Grenzen hinweg. "Financescapes": riesige Geldsummen, die zwischen den Ländern mit unglaublicher Geschwindigkeit hin- und herbewegt werden. Mittel dazu sind Währungsmärkte, Börsen und spekulative Unternehmungen. "Mediascapes": die Verteilung von Möglichkeiten zur Produktion und Verbreitung elektronischer Bilder. "Ideoscapes": die Verbindung von Bildern, oft in Zusammenhang mit staatlichen oder oppositionellen Ideologien und Ideen, die ihre Wurzeln in der Aufklärung haben.
4 *Reflexive Modernisierung. Eine Kontroverse*, Ulrich Beck, Anthony Giddens und Scott Lash, Cambridge, 1994; "Misunderstanding Reflexivity: the Controversy on Reflexive modernization" im Buch *Democracy Without Enemies* von Ulrich Beck, 1998.
5 "Architektur gegen Architektur" im Katalog *Film+Arc 2*, hg. von Charlotte Pöchacker, Graz 1996.
6 Wir unterscheiden mehr oder weniger zwischen zwei Blätterteigkonzepten. Das eine ist das abstrakte, Science-fiction-artige, das oft fließend, relativ stark und autonom ist, wie es u.a. Greg Lynn, Jessi Reisers, Kas Oosterhuis, Hani Rashid & Lise Ann Couture, Van Berkel & Bos, Zaera Polo & Moussavi, Spuybroek und Ocean verwenden. Andere Blätterteigkonzepte koppeln sich von diesem emphatischen Ausdruck einer relativ starken autonomen ästhetischen Form ab. Die Arbeiten von MVRDV, One Architecture, Xaveer de Geyter, Koolhaas u.a. weisen in diese Richtung.
7 "Fresh Conservatism", Roemer van Toorn, Quaderns magazine, Reactive Architecture, 1998.
8 Willem Sandberg, Herbert Read am Institute of Contemporary Art in London, 1973.
9 "Hegemony & Socialist Strategy. Towards a Radical Democratic Politics", Ernesto Laclau und Chantal Mouffe, 1985, in: *Dimensions of Radical Democracy. Pluralism, Citizenship, Community*, hg. von Chantal Mouffe, 1992.

AA Design Research Lab (GB)

**Ambiente & Erweiterung:
Die jüngsten Projekte von AADRL**
Brett Steele

Die für diese Ausstellung ausgewählten Projekte sind Teil einer dreijährigen Studioreihe mit dem Titel "Reaktive Umgebungen", die im vergangenen Jahr im AADRL, dem Design Research Lab der Architectural Association School of Architecture, begonnen hat. Die in Teamarbeit kontinuierlich betriebenen Forschungsprojekte dienen der Erforschung neuer Möglichkeiten zur Weiterentwicklung gebauter Aggregate auf Grundlage zerstreuter Entwurfssysteme. Die Aggregate sollen intelligente, adaptive Architekturräume ergeben.

Architektur als nicht-organisches Leben
Die Architektur entwickelt sich heute von der Betonung der statischen Zusammenfügung träger toter Baumaterialien weg und hin zu interaktiven Komponenten und Schnittstellen. Die Performanz dieser Aggregate wird durch zahlreiche Sensoren, Steuervorrichtungen und Feedbackelemente bestimmt, welche in zunehmend heterogene Konstruktionen, Strukturen und Materialien eingebaut werden. Diese immersiven Umgebungen können neu auftauchende Funktions-, Wohn- und Transformationsmuster vorwegnehmen oder sich an diese anpassen. Die Architektur verwischt die Grenzen zu anderen Formen nicht-organischen Lebens. Die adaptiven Architekturformen verhalten sich wie nahtlose Erweiterungen der virtuellen, vernetzten, Konstruktions- und Steuersysteme, durch die sie im Architekturbüro erzeugt werden. In den AADRL Entwurfsteams mit drei, vier oder fünf Mitarbeitern (und der zugehörigen Hardware, Software und Peripherie) verläuft die Arbeit über verschiedene Codedomains unter Verwendung von Programmiersprachen, Modellapplikationen, Scriptprotokollen und anderen digitalen Design- und Produktionssystemen. In diesem verzweigten elektronischen Bereich setzt die noch modernere Verbreitung des Interface gerade dazu an, die moderne Erfindung des Raums als Begriff zu überholen. Die Software von heute ist die neue Architekturhardware.
Es soll hier nicht das Ende des herkömmlichen Berufsbildes des Architekten verkündet werden. Die synthetische Materialität (nicht die virtuelle Realität) bedeutet vielmehr eine Erneuerung; zeigt, dass der Entwurfsprozess neu orientiert werden muss, dass man lernen muss, mit weit zerstreuten und künstlichen Entwurfsarenen zurecht zu kommen. Dieses lose Feld wird insbesondere von Softtools gestaltet, mit denen die massiven Datenströme zwischen den einzelnen Entwurfsdisziplinen, Autoren und Nutzern, zwischen den Nutzern und den Schnittstellen, und zwischen den Schnittstellen und Strukturen erfasst und kanalisiert werden können. Das sind nachhaltige Voraussetzungen für die Entwicklung neuer Arten interaktiver Architektur, eine Entwicklung, die weit über den herkömmlichen Entwurfsprozess hinaus geht.

Das Open Source Studio
Das AADRL Design Research Lab war eine Reaktion auf die Realitäten, auf die evolutionäre Veränderung der Architektur als Ergebnis der gemeinsamen Entwurfssysteme von heute, die, wie wir glauben, früher oder später alle Entwurfslehrveranstaltungen verändern werden. Bei AADRL handelt es sich um einen 16-monatigen Postgraduate Architekturlehrgang zur kritischen Erforschung der Potenziale und der Grenzen der heutigen globalen Entwurfskultur in einer gemeinsamen "Open Source" Studio-Umgebung. Es ist der internationalste unter allen Postgraduate-Kursen. Nahezu 100% der Studierenden kommen aus dem Ausland. AADRL hat sich einem systematischen, strengen Herangehen an den Architekturentwurf als Form eines gemeinsamen Forschungsprojekts verpflichtet und ist eine Absage an die Einzelautorenschaft.
Im Studienjahr 2001/02 studierten 80 Menschen aus 31 verschiedenen Ländern mit beinahe 40 verschiedenen Muttersprachen am AADRL. Trotz dieser Vielfalt spiegelt die Gruppe die universalen Aspekte der globalen Schnittstellen von heute: Die gleichen 80 Studierenden waren bereits an eine gemeinsame Entwurfspraxis in Verbindung mit den erstaunlich wenigen zur Verfügung stehenden Programmiersprachen (wie c++), Scriptprozeduren (wie autolisp, JavaScript oder MaxScript), Modellierungsapplikationen (Maya oder 3dstudio) und Netzwerktools (html und Macromedia) gewöhnt. Entwurfstools wie diese bilden die Grundlage für eine neue Plattform für die gemeinsame Erfindung und Verbreitung von Architekturideen, -techniken und Entwürfen. Die neuen Arbeitsweisen sind jedoch weit davon entfernt, eine neue Spielart eines internationalen Stils hervorzubringen, sondern stecken vielmehr jene Bereiche ab, die für ein globales Netzwerk von Entwurfsintelligenz erforderlich sind.
Während der ersten Monate jedes Studienjahres wird das kollektive Wissen der AADRL-Entwurfsteams aktiv von einer Klasse in die nächste übertragen. Wir haben zu diesem Zweck Peer-to-Peer Netzwerke im Studio eingerichtet, die eine tragende Säule im Studienplan sind und die Summe der Arbeiten des Studios am Leben und für die weitere Entwurfsforschung verfügbar halten. Wir ermutigen die einzelnen Studierenden, sich dieses Wissen aktiv anzueignen, es zu verändern und dann an die Netzwerke des Studios zurückzugeben. Die Dateien reisen quer durch die Systeme und werden als richtiges "Material" betrachtet, mit dem der architektonische Entwurf, das architektonische Denken und die Praxis gestaltet wird.

angelil/graham/pfenninger/scholl (CH)

Genese und Struktur
Kontinuität gewinnen, ohne das Unendliche zu verlieren?
Marc M. Angélil

Während *Genese* Offenheit bedeutet, bedeutet *Struktur* Geschlossenheit. *Genese* impliziert Bewegung entlang von Entwicklungslinien, *Struktur* steht für Stasis im Rahmen einer Ordnungsmatrix. Ist eine Verknüpfung der Begriffe *Genese* und *Struktur* innerhalb der Architektur vorstellbar? Wie würde sich *Struktur* an Veränderungen anpassen, wie sie von Prozessen der *Genese* begünstigt werden?
Architektonische Konstruktions- und Gestaltungsprozesse sind von großer Vielschichtigkeit gekennzeichnet, von einer nahezu unbegrenzten Ansammlung von Anforderungen und Kräften. Dementsprechend können wir das architektonische Produkt in seiner physischen Form als eine vielschichtige Struktur verstehen. Da Gestalten mit Fragen des Werdens zu tun hat, kann das architektonische Produkt als eine im Fluss befindliche Struktur begriffen werden.
So gesehen kann sich die materielle Präsenz der Architektur nicht durch das Entwerfen makelloser Objekte manifestieren, sondern nur durch die Gestaltung ineinander verwobener, dynamischer Systeme. So geartete Anordnungen von Raum und Form müssen offene Strukturen aufweisen, um die Möglichkeit interpretativer Umformungen zu gewährleisten. In dieser Hinsicht basiert Gestalten nicht auf dem Verständnis von Architektur als einem geschlossenen System; es entwickelt sich vielmehr aus einem Netzwerk an Beziehungen und ist durch stete Neudefinition gekennzeichnet.
Diese Untersuchung beschäftigt sich mit den formalen Bedingungen der Architektur, nicht im Sinne einer auf die Verwendung a priori festgelegter Formen beschränkten Möglichkeit, sondern im Sinne eines Umstandes, der sich aus dem Herstellungsprozess ergibt. Wie entsteht Form? In welcher Weise beeinflussen sich die unterschiedlichen Kräfte bei der Gestaltung von Architektur gegenseitig? Wie sind ihre morphogenetischen Prozesse konzipiert? Ein Diskurs wird eröffnet über das Verhältnis von Genese und Struktur, von operativen Abläufen und formaler Organisation. Form gewinnt Gestalt durch Veränderung. Unterschiedliche Parameter wirken aufeinander ein; sie bilden ein differentielles Feld, in dessen Rahmen Entwicklung stattfindet, und tragen in jeder einzelnen Phase des Prozesses zur Herauskristallisierung formaler Konstrukte bei.
Die Analyse folgt zwei bestimmten Entwicklungslinien: Die erste befasst sich mit der Gestaltung solitärer architektonischer Objekte, die zweite betrifft die Gestaltung architektonischer Felder.

Analyse 1: Das architektonische Objekt
Die Konfrontation von Struktur mit Genese führt zu einer Vorstellung von architektonischer Form im morphologischen Sinn, die durch die scheinbare Auflösung klarer Grenzen gekennzeichnet ist. Die Integration dynamischer Systeme in physische Struktur untergräbt die Stabilität von Form als Zustand der Ruhe. Wesentlich für dieses Verständnis ist die Betrachtung des abgeschlossenen Raumes als Figuration von Feldern. Durch einen visuellen Fluss unablässiger Bewegung und kontinuierlicher Vielschichtigkeit schweben heterogene und doch zusammenhängende architektonische Formen in einer zeitlichen Dimension des Pulsierens – auf der endlosen Suche nach noch einem und noch einem und noch einem Objekt. Zum Wesen dieser Logik gehört die Tendenz zur Überschreitung physischer Grenzen bzw. zum Verwischen von Konturen, eine Strategie, die den verschiedensten Zwecken dienen kann. Einerseits strebt sie durch die Aufweichung holistischer Massen nach Zusammenhanglosigkeit. Andererseits bemüht sie sich um Kohärenz durch die Verbindung unzusammenhängender Strukturen zu einem kongruenten Ganzen. Umhüllungen, die beinhalten aber nicht definieren, sollen Unbestimmtheit und Unschärfe erzeugen.

Analyse 2: Das architektonische Feld
Der zweite Teil des Experiments geht vom Begriff der Architektur als Objekt aus. Ziel ist es, die Hypothese von der Architektur als offenem Feld zu untersuchen. Gestalten wird üblicherweise mit der Beherrschung des Objektes assoziiert, wobei die Präsenz des Werkes in seinem reinen Zustand behauptet wird, ohne Makel und Brüche. Wie es den Charakteristiken von Figur-Grund-Beziehungen entspricht, wird das architektonische Objekt in einem bestimmten Kontext gemeinhin als zu (be)gründende Figur lokalisiert.
Felder dagegen heben die Unterscheidung zwischen Figur und Grund auf, indem sie mit der Vorstellung vom Objekt als abgegrenzter Einheit aufräumen und sie aus dem Zentrum der Aufmerksamkeit verdrängen. Indem es seine Eigenschaft, sich als Figur mit dem Grund zu verbinden, verliert, löst sich das Objekt in einem Netz an Beziehungen auf. Verbindungen und Verknüpfungen stellen Zusammenschlüsse unterschiedlicher Intensität dar und deuten auf lose Beziehungssysteme hin, aus denen architektonische Gebilde hervorgehen. Gefordert sind weder stabile Einheiten noch eine Reduktion auf einfache Elemente. Struktur übernimmt die Rolle eines provisorischen Markers für einen vorübergehenden, sich aus den jeweiligen Umständen ergebenden, Zustand. Indem sie sich die Eigenschaften von Geneseprozessen zu eigen macht, kommt Struktur als Möglichkeit innerhalb eines Feldes zum Tragen, das wiederum auf andere Möglichkeiten verweist. In diesem Fall ist Architektur mit Prozessen des Deframing/Unframing verbunden, mit dem Herauslösen ebendieser produzierten Formen aus ihrem jeweiligen Rahmen.

Asymptote (USA)

Eyebeam Museum of Art and Technology, 2001
New York

Die neue Medienkunst hat – ob sie nun Digitaltechnologie für interaktive Installationen, Videoproduktionen oder Multimedia-Arbeiten verwendet – die Produktions- und Darstellungsweise des Künstlers an völlig neue Schauplätze und hin zu völlig neuen Konstellationen verlagert. Ein neues Museum für neue Ausdrucksformen muss deshalb gleichzeitig einerseits ein Hybrid der "traditionellen" Museumsumgebung und andererseits ein Mechanismus sein, der einen fließenden Transfer von Programm und Event erlaubt. Dieses neue Museum und Atelier muss sich ständig verändern, während sich neue Ausdrucksformen entwickeln und das Innere des Gebäudes für sich beanspruchen. Der Kernpunkt der neuen Medien ist das Konzept des Flusses, in dem Erzählung, Bild und Plastizität elastisch und einem ständigen Wandel unterworfen sind. Im Design und in der formalen Lösung des Gebäudes wird in jedem einzelnen Moment ein permanenter Zustand des Übergangs und der Überlagerung von Programmen sichtbar gemacht.

Ausstellung

Die große, geneigte, durchgängige Fläche auf der Eingangsebene schafft einen nahtlosen Übergang zu einem tieferliegenden Ausstellungsraum und einem Rampensystem, das zu den öffentlichen Einrichtungen, dem Black Box-Theater und den Atelierprogrammen führt. Über dem Ausstellungsraum im Erdgeschoss öffnet sich ein Segment im Boden des Black Box-Theaters und führt nach unten, um eine neue räumliche Verbindung zwischen den beiden Bereichen zu schaffen. Dieses große, treppenartige Element bietet Raum für zusätzliche Sitzreihen, von denen Events im Erdgeschoss verfolgt werden können. Außerdem können dadurch die beiden Räume eine volle Palette sich überschneidender und fluktuierender Programme – von Ausstellungen und Events bis hin zu Aufführungen und Vorträgen – beherbergen. Ein großer hydraulischer Aufzug für das Theater befindet sich auf der unteren Ebene des Ausstellungsbereichs. Wie die meisten anderen Komponenten des Museums erfüllt auch dieser Aufzug verschiedene Funktionen. Neben seiner Beförderungsfunktion kann er auch als Bühnenplattform, Projektionskabine, Ausstellungsvitrine oder Räumlichkeit für standortspezifische Installationen verwendet werden.

Die Böden und Wände sind in den übrigen Bereichen des gesamten Museums mit Vorrichtungen für Datenanschlüsse und Multimedia-Vorführungen ausgerüstet. So findet sich im hinteren Bereich des Ausstellungsraums eine riesige Videowand. Das Café und der Buchladen sind mit transparenten Projektionsflächen ausgestattet und in den Fußböden auf der unteren Ebene und entlang der Übergangsrampen, die sich von der Hauptebene rund um das Theater und hinauf durch die Atelierräume winden, wurde ein Videopool integriert.

Das Black Box-Theater spielt eine wichtige Rolle im Leben des Museums. Das Foyer und die Rampen, die das Theater umgeben, sowie das Mezzanin fungieren als Übergangs- bzw. Transformationsräume, d.h. als Erweiterung des darunter liegenden Ausstellungsraumes, des Theaterraums selbst und des darüber liegenden Kunstvermittlungs- und Kunstproduktionsbereichs. Im Gegensatz zu den meisten konventionellen Museen, in denen das Theater bzw. der Vorführraum zweitrangig ist, spielt das Theater hier die primäre Rolle. Da sich die digitalen Künste weiter wandeln und entwickeln, schließen sich die Kategorien Aufführung und Ausstellung nicht länger gegenseitig aus. In diesem Fall ist das Theater ein Raum der Überschneidung nicht nur zwischen der Ausstellung und Aufführung, sondern zwischen Prozess und Produkt. Das Black Box-Theater als Labor für die neuen Medien wird deshalb zu einer wertvollen Einrichtung der Abteilungen für Kunstproduktion und Kunstvermittlung und bietet zusätzliche Möglichkeiten für eine Interaktion mit der Öffentlichkeit.

BMW Event- und Lieferzentrum
München, Deutschland

Ein Gebäude, das allen Besuchern und Kunden die Möglichkeit bieten soll, über eine vielfältige Palette unterschiedlicher Funktionen – von der VR-Testfahrtsimulation bis hin zu Präsentationen der neuesten Prototypen – die Marke BMW zu erleben. Das Gebäude ist als öffentliche Einrichtung konzipiert, in der die Kunden nicht nur ihre neu gelieferten Autos abholen, sondern die "Marke" auf vielen verschiedenen Ebenen, vom Produkt bis hin zum räumlichen Design, erfahren. Der Tektonik des Gebäudes liegt die Bewegung der Fahrzeuge und Besucher im Raum zugrunde. Das gesamte Innere der Anlage ist befahrbar, so dass sich die Autos über ihre gesamte Fahrtstrecke hinweg dem Besucher präsentieren.

Das vorgeschlagene BMW Event- und Lieferzentrum verkörpert in seiner Architektur die ausgereifte und fortschrittliche Technologie, die mit der Marke BMW assoziiert wird. Das Gebäude selbst wird als Erweiterung der Firmenidentität und des progressiven Designs der darin gezeigten Produkte verstanden. Das Innere des Gebäudes stellt einen fließenden Raum dar, der das Design, die Produktion und den Erwerb der Produkte von BMW zu einem dynamischen, theatralischen Event werden lässt.

Das Gebäude besteht aus zwei miteinander in Verbindung stehenden Teilen: dem BMW-Eventzentrum und dem BMW-Lieferzentrum. Die beiden Räume sind physisch voneinander getrennt, visuell jedoch miteinander verbunden. Die Fortbewegung im Gebäude findet primär zu Fuß oder im Auto statt. Diese beiden Systeme überschneiden und umgeben einander und erleichtern den Blick vom Eventraum in die Lieferräumlichkeiten und umgekehrt. Die Geh- bzw. Fahrwege sind im gesamten Gebäude zumeist verglast, so dass eine fließende und transparente Architektur den Einblick in physisch voneinander getrennte Räume gewährt. Die Besucher können von allen Teilen des Gebäudes aus sehen, wie BMW-Produkte ankommen, ausgeliefert und gekauft werden. Verglaste Rampen winden sich rund um den Raum, definieren die Form des Gebäudes und schaffen ein fließendes, sich ständig wandelndes Gebäudeinnenleben aus Menschen und Produkten. Das Auto selbst steht im Brennpunkt des Innenprogramms und wird damit zu einem festen Bestandteil der Erfahrung, die das Gebäude in seiner Gesamtheit dem Besucher vermittelt.

Mercedes-Benz Automobilmuseum, 2001
Stuttgart, Deutschland

Das Museum wurde dazu konzipiert, die eindrucksvolle Sammlung von Automobilen und verwandten Ausstellungsstücken zu beherbergen, die sich im Besitz der Firma Mercedes-Benz befinden und Teil ihres Vermächtnisses sind. In der Hauptausstellungshalle wird die gesamte Geschichte der von Mercedes-Benz hergestellten Fahrzeuge auf einer sich wellenden topologischen Fläche dargestellt. Diese tektonische "Landschaft" im Gebäudeinneren bietet den Kuratoren und Besuchern die Möglichkeit zu vielfältigen Ausstellungs- und Betrachtungsweisen. Das Dach, der Boden und die Verkleidungssysteme des Gebäudes sind integriert und weisen Technologien und eine Tektonik auf, die bereits Teil der Autoherstellung und des Autodesigns sind. Am Ende des riesigen Innenraums sind auf einer Rennstrecke die Autos ausgestellt, mit denen die Firma Geschwindigkeitsrekorde erzielt hat.
Ein Museum, das die Geschichte des Automobils aus dem Blickwinkel von Mercedes-Benz erzählt, muss das umfangreiche Erbe der Marke Mercedes zeigen, dieses jedoch gleichzeitig in den Kontext der Gegenwart setzen und auch einen Ausblick in die Zukunft gewähren. Die Architektur des Museums muss originell sein und dennoch Langlebigkeit ausstrahlen, wie es einer technischen Präzision und ästhetischen Ausgereiftheit entspricht, die sich nicht als separate Einheiten präsentieren, sondern vollständig miteinander integriert sind. Das Mercedes-Benz-Museum basiert deshalb auf einem offenen Raum mit großer Spannweite und einer topologisch komplexen Fläche, die miteinander kombiniert werden, um eine "Landschaft" entstehen zu lassen, die sowohl fließend als auch flexibel ist. Dieses Ziel wird durch die Anwendung sich überschneidender "Wellengeometrien" auf einer geneigten, die gesamte Breite der Halle einnehmenden Ebene erreicht. Die Bodenbereiche, die aus dieser mathematischen Operation entstehen, bieten einer eindrucksvollen Sammlung von Automobilen Raum, die in dynamischen Arrangements auf verschiedenen geneigten und gekrümmten Flächen ausgestellt werden. Der Raum bietet auch die Möglichkeit zu einer Vielfalt von Präsentationsstrategien für didaktisches Material. Die die Ausstellung erläuternden Informationen können vielfältige Gestalt – von Oberflächengraphiken über abgehängte Videomonitore bis hin zu transparenten Trennwänden – annehmen.
Der Weg, den der Besucher zwischen den Ausstellungsbereichen beschreitet, durchquert die Landschaft und kreuzt sich an verschiedenen Knotenpunkten. So kann der Besucher entweder die gesamte umfangreiche Ausstellung genießen oder nach Belieben nur einem Teil der sich schlängelnden Wege folgen. In der zu ebener Erde gelegenen unteren Museumsebene befinden sich Anfang und Ende der Ausstellungstour sowie zusätzliche Ausstellungs- und Multimediaräume, Service- und Supporträumlichkeiten. Öffnungen im oberen Ausstellungsgeschoss schaffen eine nahtlose optische und physische Verbindung zu den darunter liegenden Räumen, wie dem Foyer, den Technologieausstellungsbereichen und der Renn- und Rekordausstellungsrampe. Am Ende des Hauptausstellungsraums, am oberen Ende der geneigten Bodenfläche, findet sich eine glänzende, metallische, gekrümmte Struktur, die das Renn- und Rekordkino beherbergt. Dieser Raum ist auf einer Seite offen und gibt den Blick auf die Renn- und Rekordrampe frei, die sich dramatisch von der oberen Ebene zum Erdgeschoss hinab senkt. Das mehrere Stockwerke einnehmende Foyer ist eine Fortsetzung der Museumsplaza im Freien. Es öffnet sich teilweise in den darüber liegenden Ausstellungsraum und überblickt durch die breite transparente Fassade andererseits die Plaza.
Das Gebäude ist von einer Kombination aus transparenten, mit Lamellen versehenen und undurchsichtigen Flächen umhüllt, die den verschiedenen Bedürfnissen in bezug auf Ausblick und Tageslicht Rechnung tragen. Die große verglaste Hauptfassade ermöglicht einen Blick von außen in das Museum und bietet vom oberen und vom unteren Stockwerk aus eine Aussicht auf die neue Museumsplaza. Diese Glasfassade wurde über die Hauptfassade gelegt, um den öffentlichen Programmen wie dem Café, dem Restaurant und dem Museumsshop zusätzliche Sichtbarkeit und Zugänglichkeit zu verleihen. Die Seiten- und Hinterflächen des Gebäudes sind in den unteren Bereichen mit einer doppelschichtigen Fassade versehen. Das Gebäude wird von einer aus Metalllamellen bestehenden Außenhaut umhüllt, unter der sich eine Innenhaut befindet, die je nach den programmatischen Erfordernissen der einzelnen Räume in den entsprechenden Bereichen entweder transparent, durchscheinend oder undurchsichtig ausgeführt ist. Die mit Lamellen versehene Außenhaut sorgt für eine ästhetische Kontinuität über die verschiedenen Programme hinweg und bietet, wo dies erforderlich ist, die Möglichkeit, die Einwirkung der Außenverhältnisse zu regeln. Die Lamellenjalousien

ergänzen die glatten, nahtlosen gläsernen und metallenen Teile der übrigen Gebäudeaußenhaut. Die oberen Bereiche und das Dach sind mit einer Verkleidung aus gekrümmten Aluminiumpaneelen mit Glaseinsätzen versehen, wodurch eine glatte, straffe Oberfläche entsteht, die einer Fahrzeugkarosserie von Mercedes-Benz nicht unähnlich ist.

Architektonische Karosserien: Mscape-Studien
Die Mscapes stellen nicht nur tektonische Experimente und Meditationen über die formalen Aspekte einer künftigen Körperarchitektur dar, indem sie sich auf den Körper als ein Gefäß, eine Maske, eine Rüstung, eine Hülle oder eine Verkleidung beziehen, sondern sind gleichzeitig Artikulationen von Körperarchitekturen als Schwingungen zwischen einer physischen Präsenz und einem virtualisierten Zustand. Sie lassen sich von der Autokarosserie inspirieren, einem Objekt, das selbst in seinem statischen Zustand einen Zustand der Bewegung vorwegnimmt und durch die seine Oberfläche deformierende tektonische Strukturierung die Kräfte der Bewegung und Geschwindigkeit erkennen lässt. Trennt man nun dieses vertraute Objekt von seiner Funktion, Motoren zu beherbergen oder Personen zu befördern, und setzt sich mit ihm auseinander, als schwebte es in einem virtuellen Raum, so lässt es eine Art umgekehrter Strukturierung erkennen, in der sich ein Terrain von Flüssen und Verflüssigung abzubilden beginnt. Die aus den angewandten Kräften resultierenden deformierten Geometrien und die sinnliche Natur der reflektierenden Oberflächen lassen sich in einen direkten Bezug zur Bewegung dieser physischen Einheiten durch den Raum setzen. Die Mscape-Studien stellen einen Versuch dar, diese sich kontinuierlich herauskristallisierende "Bewegungs"-Tektonik festzuhalten und ihrerseits zu ganz neuen "architektonischen" Einheiten zusammenzufügen, die gleichzeitig Artefakt und Natur, Oberfläche und Volumen, materiell und immateriell sind. Diese bewusst uneindeutigen Formen und ihre implizite Plastizität, die gleichzeitig weich und hart ist, bewirken einen seltsamen und unheimlichen materiellen Zustand, der in Richtung einer verführerischen und vollendeten Architektur strebt. Auf flüssigem Raum beruhende feste Oberflächen.

branson coates architects (GB)

Von Ecstacity lernen
Nigel Coates

Nachdem ich das Buch "Guide to Ecstacity" geschrieben hatte, wollte ich seine Bedeutung sowohl inhaltlich als auch als Objekt erweitern. Für die Ausstellung habe ich zahlreiche Exemplare des Buches verwendet, um ein Modell von Ecstacity zu schaffen. Nicht direkte Repräsentation war das Ziel, sondern eine urbane Landschaft der Andeutungen. Das Modell sollte einen Weg in das Innere von Ecstacity weisen.

Ich brauchte drei Jahre, um das Buch zu schreiben. Zuvor hatte ich an einer ganzen Reihe von Projekten mit demselben Titel gearbeitet. Das erste davon betraf einen Teil von London, der zu neuem Leben erweckt werden sollte. Mir schwebte eine "additive Architektur" vor, die die Dynamik und Vitalität des bereits Bestehenden akzentuiert. Vorhandene Gebäude und Räume wurden mit Hilfe von architektonischen Prothesen erweitert, um gemeinsam eine neue Identität, neue Aktivitäten und Vergnügungen zu generieren. Jahre später, als ich eine Quellensammlung architektonischer Ideen und Konzepte schreiben wollte, kam ich auf Ecstacity zurück. Diesmal jedoch sollte man sich darin verlieren können: Es musste eine ganze Stadt sein.

Das neue, größere Ecstacity würde universell sein und von allen Städten handeln. Ich stellte es mir als eine der großen Städte der Welt vor, als einen Ort, an dem Völker und Kulturen aufeinandertreffen. Um seinen Charakter zu bestimmen, ging ich sämtliche Orte, an denen ich bisher gewesen war, noch einmal durch. Gebautes und Ungebautes sollte darin vereint sein. Obwohl es ein Produkt meines Geistes wäre, würde ich darüber schreiben, als existierte es bereits. Es würde die Stadt sein, in der ich leben möchte.

Nach und nach machte der Prozess des Erfindens dem Beschreiben Platz. Pläne für ein Metrosystem, für Wahrzeichen, Geschäftsviertel und "erogene Zonen" entstanden. Es handelt sich um eine Stadt mit vielen Sprachen. Vielfältige Interpretationen der Geschichte kennzeichnen sie ebenso wie eine große Zahl sich überlagernder Kulturen. Die sieben Abschnitte der Stadt entsprechen sieben großen Kulturen, die jeweils durch die Teile einer bedeutenden Weltstadt repräsentiert werden. Schauplätze, Straßenlandschaften und Gebäude aus Tokio, Kairo, London, New York, Rom, Mumbai und Rio de Janeiro machen Ecstacity zu einem urbanen Kaleidoskop, das durch kulturelle Vielfalt gekennzeichnet ist. Ecstacity steht für Pluralismus, nicht für Uniformität, und bringt die Verbreitung unterschiedlicher Lebensweisen und globaler Kommunikation zum Ausdruck.

Das Buch sollte wie die Stadt funktionieren; es sollte selbst eine Stadt sein. Der Leser sollte sich seine eigenen Wege darin suchen können, darin herumwandern und dieselben Orte wieder und wieder aufsuchen können. Er hat die Möglichkeit stehenzubleiben, um besonders schöne Plätze zu betrachten. Dabei soll ihm sein Potential als Teil dieser Architektur bewusst werden, indem sein eigener Körper protoräumlich definiert wird. Es macht Spaß, sich darin zu bewegen. Beim Umblättern stößt man auf eine Reihe besonderer Gebäude, darunter solche zahlreicher zeitgenössischer Architekten (u.a. auch von Branson-Coates). Das Buch ist gleichzeitig die Quelle unserer Entwürfe und der Maßstab für alle anderen Orte.

Die Installation in der Galerie besteht aus Büchern, die sich, wie Bausteine gestapelt und "gekachelt", vom Boden erheben. Ihre verzerrte, kontinuierliche Oberfläche stellt nur eine Hieroglyphe dar für den echten Reichtum, den Gebäude erzeugen, wenn man in ihnen lebt und von ihnen umgeben ist. Das wahre Erlebnis von Ecstacity findet auf der Ebene der bedruckten Seite statt, in der Fantasie, die es beflügelt. Wenn Ecstacity utopische Züge hat, so beziehen sich diese mehr auf den Akt des Fantasierens über die Stadt als auf deren physische Wirklichkeit.

Ecstacity selbst ist alles andere als utopisch. Es basiert auf der alltäglichen Nutzung des urbanen Raumes, auf Akkumulation, Verschmelzung und Brechung. Ecstacity bevorzugt das Unkoordinierte, Zufällige. Es wächst organisch und folgt dabei dem Prinzip, bereits Vorhandenes zu nutzen. Fest verwurzelt in der uns bekannten Welt, scheitert es als Utopie, auch wenn es die latenten utopischen Merkmale miteinander verknüpft, die der Arbeit des Architekten ebenso inhärent sind wie allen Architekturbüchern.

Wie das Computerspiel WipeOut und die schöne Scheinwelt von Las Vegas hängt auch die utopische Dimension von Ecstacity von unserem Verlangen ab, uns auf diese Halb-Realitäten einzulassen und sie als wirklich anzusehen. Architekten können gar nicht anders, als diesen Anspruch auch an ihre Arbeit zu stellen. Als Architekt möchte man die Welt beeinflussen und formen, nicht verunstalten. Jeder Architekt folgt in seiner Arbeit irgendeiner latenten Utopie, sei sie nun selbst entworfen oder von Haussman, Le Corbusier, Archigram, Abercrombie, Gehry oder Rogers übernommen. Die Behauptung, Architektur reagiere auf das, was bereits in der Welt ist, ist meist nur eine Pose und steht in direktem Widerspruch zu dem geheimen Wunsch, jeder Gestaltungsakt möge vollkommen und utopisch sein.

Es liegt in der Natur von Architekturbüchern, dass sie zum Idealisieren neigen. Unausgesprochen fördern sie die Tradition des Verbesserns und Vervollkommnens, die der Arbeit jedes Architekten zugrunde liegt. Bücher über Städte, auch Reiseführer, entwickeln eine ähnliche bella figura, indem sie die Besonderheiten ihres Themas, ihre Superlative und Erfolge übertreiben.

In ihrem Versuch, das Gegenteil zu beweisen, setzt die Installation voraus, dass unsere Vorstellungen von Architektur stärker sind als die daraus hervorgehenden Räume. In Ecstacity sind die Bürger die wahren Architekten. Ihre Stadt zeichnet sich aus durch die natürliche Dynamik, die ihre Art zu leben mit der Weise verbindet, wie sie die Stadt als sozialen Raum nutzen. Die Ausstellung soll ein Anstoß sein, das Buch mitzunehmen, es zu lesen, anderer Meinung zu sein, sich darin hin und her zu bewegen. Anders als eine Bibel, die einen Glaubens- und Verhaltenskodex festlegt, ist dieser Führer nur so komplex wie seine Leser und Bürger. Ihre Erfahrungen bilden die Ziegelsteine und den Mörtel. Die Entwicklung von Utopien im Alltäglichen verläuft sehr zaghaft, aber um sie entdecken zu können, muss man sie leben.

COOP HIMMELB(L)AU (A)

Die Zukunft der herrlichen Trostlosigkeit

Die Architekturen der Zukunft sind schon gebaut.
Es sind die verödeten Plätze, die verwahrlosten Straßen, die devastierten Gebäude, die die Stadt heute prägen und auch die Stadt der Zukunft prägen werden.
Die heile Welt der Architektur gibt es nicht mehr.
Wir leben in einer Welt der ungeliebten Dinge, in Requisiten städtischen Zivilisationen, die wir hassen, aber deren Vorteile wir tagtäglich benutzen.
Architektur, wie sie heute betrieben wird, verstärkt diese Diskrepanz bis zum Riss in unserem Kopf: Denn mit rückwärts gewendeten Mitteln, dient sie eher der opportunen Verschleierung der Probleme, denn der Erzeugung einer notwendigen neuen Bewusstheit.
Architektur muss als Medium eines expandierenden Lebensgefühls neu definiert werden.
Eine zeitgemäße Architektur wird es dann geben, wenn die Plätze, Straßen, Gebäude und Infrastrukturen die Spannweite der städtischen Realität erkennen lassen und in der Trostlosigkeit der Stadt zu Zeichen einer faszinierenden Verwahrlosung werden.
Einer Verwahrlosung, die nicht aus der Bequemlichkeit entsteht, sondern aus der emotionellen Besitzergreifung. Nur aus dem Erkennen der städtischen Realität jedoch, wird der Wille und das Selbstvertrauen zur Inbesitznahme und Veränderung entstehen.
Entscheidend wird dann aber nicht mehr der nicht betretbare Rasen sein, sondern der betretbare Asphalt.
Allerdings muss man dazu alle Dinge über Bord werfen, die emotionelle Besitzergreifung verhindern:
Die falsche Ästhetik, die wie Schminke auf dem Gesicht der Mittelmäßigkeit klebt, die die Opportunität der althergebrachten Werte, den Glauben, alles behübschen zu können, was unruhig macht. Und die unkontrollierbaren Disponenten, die unter dem Motto von Funktion, Ökonomie und Anpassung agieren.
Architekten müssen aufhören in Kategorien ihrer Auftraggeber zu denken.
Architekten müssen aufhören, sich zu bemitleiden, in welch schlechter Gesellschaft sie sind.
Architektur ist nicht Mittel zum Zweck. Architektur funktioniert nicht.
Architektur ist nicht Behübschung sondern der Knochen im Fleisch der Stadt.
Sie gewinnt Bedeutung durch den Grad der Verwahrlosung der durch Besitzergreifung entsteht. Und Kraft aus der sie umgebenden Trostlosigkeit.
Und diese Architektur hat die Botschaft:
Alles, was gefällt ist schlecht.
Alles, was funktioniert ist, schlecht.
Gut ist, was akzeptiert werden muss.
(1978)

dECOI (F)

Atopische Latenz

Der Begriff der *Latenz* scheint das digitale Medium in seiner umfassenden Neubestimmung unserer technologischen Infrastruktur (und damit unseres grundlegenden *mnemonischen Systems*, d.h. der Struktur unserer Denk- und Erinnerungsmuster) zu verfolgen. Mit dem Ausdruck *Latenz* bezeichnete Freud das virtuelle Potential noch nicht integrierbarer kognitiver Muster, was stark an den derzeit virulenten Übergangsprozess erinnert, den der Wandel vom mechanischen zum digitalen Paradigma mit sich bringt. Wir bemühen uns, dieser *Latenz* einen passenden architektonischen Ausdruck zu verleihen innerhalb eines Mediums, das vorgeblich leblos und träge ist. Da es jedoch als komplexeste aller dreidimensionalen Kunstformen gilt, offen für Neu-Erfindungen aller Art (auch für *zeitliche* Neu-Definition), erwarten wir uns eine Vielzahl an Möglichkeiten für eine gänzlich neu bestimmte digitale Praxis. Das erfordert notgedrungen die Neuverankerung kreativer und rezeptiver Strategien sowie große Achtsamkeit für entstehende Modi kultureller Effektivität.

Das hat jedoch, so behaupten wir, nichts Utopisches an sich: Tatsächlich scheinen Utopie und Latenz implizit gegensätzliche Begriffe zu sein. Die Geschichte des utopischen Denkens, dessen Anfänge am deutlichsten mit den Schriften Francis Bacons und Thomas Mores zu Tage treten und sich bis hin zur Bauhaus-Moderne fortsetzen, kennzeichnet eine im wesentlichen determinierte, lineare Vorgabe: Die grundlegenden Bedingungen der Menschheit werden sich durch die Anwendung rationaler Gestaltungsstrategien verbessern. Das utopische Denken des frühen 20. Jahrhunderts wurde durch die Katastrophe zweier Weltkriege und das soziale Desaster des Industriezeitalters vorangetrieben. Das Denken des frühen 21. Jahrhunderts kennt keinen derartigen Auftrag, sieht man von der wachsenden Sorge um das makro-ökologische Ungleichgewicht ab.

In der Tat deutet die aktuelle Ökonomie des "Gestaltens" auf einen tiefgreifenden Bruch in ihrer überkommenen Logik hin, insofern als ihre utopischen Grundlagen längst an Berechtigung verloren haben, und zwar gerade weil sie in die Tat umgesetzt werden (Kleidung, Nahrung und Gesundheit für alle). Die Kultur des "Gestaltens" setzt auf Strategien des Ornamentalismus, ihr Mandat beschränkt sich auf das Entdecken unterschiedlicher Formen des sozialen Antriebes. Somit lässt die Suche nach kognitiver Stimulanz *Latenz* zu einem vertrauten Begriff werden, der jedoch, sieht man von seinem *Effekt* ab, keinerlei übergeordnetes Ziel aufweist.

Digitale Verarbeitung bringt eine *Explosion* kognitiver Systeme mit sich: Repräsentative Strategeme verbreiten sich wie Wolken von Sporen. Die Zeit verläuft in Zirkeln, der kreative Prozess schließt sich zu einer endlosen Schleife von Strategien des Zusammenführens. Diese zirkulären oder offen spekulativen Bestrebungen stören den Determinismus des "Gestaltens"; sie sind nicht von Dys-topie (was einen Gegensatz zum utopischen Denken implizieren würde) sondern von A-topie gekennzeichnet, weder gleichgültig noch engagiert in ihrer architektonischen Haltung (aber – zumindest – dem *Effekt* und anderen kognitiven Kreisläufen verpflichtet). *Atopische Latenz* scheint die frenetische, im wesentlichen jedoch ungerichtete digitale Spekulation, die rastlose Suche nach den neuen Potentialen des digitalen Mediums, auf sich zu vereinigen.

Zur Frage der "Latenz": Was vielleicht bleibt ist die Entwicklung einer stichhaltigen ästhetischen Theorie, um die Effektivität derart vager "gestalterischer" (d.h. ornamentaler) Strategeme zu erklären, und zwar weniger in formaler als in sozialer Hinsicht. Dies aufgrund der Tatsache, dass man sich digitale Produktion besser als eine Reihe von evolutiven *Prozessen* (bzw. als das Potential hierfür) vorstellt, denn als einen "Stilismus" per se.

Zur Frage der "Utopie": Die Verknüpfung von elektronischen Überwachungsgeräten mit dem parametrischen Wesen digitaler Systeme birgt Spuren eines Potentials für gestalterische Strategien, die reziprok mit den jeweiligen Umweltbedingungen verbunden sind. Bisher wurde diese Fähigkeit, die zweifelsohne einer weiteren Herabsetzung der "gestalterischen" Schwelle ebenso gleichkommen würde wie der Bevorzugung vorgegebener Alternativen und einer grundlegenden Normalisierung architektonischer Möglichkeiten, noch nicht berührt. Doch die nahtlose, relationale Matrix digitaler Systeme scheint ein Potential zu implizieren, nicht für eine "radikale" Neubestimmung, wie sie für utopische Aufträge charakteristisch ist, sondern für die "genetische" Vorgabe und evolutive Verfeinerung normativer Systeme.

Unser Interesse konzentrierte sich bislang auf die mit Hilfe digitaler Systeme mögliche Neubestimmung der kreativen Praxis bzw. auf die Latenz, die sich aus den Zwischenräumen ergibt, die ein derartiger Wandel mit sich bringt. Wir erkennen jedoch, dass diese Prozesse, sind sie erst einmal integriert, zu einer Entropie des utopischen Denkens tendieren und in ihrem normalisierenden, präskriptiven Determinismus atopische Gestalt annehmen werden.

Foreign Office Architects (GB)

United We Stand (Der Bundle Tower)

Der Bundle Tower, als Antwort auf den Wiederaufbau von Ground Zero entworfen, wird hier als frei schwebende, latente Utopie aufgegriffen, für deren Umsetzung sich das ehemalige WTC ebenso eignet wie verschiedene andere Orte. Die globalen, dynamischen Prozesse, gegen die sich die Angriffe auf das WTC richteten, lassen sich auch in Peking, London, Mexiko, Paris, Seoul, Singapur, Shanghai oder Tokio wirksam zelebrieren.
Hochhäuser können als perfekte Verkörperung der Intensität, Expansion und Dynamik gesehen werden, die die kapitalistische Form der wirtschaftlichen Verflechtung kennzeichnen. Mit dem Bundle Tower sollte ein neues architektonisches Maß für zukünftige Höhepunkte der Intensivierung und Aktivierung geschaffen werden. Ziel war die Einführung von Hochhausstrukturen, die eine weitere Stufe der kapitalistischen Entwicklung im 21. Jahrhundert tragen werden.
Kapitalismus hat nichts mit Erinnern und Nostalgie zu tun, wohl aber mit einer Art von systematischer Vergebung, die an Schizophrenie grenzt. All jene Gruppen, die für ein Denkmal und damit gleichzeitig auch für Riten eintreten, die zu einer anderen Kultur gehören, haben das Wesen des Systems nicht begriffen, das am 11. September 2001 angegriffen wurde. Dem Kapitalismus geht es nicht um Beständigkeit und Verwurzelung, sondern um kontinuierliche Expansion und fortlaufende Umgestaltung. Dementsprechend wurde der Bundle Tower nicht als Denkmal entworfen, sondern mit dem Ziel, dem kapitalistischen Raum, der in ständiger Expansion und Veränderung begriffenen ist, eine vorläufige Gestalt zu geben: Der Bundle Tower steht nicht für die Bewahrung eines bestimmten Augenblicks oder Bildes. Er ermöglicht eine neue Ebene der urbanen Intensivierung und erschließt neue Bereiche der vertikalen Expansion.
"United We Stand" war das *Motto* jener Menschen, die sich als Reaktion auf die Attacken des 11. September zusammengeschlossen haben. Der Slogan stammt aus der Zeit der Amerikanischen Revolution, und zwar aus einer 1768 entstandenen, patriotischen Ballade, und begleitete die Ausgabe amerikanischer Kriegsanleihen im Jahr 1942. Nach dem 11. September wurde er mit neuem Leben erfüllt und beschreibt in einem größeren, multinationalen Kontext sehr treffend die kollektive, globale Natur des angegriffenen kulturellen, politischen und ökonomischen Systems – seine Stärke ebenso wie seine Verletzbarkeit. Wir haben ihn als utopischen Titel für den Bundle Tower gewählt, dessen baulicher und räumlicher Ansatz die globale, komplexe Beschaffenheit des Systems widerspiegelt. Der Bundle Tower gewinnt seine Größe nur durch das Zusammenspiel der verschiedenen Elemente, durch strukturelle, räumliche, zirkulatorische und technische Netzwerke. Seine selbstähnliche Struktur zieht sich durch die verschiedenen Ebenen und Maßstäbe und verknüpft – wie in den gelungensten Beispielen für komplexe kulturelle, politische oder wirtschaftliche Organisationen – *Mikro*- und *Makro*ebene miteinander. Aus einem flachen Becken aufragend, ist der Bundle Tower als Wahrzeichen des zukünftigen urbanen Raumes gedacht.
Als latente Utopie wird der Bundle Tower hier in seiner allgemeinsten Form vorgestellt, ohne auf örtliche Besonderheiten, mögliche Unterscheidungen zwischen Türmen und Turmsektoren und potentielle Anpassungen an die Bodenstruktur einzugehen. Es handelt sich um einen Plan, der auf seine Umsetzung wartet und das Potential für Vielfalt und Veränderung ebenso aufweist wie die Möglichkeit, unter heterogenen Bedingungen Kontinuität zu erzeugen. Aufgrund der feststehenden Beziehung zwischen der Größe der Bodenplatten, der Wellenbewegung der Türme und deren Größe passt sich der Prototyp exakt den vorgegebenen Boden- und Erschließungsbedingungen an. Der Bundle Tower weist in seiner Umsetzung die Geometrien und Dimensionen existierender Hochhaustechnologien auf, die sich aus der Typologie ergeben. Er wird hier in einer durch und durch schematischen Form beschrieben: als Projekt, das in einem typischen Ökosystem entstanden ist und die Besonderheiten einer bestimmten Situation braucht, um seine Potentiale verwirklichen zu können. Die vorläufige Größe des Bundle Tower entspricht dem Umfang des ursprünglichen WTC-Komplexes (1,3 Mil m^2), er hat jedoch durchaus das Potential zum höchsten Gebäude der Welt.

Der Bundle Tower, ein neuer Hochhaus-Prototyp

Das höchste Gebäude der Welt erfordert eine neue Typologie des Hochhauses. Die Entwicklung des Wolkenkratzers ist durch einen Prozess gekennzeichnet, in dem die zunehmende Größe der Strukturen dazu führt, dass immer leistungsfähigere Materialien tendenziell an der Peripherie des Grundrisses konzentriert werden. Da die lateralen Kräfte die Schwerkraft übersteigen, muss das Trägheitsmoment der Konstruktion maximiert werden. Dementsprechend hat sich die Pfosten- und Balkentypologie, die die Struktur gleichmäßig über den gesamten Grundriss verteilt, zu verschiedenen tubulären Organisationsformen weiterentwickelt, wobei die Struktur an der Peripherie der Masse konzentriert ist.
Doch mit zunehmender Gebäudehöhe reicht die Festigkeit des Materials nicht mehr aus, um den Widerstand gegenüber den Seitenlasten zu gewährleisten. Die einzige Lösung besteht in diesem Fall darin, die Tiefe des Grundrisses proportional zu erhöhen. Das führt zu Gebäudetypen, die eine extreme Tiefe und infolgedessen eine starke Abhängigkeit von künstlicher Beleuchtung und automatisch gesteuerter Belüftung aufweisen.

Unser Vorschlag zur Schaffung eines neuen Hochhaustypus besteht darin, nicht nur die Verteilung der Struktur in Betracht zu ziehen, sondern auch mit der Masse des Gebäudes zu arbeiten. Statt – wie beim ehemaligen WTC oder bei den Petronas Towers – den Komplex in zwei unabhängige Türme aufzuteilen, um übermäßig tiefe Nutzflächen zu vermeiden, schlagen wir vor, die physische Kontinuität der Gesamtmasse zu wahren bzw. als baulichen Vorteil zu nutzen. Aus diesem Grund möchten wir den Komplex als ein "Bündel" miteinander verbundener Türme gestalten, die eine flexible Grundfläche ermöglichen und deren Konstruktionen sich gegenseitig stützen. Somit kann das Trägheitsmoment des Gebäudes gesteigert werden, ohne dass notwendigerweise die Deckendicke bzw. die Gesamtfläche erhöht werden muß.

Bündelumfang und Anzahl
Die gemieteten Nutzflächen in New York City betragen durchschnittlich 1.000 m^2, eine Zahl, die auch wir als Maß bzw. Bündelumfang für das neue WTC NY gewählt haben. Für vertikale Personenverkehrsströme und technische Einrichtungen wurden 25% an zusätzlicher Fläche vorgesehen. Da wir uns als Ziel eine Höhe von 500 m gesetzt haben, streben wir bei einer herkömmlichen Deckenhöhe von 4,5 m die Errichtung von ca. 110 Stockwerken an. Wenn wir die Größe des früheren Komplexes als Maß für die Gesamtgrundfläche nehmen, erhalten wir:
884.000 m^2/110 Stockwerke = 8.036 m^2/Stockwerk, was in etwa 6 Türmen mit 1.340 m^2 pro Stockwerk entspricht. Davon sind jeweils ca. 1.050 m^2 Nutzfläche und 290 m^2 Kernfläche, verteilt auf Geschoßtiefen zwischen 20 m und 3, je nach dem lokalen Verhältnis zwischen Liftbereich und Gebäudehülle.

Isomorphe, tubuläre Struktur
Um das Verhältnis zwischen Bodenfläche und Umfang zu maximieren und das Gebäude konstruktiv zu verbessern, haben wir uns für eine Rohrbauweise mit kreisförmigem Querschnitt (Durchmesser 18 m) entschieden. Die Struktur ist hierbei auf ein Konstruktionsgitter an der Fassade der Türme konzentriert. Die kreisförmig angeordneten Tuben krümmen sich in vertikaler Richtung und stützen sich ungefähr nach jeweils einem Drittel der Gesamthöhe des Gebäudes gegenseitig, was die Biegelänge der Türme auf ca. 165 m reduziert. Die Größe der durchschnittlichen Bodenplatte, die sich aus dem Bündelumfang ergibt, schafft im Fall von runden Türmen einen Durchmesser von 41 m. In Anbetracht des vertikalen Verteil- und Personenverkehrsbereiches macht dieses Maß vertikale Strukturen außerhalb der Fassade und des Kernbereichs überflüssig.
Um den Widerstand des Konstruktionsgitters der Rohre zu maximieren, biegt sich die Geometrie der Säulen ebenfalls, wodurch Lastübertragung einerseits und Knickfestigkeit bzw. Widerstand gegen Seitenlast andererseits ausbalanciert werden. Das Gitter der Turmstruktur und die Geometrie der einzelnen Türme sind selbstähnliche Strukturen.

Fahrstuhlsystem und Transferlobbies: ein Netzwerk vertikaler Kreisläufe
Jeder Turm mit einer ungefähren Fläche von 147.400 m^2 wird mit einer Batterie von 12 Hochgeschwindigkeitsliften ausgestattet, deren Aufgabe in erster Linie darin besteht, einen Zugang zu den verschiedenen Stockwerken zu schaffen. Gleichzeitig sind die Aufzüge aber auch Teil eines Netzwerks an Skylobbies, die jeder Turm mit seinen beiden Nachbartürmen alle 36 Stockwerke gemein hat. Das Notausgangssystem befindet sich ebenfalls in diesen vertikalen Kernbereichen, was pro Turm Transfers zwischen sechs verschiedenen Feuertreppen durch die Skylobbies erlaubt (zwei Treppen pro Turm). Die Steigleitungen für Heizung, Lüftung und Klima, für die elektrischen Anlagen des Brandbekämpfungssystems und für die Telekommunikation sind ebenfalls in das System vertikaler Kernbereiche integriert, so dass jeder Turm von seinen beiden Nachbartürmen mitversorgt werden kann.

Variable Tiefe und variable Bodenfläche
Da die vertikale Struktur ausschließlich an der Peripherie der Rohre konzentriert ist, bilden die im Inneren der Türme gelegenen Scheiben säulenfreie Kreise mit einem Durchmesser von 41m. Sie bestehen aus einem Gitter, das die jeweilige Tiefe mit zunehmender Spannweite des Geschosses erhöht. Während sich die Hülle des Turms krümmt, um die Nachbartürme zu berühren, behält der Kern seinen vertikalen Verlauf bei und verursacht dadurch eine regelmäßige Veränderung in der Tiefe der Nutzfläche zwischen Hülle und Kernbereich. Dies sorgt für eine größere Vielfalt an unterschiedlichen Nutzflächen.

Greg Lynn FORM (USA)

Ein neuer Lebensstil

Um 4 Uhr 15 morgens atmete es ein. Es erwachte mit dem leichten Brennen eines unruhig zuckenden, blauen Feuers in seiner Speiseröhre und einem allgemeinen Gefühl von Verdauungsbeschwerden. Unruhig blieb es liegen, erfüllt von der hartnäckigen Vorstellung, ein wildes Tier habe sich in seinen Gedärmen breitgemacht. Sein Inneres hatte den säuerlichen Geschmack und Geruch von Galle. Sein Bauch brannte vom scharfen, ätzenden Flackern der Kathodenstrahlen. Ein Rülpser und die blaue Fernsehgalle verwandelte sich in ein warmes, helles Glühen. Sein Unmut verstärkte sich angesichts der erstickten Töne, die aus seinem Inneren hervorquollen. Der Tag würde im Dunkeln beginnen. Elektrische Impulse irrlichterten über seine Haut und sein Äußeres leuchtete auf. Das Brummen indessen hörte nicht auf. In seinem großen Leib verbargen sich warme Schwaden an Luft, mühelos erwärmt durch die wenige Energie, die ihm an diesem besonderen Morgen zur Verfügung stand. Warmes Wasser begann durch die Kapillarröhren unter seiner Oberfläche zu strömen. Die fahle Blässe des tiefen Schlafes wurde von seiner Haut gespült, als seine Wände vor Hitze zu glühen begannen. Ein Schwall von kaltem Wasser, gefolgt von immer heißeren Wellen, ergoss sich durch sein Septum und reinigte seine Nebenhöhlen. Dampfschwaden und Feuchtigkeit füllten seine Lungen, verursacht durch das Brodeln der Flüssigkeiten in seinem Inneren. Der holzige Geruch von frischem Kaffee drang aus seinen Poren, als seine Haut den Gestank der vorangegangenen Nacht auszuatmen begann. Seine irisierende Hülle schimmerte bleiern und trüb durch die Schichten des morgendlichen Taus, die seine metallischen Rundungen überzogen. Die Sonne würde erst in einigen Stunden aufgehen und seine schützende, schuppige Haut durchdringen. Bis dahin würde es brummend und zuckend in seinem Erdnest liegen, erfüllt vom Gurgeln seines erwachenden Verdauungssystems, sich langsam von innen nach außen erwärmend und neue Energie schöpfend.

In seinen Eingeweiden liegend, träumte er unterdessen, seine Haut würde in gleichmäßigen Wellen, die seine Beine auf und ab wanderten, abblättern. Erwachend stellte er fest, dass seine Hose in gleichmäßigen Wellen abblätterte, synchron zum Testbild auf dem Fernsehbildschirm. Das anfängliche Gefühl einer sanften Massage seiner Schenkel verwandelte sich in die zahnlosen Bisse winziger Fische. Es war kurz nach 4 Uhr morgens, er war auf der Couch vor dem laufenden Fernseher eingenickt. Seine Hose trug er noch am Leib. Das Entfernen, Reinigen, Füttern und Zu-Bett-Bringen von lebenden Kontaktlinsen, Kleidern, Hörbehelfen, Perücken, Schuhen und anderen Bio-Prothesen war ein zeitraubender Vorgang, nahm manchmal mehr als eine halbe Stunde in Anspruch. Seine Hose und Jacke, die er auf den Boden geworfen hatte, bestanden aus dem ultraleichten Wundermaterial der Saison. Der Ausdruck "Wundermaterial" war mit der Verwendung von Kunstfasern wie Nylon oder Rayon für Bekleidungsgegenstände entstanden und wurde mittlerweile, zusammen mit dem Slangausdruck "growthing", für alle landwirtschaftlich gezüchteten Kleidungsstücke verwendet. In diesem Fall handelte es sich um einen zweiteiligen, ultraleichten Jogginganzug, der mittels Genmanipulation aus den konservierten Zellen einer ursprünglich im brasilianischen Regenwald heimischen, mittlerweile jedoch ausgestorbenen Froschart erzeugt worden war. Die Jacke war nass gewesen, als er sie ablegte, und klebte an den Alligatorlederschuhen, auf denen die Kleidungsstücke gelandet waren. Es war nicht klar, ob er sie würde voneinander trennen können. Der größte Schaden bestand jedoch nicht im Abdruck der Schuppen, die das Durcheinander von Jacke und Schuhen hinterlassen hatte, sondern in der Störung des Musters auf seiner Hose, hervorgerufen durch die dreistündige Bestrahlung mit dem Fernsehtestbild. Diese neueste und extravaganteste Anschaffung konnte er nur vom Anbruch der Nacht bis zum Morgengrauen tragen, sollte sie nicht dasselbe Schicksal erleiden wie ihre genetischen Eltern aus der Welt der Amphibien – empfindliche, irisierende Haut, beschädigt durch zunehmende ultraviolette Strahlen. Noch abträglicher als Sonnenlicht war die repetitive, mechanische Einwirkung von CRT-Monitoren für die zarten Reptilhäute. Nach vier Stunden vor dem Fernseher zeigten sich bereits erste milchige Streifen unter der glänzenden Oberfläche seiner Hose, ein mechanisch eingeprägtes Zeugnis für den simplen zeitlichen Rhythmus der Bildabtasttechnik. Der gerasterte Raum der Bildschirmabtastungen lief dem biologisch gesteuerten Wachstumsrhythmus zuwider, der seine Wirkung gleichmäßig auf der ganzen Hose entfaltete und sich an das Zuschneiden und Nähen des Kleidungsstückes anpasste. Wie alles Gewachsene waren Struktur, Nähte und Stoff der Hose auf komplizierte Art und Weise zu einem synthetischen Muster verschmolzen, das sich in Form von glatten und geschichteten Flächen über die einzelnen Teile zog. Der Preis, den er für die unsachgemäße Behandlung seines Amphibienanzugs zu zahlen hatte, bestand in einem kostspieligen Besuch in der Tierhandlung um die Ecke. Dort gab es eine genetische Reinigung, die auf die regenerative Züchtung derartiger Materialien spezialisiert war. Angesichts der Tatsache, dass sein "grüner Daumen" in Sachen Kleidung versagt hatte, war er wohl für freakige Baumfroschanzüge oder das wechselnde Farbenspiel kitschiger Chamäleonhemden besser geeignet.

Es verlangte ihn nach einer Tasse starken Kaffees, genauer gesagt, nach dem dazugehörigen Ritual des Messens, Mahlens und Aufbrühens. Einmal täglich gönnte er sich eine Tasse Kaffee, der aus der Kopi-Luak-Bohne gebraut war. Die Bohne verdankte ihren Namen dem Palmroller (engl. luak), einem lemurenartigen Beuteltier, das sich von reifen, auf den Waldboden gefallenen Kaffeekirschen ernährte. Begrenzte Mengen der Bohne wurden aus Neuguinea eingeführt, von einem papuanischen Indianerstamm, der den internationalen Kopi-Luak-Kaffebohnenmarkt kontrollierte und von japanischen und amerikanischen Kaffeeimporteuren astronomische Preise verlangte. Die Bohnen wurden von den flachen Backenzähnen der Palmroller vorsichtig zerkaut, wobei sie vom Fruchtfleisch befreit und die äußeren Schalen geknackt wurden. Waren sie erst einmal geschluckt, fanden sich die Bohnen in einer Mischung aus Galle und tropischer Fruchtsäure wieder. Während sie den gerippten Verdauungstrakt der Primaten passierten, löste sich durch die Reibung ihre äußere Schale. Der Dung, von dem sie umgeben waren, saugte die verbliebene Feuchtigkeit auf und verlieh den Bohnen eine leicht bittere Fruchtigkeit. Gleichzeitig nahm ihr Koffeingehalt ab. Imitierte Leopardenschreie der Eingeborenen bewirkten, dass sich die Palmroller vor Angst buchstäblich "in die Hosen machten". Der auf den Boden des Regenwaldes gefallene Dung wurde sodann aufgesammelt und die harten Bohnen herausgefiltert. Dieses Verfahren brachte eine vollmundige pazifische Bohne, die – anders als die meisten Kaffeesorten – keinen bitteren Eindruck auf der Zunge hinterließ, sondern einen einzigartigen, moschusähnlichen, nasalen Nachgeschmack, der an reifen Chèvre erinnerte bzw. an das Fäkalaroma eines Bauernhofs. Der organische Zersetzungsprozess ließ sich durch keinen technischen oder maschinellen Vorgang ersetzen. Da die Palmroller eine geschützte Art waren und ihr Import ein rechtlich schwieriges bzw. kostspieliges Unterfangen darstellte, sah er sich nach anderen Verdauungswegen um. Bei dem Versuch, ihre Ernährungsweise auf eine andere Tierart zu übertragen, fiel ihm auf, dass die vegetarische Kost seiner Freundin – Nüsse, Beeren und ab und zu Soja – jener der Palmroller ziemlich genau entsprach. So begann er, seiner Freundin kleine, reife Kaffeefrüchte ins Müsli zu mischen, ohne sie von seinem Vorhaben zu unterrichten oder ihre Zustimmung einzuholen. Mit einer animistischen Liebe zur Technik bereitete er die Bohnen in einem Kaffeedestillator aus Chrom und Glas zu. Zusammen mit seiner Vorliebe für Stahl- und Siliziumtechnologien wurde sein libidinöses Interesse an mechanischer Reproduktion auf eine Reihe von psychologisch primitiveren, technisch jedoch anspruchsvolleren Wünschen umgelenkt. Weder Unternehmertum noch Feinschmeckertum konnten als Erklärung für dieses Verhalten dienen, nur das agrarwirtschaftliche Prinzip, das seinen neuen Lebensstil bestimmte.

Anders als die rhythmischen, repetitiven Muster eines agrarisch denkenden Geistes ähnelte sein Sensorium eher dem eines Parasiten. Seine Gedankengänge folgten den Wegen eines Grippevirus: im unablässigen Abbilden von Mutations- und Ausbreitungslinien durch Schaffung komplizierter Netzwerke innerhalb anderer Lebensformen bzw. durch und über sie hinweg, im Erfinden neuer Wirtsformen mit Hilfe unvorhergesehener Verbindungen, im Initiieren von physischen und informationellen Austauschvorgängen mit allem und jeden und zwischen allem und jedem, in der Verbindung von Architektur, Bakterien, Chemie, Wirtschaftswissenschaften, Elektronik, Insekten, Fischen, Möbeln, Säugetieren, Pflanzen, Reptilien und Silizium. Der Parasit war das Modell von heute für den Werbefachmann von gestern. Er selbst war ein typischer Vertreter der modernen Ökobewegung. Nur so war seine Gewohnheit zu erklären, den Tag mit einer Tasse frischen Kaffees zu beginnen, der vom Rektum eines Beuteltieres veredelt worden war.

Wozu einen Siliziumchip für die Regulierung des Autovergasers erfinden, wenn eine Schmiere aus Rattenhirn weitaus raffinierter ist? Wozu ein Nachtsichtobjektiv erfinden, wenn es das Auge des Anglerfisches auf diesem Gebiet zu wahrer Meisterschaft gebracht hat? Die kosmetische Chirurgie war die erste, die sich dem ökologischen Paradigma unterwarf: Hauttransplantationen, Fettabsaugung, Brustimplantate, die Entnahme von eigenem Haupthaar zur Bekämpfung von Haarausfall, um nur einige Beispiele zu nennen. Statt ausgeklügeltere Maschinen zu erfinden, machte man sich die Lebenskraft des Organischen zunutze. Die natürlichen, autokannibalischen Prozesse wirkten dank der allseits verfügbaren Gentechnik als Katalysator für eine neue parasitische Vernunft.

Er und seine Generation waren die ersten, die die Herrschaft über die Natur zugunsten von Mutation und Rekombination aufgaben. Er war die Speerspitze einer Entwicklungsrichtung, die zu ihren primitiveren ökologischen Ursprüngen zurückkehrte: ausgehend von der Domestizierung des Wilden bis hin zur Industrialisierung des Planeten, beschleunigt durch einen liberalen ökologischen Ehrgeiz, der sich keinerlei Schranken auferlegt; dann der Sprung zurück zu den Wurzeln durch eine radikale Nutzung der Lebenskraft organischer Substanzen, um eine anders strukturierte, fremde Wildnis zu schaffen. Auf ihrem Weg weg von der Angst vor Ausrottung hin zur Ekstase der Mutation hatte sich die natürliche, hatte sich die industrialisierte Welt zu einem Zirkus der Monstrositäten entwickelt, geboren aus einer hybriden Intelligenz. Er stand nicht allein. Vor der Verknüpfung von Industrialisierung und genetischer Bestialität war Ökologie das beherrschende Narrativ seiner Generation gewesen. Statt die Natur als ein von Gott nach dem Vorbild des Menschen geformtes Gebilde zu sehen, definierten sie die ökologischen Glaubenssysteme des New Age als ein Netzwerk komplizierter Austauschprozesse. Gott nicht als rationaler Baumeister der Natur, sondern als prokreativer Virus.

Auszug aus dem Kapitel "A New Style of Life" aus dem in Kürze erscheinenden Buch "Embryological House"

Zaha Hadid Architects (GB)

Zentrum für zeitgenössische Kunst, Rom

Die Zahl der Zentren für zeitgenössische Kunst ist sowohl in Europa als auch in den USA im Steigen begriffen. Kunstzentren bilden eine institutionelle Form, die weitgehend von Abstraktion und Offenheit gekennzeichnet ist. Sie unterliegen den endlosen Neuinterpretationen des Kunstkonzeptes, wie sie von jeder Künstlergeneration neu vorgenommen werden. Als einzig sicheres konstitutives Merkmal erweist sich ihr öffentlicher Charakter, d.h. Kunstzentren initiieren öffentliche Veranstaltungen und definieren öffentliche Räume. Während sich also ein bestimmter Zweck abgrenzen lässt, ist die Bestimmung von speziellen funktionalen Anforderungen nicht möglich.
Wir verstehen dieses Phänomen als Einladung, mit neuen Formen des öffentlichen Raumes zu experimentieren. Statt von einer institutionellen Typologie auszugehen, möchten wir die Gelegenheit dazu nutzen, eine Reihe von radikalen Architekturkonzepten zu untersuchen. Diese könnten als Hypothesen dafür dienen, wie Versammlungen, Bewegungen und Kommunikation im öffentlichen Bereich funktionieren. Projekte für Zentren der zeitgenössischen Kunst könnten die Chance bieten, mittels architektonischer Vorstellungskraft latente Utopien zu schaffen.

Raum versus Objekt
Unser Vorschlag bietet ein quasi-urbanes Feld, eher eine "Welt" zum Eintauchen denn ein Gebäude als Leitobjekt. Organisation und Navigation des Geländes erfolgen auf der Basis von Richtungsströmungen bzw. durch die Verteilung von Dichten (und nicht so sehr durch die Verteilung von Schlüsselpunkten).
Das ist bezeichnend für den Charakter des Zentrums als Ganzes: durchlässig, immersiv, ein Feld-Raum. Eine abgeleitete Masse wird von Wegvektoren unterwandert. Externe und interne Wege folgen der allgemeinen Strömung der Geometrie. In Bereichen, die durch Zusammenflüsse, Störungen und Turbulenzen gekennzeichnet sind, befinden sich vertikale und schräge Wegelemente. Der Schritt weg vom Objekt und hin zum Feld ist wesentlich, um zu verstehen, welche Beziehung die Architektur zum Inhalt der in ihr untergebrachten Kunst haben wird. Hier muss darauf hingewiesen werden, dass die Prämisse dieses architektonischen Entwurfes auf die Ablösung des "objekt"orientierten Galerieraums abzielt. Statt dessen wird die Idee der "Strömung" körperlich greifbar. Strömung taucht somit nicht nur als architektonisches Motiv auf, sondern auch als Möglichkeit, sich erfahrungsbasiert durch das Museum zu bewegen. Es handelt sich hierbei um eine These, die zwar in der Welt der Kunst allgemeine Akzeptanz findet, der Hegemonie der Architektur jedoch fremd geblieben ist. Wir nutzen das Abenteuer, eine derart zukunftsorientierte Institution zu entwerfen, um uns den durch die Kunstpraxis seit den späten 1960er Jahren heraufbeschworenen materiellen und konzeptuellen Dissonanzen zu stellen. Dieser Weg führt uns weg vom "Objekt" und seinen entsprechenden Sanktionierungen hin zu Feldern mit vielfachen Assoziationen, die die Notwendigkeit der Veränderung vorwegnehmen.

Architektonisches Konzept
Die das Projekt prägende Idee hängt mit der grundlegenden Aufgabe des Zentrums zusammen, ein Ausstellungsforum der darstellenden Kunst zu sein. Der Ort ist mit Ausstellungsflächen "durchtränkt", d.h. er weist unzählige Wände auf, die sich durch die Anlage ziehen. Wo sich die Wände schneiden, bilden sie sowohl Innen- als auch Außenräume. Das Wandsystem funktioniert auf drei Ebenen. Die zweite Ebene ist die dichteste, sie weist die größte Anzahl an Verbindungen sowie verschiedene Brücken zwischen den Gebäuden und Galerien auf.
Die von den Wänden vorgegebenen Innenräume verfügen über Glasdächer. Dies sorgt für eine Durchflutung mit Tageslicht, das durch parallele Reihen von tiefen Konstruktionsrippen scheint. Diese Rippen heben die Linearität des räumlichen Systems hervor und helfen, die verschiedenen Richtungen, Überschneidungen und Gabelungen des Galeriensystems zum Ausdruck zu bringen. Die gleichmäßige Linearität der Wände ermöglicht die Bewegung der Besucherströme sowohl durch das Gelände als auch durch die Galerieräume und zwischen den Ausstellungsstücken.

Wolfsburg Science Center

Architektonisches Konzept
Das Science Center erscheint als rätselhaftes Objekt ("Magic Box"), das die Neugier und die Entdeckungslust weckt, denn man spürt bei aller Komplexität und Fremdheit, dass hier eine Gesetzmäßigkeit waltet. Das Projekt entfaltet eine ganz eigenartige räumlich-strukturelle Logik. Hier sind weder Geschosse gestapelt noch eine große Halle überspannt.
Ein großes Volumen trägt und strukturiert sich mittels trichterförmiger Aus- und Einstülpungen. Über einige diese Trichter wird das innere Volumen auch von unten her erschlossen, mittels anderer von oben her belichtet, andere sind gleichsam massiv und

beherbergen die notwendigen zellulären Funktionen. Die Ausstülpungen sind zunächst gemäß den primären städtebaulichen Achsen lokalisiert und dimensioniert. In einer weiteren, organisch aus den Funktionen entwickelten Überformung, werden die verschiedenen Trichter weiter ausdifferenziert. Einer wird zum Haupteingang, ein anderer zum Auditorium, ein dritter, vierter und fünfter verschmelzen zu einer großen Ausstellungsblase. Im Inneren des Ausstellungsvolumens des Hauptgeschosses entsteht eine so seltsame wie kohärente Kraterlandschaft.
Der öffentliche Weg der Brücke wird als Wurmloch durch das Innere des Gebäudes gezogen, so dass hier, wie in der Erdgeschosszone, noch einmal Innen- und Außenraum einander durchdringen.

Materialität
Die Strategie der Verfremdung und Dekodiering setzt sich in den Prinzipien der Materialwahl fort. Auch werden Materialien nach funktionalen Kriterien (und formalen Gesetzmäßigkeiten) so fremd wie logisch eingesetzt. Erst auf diese Weise werden physikalische Gesetzmäßigkeiten sinnlich wahrnehmbar. Weiche, poröse, akustisch dämpfende Materialien, oder das Licht streuende Oberflächen etc. Die ästhetische Wirkung ist die eines unmittelbar stimulierenden Neulands, einer Welt, die es erst noch zu erforschen gilt.

Licht
Die Beleuchtung für das Science Center in Wolfsburg ist ein architektonisches Werkzeug, um Ausstellungen flexibel zu gestalten und Licht als visuelles Leitsystem im Ausstellungsbereich zu nutzen.

Außenbereich
Die Fassade kann für Projektionen genutzt werden und durch die Integration von Beleuchtung können die Aktivitäten der Besucher im Gebäude von Außen gesehen werden. Zusätzlich wird ein gleichmäßiger Licht-Teppich unter dem Gebäude geplant. Reflektiertes Licht wird die Gebäudeunterseite aufhellen und die Volumen der Trichterstützen gestalten. Größere Beleuchtungsstärken leiten die Besucher zu den Eingangsbereichen.

Bergisel Sprungschanze

Projektbeschreibung
Im Dezember 1999 gewann OZH den internationalen Wettbewerb für die neue Sprungschanze auf dem Bergisel in Innsbruck.

Ihre Lage auf dem Bergisel mit Blick auf das Stadtzentrum von Innsbruck macht die neue Sprungschanze zu einem wichtigen Wahrzeichen.
Der Neubau ist Teil einer umfassenden Modernisierung des Olympiastadions und ersetzt die alte Schanze, die den internationalen Anforderungen nicht mehr entspricht.
Das Projekt ist eine Mischung aus hochspezialisierten Sportanlagen und öffentlichen Räumen wie einem Café und einer Aussichtsterrasse. Diese unterschiedlichen Nutzungskonzepte fließen in einem neuen Bauwerk zusammen, das die Topographie des Berghangs in den Himmel hinein verlängert.
Mit einer Länge von annähernd 90 m und einer Höhe von fast 50 m stellt das Gebäude eine Kombination aus Turm und Brücke dar. Es besteht aus einem senkrechten Betonturm und einer räumlichen, in grün gehaltenen Konstruktion, die Rampe und Café vereint.
Zwei Aufzüge bringen die Besucher in das Café 40 m über dem Gipfel des Bergisel, von wo aus sie die alpine Landschaft genießen und die Athleten bei ihren Flügen über der Skyline von Innsbruck beobachten können.

Terminal Hoenheim-Nord Strassburg

Konzept
Das Gesamtkonzept für die Projektierung des Parkhauses sowie des Bahnhofs ist durch überlappende Felder und Linien gekennzeichnet, die sich zu einem konstant in Bewegung befindlichen Ganzen verbinden. Diese "Felder" sind Bewegungsmuster, die von Autos, Straßenbahnen, Fahrrädern und Fußgängern erzeugt werden. Jedes Feld weist eine bestimmte Bahn bzw. Spur auf sowie fest eingebaute Anlagen. Es entsteht der Eindruck, als spiegle sich der Umstieg von einem Verkehrsmittel auf das andere (vom Auto auf die Straßenbahn, vom Zug auf die Straßenbahn) in den materiellen und räumlichen Überleitungen von Bahnhof, Landschaftsgestaltung und Kontext wider.

Materialisierte Vektoren

Die Grundausstattung des Bahnhofs besteht aus Warteraum, Fahrradabstellplatz, Geschäft und Toiletten. Der Eindruck von dreidimensionalen Vektoren wird durch die Raumlösung verstärkt: Das Spiel der Linien setzt sich in Form von Lichtlinien auf dem Fußboden ebenso fort wie in den Möbelstücken oder den Neonröhren an der Decke. Wie der Plan zeigt, fließen sämtliche "Linien" zusammen und bilden ein synchrones Ganzes. Ziel ist es, einen dynamischen, ansprechenden Raum zu schaffen, der in Bezug auf Funktionen und Bewegungsströme eindeutig definiert ist. Ermöglicht wird dies durch Durchbrüche und dreidimensionale Lichtgrafiken.

Z-Play

Z-Play ist ein modulares System aus Hockerelementen, das die spielerische Gestaltung von Wohnlandschaften möglich macht. Das Augenmerk liegt dabei weniger auf dem Komfort, als auf dem Spiel. Das System besteht aus zwei Modulen, die durch einen schräg-kurvilinearen Schnitt produziert werden. Dieser teilt einen Kubus in zwei verschiedene, "frei geformte" Hälften.
Dann beginnt das Zusammensetzspiel, wobei sich eine überraschende Vielfalt an Formen ergibt: positive Formen und leere Formen, symmetrische Formen und asymmetrische Formen. Die Hocker können auch umgekippt und als Lehnstühle verwendet oder aufgestapelt werden, so dass sie eine weiche Wand oder "Skyline" bilden. Eine richtiggehende Explosion der Formenvielfalt ist die Folge. Formen können geschaffen und wieder zerstört werden. Zusammengehörige Module heben sich gegenseitig auf, indem sie zu einem Kubus verschmelzen.

Domestic Wave

Unsere Installation für *Latente Utopien* sieht ein riesiges Wandrelief vor. Die semi-abstrakte, geformte Oberfläche könnte als aufgeklappte Wohnung verstanden werden, flachgedrückt zu einer einzigen Ebene. Der Rhythmus der Falten, Nischen, Aussparungen und Vorsprünge folgt einer eigenwilligen formalen Logik, die an das barocke Körper/Raum-Gefühl erinnert. Diese formale Dynamik formuliert den angrenzenden Raum und schafft Möglichkeiten der Aneignung für die Benutzer (Liegesofa, Schreibtisch, Liegefläche für Massagen, Anrichte, Waschbecken usw.). Die vielfältigen Gegenstände des Alltagslebens können ungewöhnliche Konstellationen bilden. Alltägliche häusliche Aktivitäten werden sinnlich aufgeladen, sie verwandeln sich und gehen neue Kombinationen ein in einer Umgebung, die spielerischen Veränderungen unterworfen ist.

Kolatan / Mac Donald Studio (USA)

Generative Konvergenz

Seit seiner Gründung hat das Unternehmen eine Reihe von Projekten geschaffen, die in puncto Größenordnung und Rahmenbedingungen stark variieren, sich jedoch allesamt mit verschiedenen Problemen der modernen Architekturkultur beschäftigen. Kolatan und Mac Donald haben den Tätigkeitsbereich des Unternehmens erweitert, der sich nunmehr auf Interieurs, Gebäude, Stadtgestaltung, Installationen, Internetprojekte und Wettbewerbe erstreckt. Dabei war es ihnen möglich, einerseits bestimmte experimentelle und konzeptuelle Vorstellungen zu verfolgen und andererseits grundsätzliche Strategien für die Bereiche Architektur und Urbanismus zu entwickeln. Alle Projekte befassen sich mit dem Ausmaß, in dem relativ neue technologische und wirtschaftliche Phänomene die kulturellen Umgestaltungsprozesse beeinflussen. Zusammengenommen spiegeln sie die Auseinandersetzung des Unternehmens mit den Auswirkungen der neuen technischen Möglichkeiten auf die Praxis der Architektur wider, wobei Architektur hier als Entwurfsdisziplin und "Baukultur" gleichermaßen verstanden wird.
Architektur konkurriert in kultureller und kommerzieller Hinsicht mit potenteren Bereichen wie thematisch gestalteten Umgebungen, Markenprodukten, Werbung, Internet und Musik- bzw. Filmindustrie. Wie wir sehen, schneidet sie in diesem Wettbewerb nicht gut ab. Es wurde behauptet, Architektur werde unter dem gegenwärtigen Druck letztendlich obsolet werden, ja, dass sie bereits obsolet sei. Wir möchten ein anderes Szenario vorschlagen. Ein Szenario, in welchem sich die Architektur an die neuen Paradigmen anpasst, indem sie kooperatives Verhalten auf allen Ebenen zum Prinzip erhebt, bis hin zur Bildung selektiver, präziser und taktischer schimärischer Systeme mit den oben angeführten Kategorien. Unserer Meinung nach liegen die Voraussetzungen für derartige Zusammenschlüsse nicht nur im allgemeinen Fluss zeitgenössischer "strukturerzeugender" Prozesse, sondern auch und insbesondere im unmittelbaren Kontext architektonischer Instrumentarien und Aktivitäten.
Von der Konzeptualisierung über schematische Entwürfe und Modellentwicklung bis hin zu den Bauplänen entstehen die Projekte des Unternehmens ausschließlich am Computer. Das schafft eine reibungslose Schnittstelle zu den Konsulenten und Subunternehmern, die ebenfalls Zugriff auf die digitalen Informationen haben und unmittelbar an den Bauzeichnungsdateien arbeiten. Auf diese Art und Weise werden Werkstattzeichnungen überflüssig. Verschiedene Projektteile werden direkt anhand der Computerdateien der Architekten hergestellt. Kol/Mac Studio setzen sich in ihrer Arbeit mit diesen und anderen bahnbrechenden Veränderungen auseinander, die das Verhältnis von Entwurf und Umsetzung derzeit bestimmen.
Unsere gegenwärtige Kultur fördert die Bildung dieser organischen Hybridität in vielen verschiedenen Bereichen. Tatsächlich halten wir organische Hybridität für eines der bestimmenden kulturellen Erzeugnisse des ausgehenden 20. Jahrhunderts. Diese Entwicklung ist eine Folge der "strukturerzeugenden" Prozesse (der Ausdruck geht auf De Landa zurück), die sich aus der Verknüpfung von netzwerktechno-logischen und bio-logischen Systemen ergeben. Während die Schimäre ihre Hybridität den Effekten der Netzwerk-Logik verdankt, wie sie in der Deaggregation und Reaggregation ehemals feststehender institutioneller Hierarchien, programmatischer Einheiten und sogenannter Typen zum Ausdruck kommen, erhält sie ihre Organisation durch bio-logische Effekte, die es diesen Reaggregationen ermöglichen, als polyvalente, aber einheitliche Systeme zu operieren.
Die zeitgenössische Kultur begünstigt mehrfach indizierte Identitäten. Kol/Mac Studio untersuchen diese Dynamik einerseits mit Hilfe der Schimäre (einer organischen Hybride) und andererseits durch Co-Citation (ein multiples Indexsystem), mit dem Ziel, Hybridität in der Architektur sowohl zu analysieren als auch zu erzeugen.
Um ihre Argumentation für die architektonische Schimäre zu untermauern, beschäftigen sich Kol/Mac Studio weiterhin auch mit anderen Bereichen (wie Werkstofftechnik, Biologie und postkoloniale Studien), in denen zusammengesetzte Eigenschaften eine zentrale Rolle für die Forschung spielen. Unsere Untersuchungen sind getragen von der Fähigkeit der Schimäre, auf paradoxe Art und Weise zu funktionieren, kategoriemäßig unterschiedliche Eigenschaften miteinander zu verbinden und der Unzulänglichkeit der Inkongruenz eine neue produktive Gestalt zu geben.
Die Schimäre gewinnt ihre Bedeutung einerseits durch das Provozieren von Spekulationen und Vermutungen die Qualität des (organischen und nicht-seriellen) Zusammengesetztseins betreffend und andererseits durch das Infragestellen des Normativen mittels pathologischer oder experimenteller Formen. Die Einführung dieses Begriffes in das Feld der Architektur kann sich auf zweierlei Art und Weise als produktiv erweisen: als analytisches Instrument – vorausgesetzt, die moderne Stadt bildet eine für die Schimäre förderliche Kultur – und als methodisches Hilfsmittel – wenn der Computer über eine besondere Fähigkeit zur Bildung von Schimären verfügt.
Auf der Makroebene wird Architektur durch die schimärische Logik in eine kulturelle, kommerzielle und industrielle Ökologie eingebunden. Diese Logik betrachtet das architektonische Feld aus der Perspektive von Produktsystemen und den dazugehörigen Prozessen. So gesehen ist Architektur nichts weiter als ein System, das mit vielen anderen Systemen – künstlichen Objektsystemen, Infrastrukturen, natürlichen Ökosystemen usw. – in einem organischen Zusammenhang steht.
Ein schimärischer methodologischer Zugang impliziert weiters das Arbeiten mit "Variationsbreiten". Stellt der Prozess/das Produkt eine Mischung dar, erhebt sich natürlich die Frage nach der Bemessung der Teile und nach dem Abweichungsgrad.

Die Schimäre ist ein System bestehend aus organischen, nicht-seriellen und instabilen zusammengesetzten Identitäten, die sowohl eine unendliche als auch eine unendlich kleine Variationsbreite besitzen. Unser Interesse konzentriert sich insbesondere auf das Arbeiten mit dem Begriff des Prozesses im Sinne einer "gleitenden Skala". Dabei kann der Prozess einerseits innerhalb eines gewissen Differenzspielraums vorangetrieben bzw. umgekehrt werden oder andererseits auf ein bestimmtes Variationsmoment eingestellt werden.

Die letztendliche Realisierung eines oder mehrerer Momente dieses Prozesses führt zu keinen wesentlichen Änderungen dieser Definition. Ob realisiert oder nicht, das einzelne Moment bzw. das umgesetzte Produkt steht immer im Zusammenhang mit der vom generierenden System vorgegebenen "Variationsbreite". Damit verlagert sich der Schwerpunkt weg vom "einzigartigen Objekt" hin zum System und seiner Fähigkeit, signifikante Variationen hervorzubringen. Letztere stellen Abweichungsmomente mit einer neuen Identität hinsichtlich Morphologie, Leistung, Umfang, Programm und/oder Prozess dar.

Bemerkenswerterweise schaffen Computer Aided Design und Produktionssoftware heute praktisch übergreifende Plattformen, von denen aus so unterschiedliche Produkte wie Kaffeemaschinen, Laufschuhe, Autos, Filme, virtuelle bzw. reale Umgebungen und Architektur lanciert werden. Mit anderen Worten, wir können nicht länger davon ausgehen, dass sich die Produktionsinstrumente, die geistigen und materiellen Schaffensprozesse, zwischen den einzelnen Produktkategorien des Von-Menschenhand-Geschaffenen grundlegend unterscheiden. Unserer Meinung nach hat die zeitgenössische Theorie und Praxis keine andere Wahl, als sich mit dieser "generativen Konvergenz" und ihren Folgen auseinanderzusetzen und die bestehenden (Klassifikations)bedingungen der sogenannten "zweiten Natur" neu zu bewerten.

Ross Lovegrove (GB)

Gefrorene Elastizität ...
Ross Lovegrove

Die zukünftige Realisierung fließender utopischer Strukturen

Derzeit ist man sich überall einig, dass man Formen schaffen soll, die spontan, unkontrolliert, asymmetrisch und sinnlich stimulierend sind. Nach wie vor gilt die Frage "Wie können wir unsere Herstellungsprozesse umgestalten, damit diese utopischen Visionen weniger handwerklich wirken, trotzdem der technologischen Realität entsprechen und sich am Industriedesign orientieren?" Werden wir in Zukunft unter Architekturutopie den rationalen Diskurs über die Art und Weise, wie Produkte – von Kameras zu Wasserflaschen – gemacht werden, verstehen? Sind sie für uns dann perfekte Multiples oder nicht vielmehr eine Begrenzung unseres schöpferischen Impulses, eine Herausforderung unseres einschränkenden Konzepts der urbanen Konzeptualisierung? Oder die Schaffung von Schönem als einzigartiger architektonischer Ausdruck?
Sind diese Gegensätze so vereinbar, dass wir variable Geometrien entwickeln können?
Ich meine damit Formen und Flächen, die von einer materiellen, technologischen und konstruktiven Logik abgeleitet sind, die sich durch die holistische Integrität vereinter Strukturen und damit durch bestimmte Eigenschaften wie Leichtigkeit, Transparenz, Lichtdurchlässigkeit, Opazität, Undurchlässigkeit, Wärmedämmung, usw. auszeichnen, die für ansprechenden Wohnraum erforderlich sind. Die Ironie, die sich mir dabei sofort auftut, besteht darin, dass die Schönheit der virtuellen Ansichten in den fließenden Computerbildern nicht einmal annähernd konkret umgesetzt werden kann, was eine frustrierende Leere zwischen den Architekturvisionen und der Realität schafft.
Die Revolution kann beginnen, wenn die Methoden der Herstellung Flexibilität in der Formgebung ermöglichen und die organische Vision, das geistige Bild, nahtlos mit der Maschine verbinden. Verwendet werden dann flüssige Materialien wie Polymere, Schaumprodukte, Glas und Alu. Sie werden in Computerformen gegossen, die sich dreidimensional ausdehnen und zusammenziehen und so alle möglichen Formen ergeben können.
Der Prozess wird beim Traum seinen Anfang nehmen. Die intelligenten Maschinen werden konstruieren und die physische Realität bauen, wobei Formvisionen und Logiken einfließen, die sich nahtlos in die Entwicklung jener natürlichen und künstlichen Strukturen einfügen, die wir uns so sehnlich wünschen: Formen, die entweder flüssig-organisch oder kristallin beschaffen sind.

MVRDV (NL)

THE FUNCTIONMIXER

Kontext

In den letzten Jahrzehnten hat die Planung in Holland das Mischen bzw. Verschmelzen von Funktionen durch die Zoneneinteilung – beispielsweise in einen häuslichen Wohnbereich oder einen Arbeitsbereich – verhindert. Diese Einteilung war hauptsächlich auf Sicherheits- und Hygieneanforderungen zurückzuführen. Inzwischen hat sich das Wesen der Arbeitstätigkeit jedoch immer mehr verlagert, und zwar weg von der Schwerindustrie hin zur Büroarbeit. Hieraus ergeben sich neue Möglichkeiten für eine Mischentwicklung.

Zeitgenössische Arbeits- und Wohnbereiche erkennt man leicht an ihrer Monotonie und Monokulturalität. Neuerdings besteht aber sowohl seitens der holländischen Regierung als auch auf dem Immobilienmarkt eine starke Nachfrage nach Vielfalt. Daher auch die Mischung der Funktionen.

Das Mischen der Funktionen und die multiple Raumnutzung setzen jedoch einen Paradigmenwandel voraus, in dem gegen den Platzmangel und die Überfülle an Einheitlichkeit in den Niederlanden vorgegangen wird. Die relativ monofunktionalen, simplen und statischen Raumplanungslösungen entsprechen den Anforderungen der wechselhaften Gesellschaft unserer Tage nicht. Durch welches Modell aber lassen sich Lebensräume schaffen, in dem verschiedene Funktionen und Dichtheiten in symbiotischer Harmonie nebeneinander existieren, integral verbunden und dem Wandel der Zeit angepasst werden können? Welches Modell benötigen wir, um auf die komplexen Anforderungen des Funktionsmischens adäquat einzugehen und entsprechende Lösungen hervorzubringen? Anforderungen, die da lauten: Erhöhung der Dichte, Intensität und Vielfalt in Bezug auf fixe und veränderliche Umwelt-, Wirtschafts- und soziologische Grundsätze und Bestimmungen.

Vor diesem Hintergrund wurde festgelegt, dass ein Funktionsmischmodell im wesentlichen ein Maß der Änderung der quantitativen, räumlichen Parameter (Verdichtung und Funktionsvielfalt), bezogen auf qualitative Parameter (ökologische Nachhaltigkeit, Wirtschaft und soziale Gesundheit), betreffen solle. Um die gegenseitige Abhängigkeit und Komplexität dieser Parameter aufzuzeigen, wurde ein interaktives, dynamisches System entwickelt, welches ein Nachvollziehen der bzw. einen Einblick in die verschiedenen Beziehungen und Ergebnisse gestattet, die innerhalb eines bestimmten Funktionsmischbereichs möglich sind.

Im Rahmen der Erstellung dieser Software wurden multi-dimensionale Prozesse entwickelt, die zur Schaffung eines nachhaltigen, komplexen, vielfältigen und spannenden funktionellen Lebensraums führen können. Wir kamen zu dem Schluss, dass es keine fix und fertigen Softwarepakete gibt, die zur Befriedigung unserer Bedürfnisse imstande wären. Allerdings gibt es spezifische Simulationsprogramme, die sich auf einen bestimmten Bereich konzentrieren – zum Beispiel Akustikprogramme – und von einem hohen Maße an Realismus geprägt sind. Unser Hauptinteresse galt jedoch in erster Linie einem Bündeln bzw. Zusammenführen von Bereichen.

FUNCTIONMIXER wurde als dynamisches Produkt entwickelt, als Prozess und nicht als fixes und statisches Ergebnis. Es bietet innerhalb gemeinsam definierter Parameter ein hohes Maß an Wahlfreiheit und gewährt eine reale und räumliche Einsicht. Die Software ist zur Verarbeitung riesiger Mengen an Daten extremer Komplexität imstande – auch unsichtbarer Daten wie beispielsweise Geräusche oder wirtschaftliche Dimensionen. Die Nutzung urbaner Software als Hilfsinstrument für den Architekten und Planer zur Bewältigung multi-dimensionaler Aufgaben wirft viele interessante Fragen bezüglich der Zukunft der Städteplanung und Architektur auf. Wird das Programmieren von Computern zu einem wichtigen Bestandteil in unserem Arbeitsbereich? Wird eine große Datenbank mit verschiedenen Informationsformen und -umfängen zu einem wesentlichen Bestandteil des Entwerfens? Werden wir weiterhin Pläne und Entwürfe oder eher visionäre Prozesse erstellen, um das Mögliche anstatt das in Zukunft Seiende zu simulieren? Und falls dies so ist, wer ist dann verbunden und wer steuert die Parameter dieser Welt?

Die Functionmixer Urban Software baut eine abstrakte Welt auf, die bis zu einem gewissen Grad die uns umgebende Stadt darstellt. In dieser Welt kann der Functionmixer die Ausrichtung bzw. Anordnung urbaner Funktionen auf von uns vorgegebene Ziele optimieren. Falls unser Ziel beispielsweise darin besteht, im Umfeld der Häuser eine Lärmbelästigung auszuschließen, so verschiebt die Software die Lärm erzeugenden Funktionen und bewegt sie weg von den Häusern.

Damit dies geschehen kann, braucht die Software viele spezifische Informationen. Der Softwareanwender muss die Volumensgrenzen der Stadt und ihre Inhalte definieren. Die Inhalte werden aus einer programmierbaren, die Funktionen unterscheidenden Legende aufgebaut. Zum Beispiel wird zwischen Häusern, Büros und leichter Industrie unterschieden. Es steht dem Benutzer frei, an der Legende jede von ihm gewünschte Änderung vorzunehmen.

Ist die abstrakte Welt einmal definiert, können wir damit beginnen, unsere Ziele für die Optimierung festzulegen. Diese Ziele bezeichnen wir normalerweise als Parameter. In der Demoversion des Functionmixers haben wir 12 vordefinierte Parameter geschaffen. Jeder Parameter übernimmt bei der Positionierung der Funktionen eine ganz bestimmte Aufgabe. Einige davon sind hier veranschaulicht.

Dem Softwareanwender steht es nun frei, die Parameter zu kombinieren und ihre Bedeutung zu ändern, so dass sich als Ergebnis der Optimierung verschiedene Städte ergeben. Der Anwender kann den Optimierungsprozess auf dem Bildschirm verfolgen, wo die Stadt laufend als Virtual Reality 3D-Modell dargestellt ist. Neben dem 3D-Modell gibt es noch ein numerisches Punktediagramm, welches eine objektive Beurteilung der optimierten Städte erlaubt.

FUNCTIONMIXER ist ein heuristisches Modell, welches es uns ermöglicht, das Optimum aus einer Fülle von grundsätzlich in Frage kommenden Designs zu finden. Das Optimum ist ein Ergebnis, das sich innerhalb der gewählten Parameter bewegt. In Anbetracht der zeitlichen Einschränkungen dieser Aufgabe wurde die Arbeit zunächst auf zwölf Anfangsparameter eingeschränkt und mit diesen eine Demo aufgebaut. Ein ideales Modell würde allerdings sämtliche relevanten Funktionsmischparameter enthalten. Mit dem Produkt können der Auftraggeber und andere Beteiligte bzw. Interessenten in einem "Gesprächszimmer" interagieren, in dem sie verschiedene Urbanitäten generieren können. Dies geschieht, indem sie die Einstellungen der wirtschaftlichen, sozialen, Umwelt- und Raumparameter selbst ändern, einen Einblick in die Ursachen und Auswirkungen dieses Verfahrens gewinnen und letztendlich kooperative Entscheidungen treffen können.

Die ersten Sondierungen und Entdeckungen mit dem FUNCTIONMIXER wurden bereits ausgeführt, und dieser hat sich als interessante Strategie zur Gewinnung eines Einblickes und zur Entwicklung möglicher Modelle erwiesen. Durch die Verwendung räumlicher, wirtschaftlicher, soziologischer und Umweltparameter hat man im Rahmen des Funktionsmischungsparadigmas unerwartete und vielseitige Umgebungen hervorbringen können.

Housing Silo an der IJ in Amsterdam

Im Housing Silo Amsterdam sind 157 Eigentums- und Mietwohnungen, einige Geschäftsflächen und öffentliche Einrichtungen in einer 10 Stock hohen und 20 Meter tiefen städtebaulich vorgegebenen Hülle untergebracht. Das Gebäude gliedert sich in eine Reihe bestehender Speicher entlang der Mole ein, die ebenfalls in Wohneinheiten umgewandelt wurden, und verweist auf Containerstapel, wie sie üblicherweise in Häfen zu finden sind.

Um den Verlust des windigen Platzes am Ende der Mole zu kompensieren, wurde das Pier durch das Gebäude gezogen und endet mit einem öffentlich zugänglichen Balkon wiederum am Wasser. Die unter dem Balkon angesiedelten Geschäftsflächen bieten einen gleichermaßen großartigen Blick über den Fluss.

Die Forderung nach einer Vielzahl von Wohnungstypen hat dazu geführt, dass so viele Raumqualitäten und unterschiedliche Wohnungstypen wie möglich entworfen wurden. Um der steigenden Individualität entgegenzuwirken, wurden die Wohnungstypen in Mini-Nachbarschaften zusammengefasst. Diese Gruppen von 4 bis 8 Häusern sind jeweils vom selben Typ und an der Gestaltung der Aufrisse und der spezifischen Farbgebung ihrer Korridore und Galerien zu erkennen.

Die Häuser unterscheiden sich nicht nur in Größe und Lage innerhalb des Gebäudes sondern auch durch die Anordnung der Innenwände, Breite (5-15 m), Tiefe (9-20 Meter), Ebenen (1-, 2-, 3-stöckig, sogar diagonal), Bauelemente (Wände, Säulen, Träger), Außenflächen (Wintergarten, Balkon, Höfe, Dächer), Höhen (2,7-3,6 m brutto), Erschließungstyp (Korridor, Galerie, Brücke, Treppen), Raumanzahl (1 bis 5) sowie durch Leerräume und verschiedene Fenstertypen.

Der Entwurf erlaubte die Entfernung mehrerer Wände, und der Bauunternehmer konnte außerdem zahlreiche individuelle Wünsche der künftigen Bewohner erfüllen.

Am Ende des Gebäudes auf der Westseite liegt ein großer Balkon, der allen Bewohnern zur allgemeinen Benutzung zur Verfügung steht. Die Bewohner haben auch die Möglichkeit, einen Spaziergang durch das Gebäude zu unternehmen, der sie an den Fassaden und Dächern und auch an der Marina und der Halle entlangführt. In der Marina unter dem Gebäude können Boote angedockt und vertäut werden.

Innerhalb der engen Beschränkungen, die durch Stadtplanung, Bautechnik und Bauvorschriften vorgegeben sind, repräsentiert das Gebäude die Grenzen, die ihm durch die Wünsche und Vorstellungen der Regierung, der Kunden, der Stadt, der Bewohner und der Architekten auferlegt werden. Im Verlauf des Entwurfs und der Errichtung des Housing Silo konnte auch eine Vielzahl von Wünschen aller Beteiligten umgesetzt werden. Das Gebäude ist somit ein Hinweis auf die Interaktion zwischen Beschränkung und Innovation.

NOX (NL)

NOX:POROSITÄT
Lars Spuybroek

In den letzten beiden Jahren konzentrierte sich die Arbeit von NOX darauf, das Konzept der Porosität mit dem Konzept der gekrümmten Oberflächen zu vereinen: Wie können in kontinuierlichen Systemen Lücken entstehen? Man möchte annehmen, dass im Fall von gekrümmten Oberflächen die Löcher erst später, nach dem Modellieren der dreidimensionalen Kontinuität, herausgeschnitten werden müssen. Unsere Forschungsarbeiten haben jedoch ergeben, dass es weitaus logischer ist, wenn Löcher und Krümmung in einem gemeinsamen Entstehungsprozess eine bestimmte Form bilden. Anstatt uns das Loch als etwas vorzustellen, das aus einem Oberflächensystem herausgestanzt wird, sehen wir es als interne Rahmenbedingung, d.h. als Teil eines ordnenden linearen Systems, in dem sich verschiedene Linien zu einer Oberfläche oder einem Loch verbinden. In diesem Fall ist das Loch nicht etwas Negatives oder Fehlendes, sondern ein positives Element, etwas, das Struktur verleiht und Teil der Entwicklungsphasen des Systems ist.

Wir möchten darauf hinweisen, dass diese Entwurfstechniken eine neue Phase der (von uns so bezeichneten) "machining architecture" darstellen: eine prozedurale Methodik, derzufolge Informationen Schritt für Schritt in ein relationales Netz einfließen und so die Form hervorbringen. Diese relationale Vorrichtung bzw. Maschine besteht aus einer einfachen Anordnung von flexiblen Linien, die sich mittels unzähliger Interaktionen reorganisieren (krümmen, verschmelzen, kreuzen etc.) und kollektive Strukturen bilden. Wir haben diese maschinengestützten Techniken sowohl in digitalen als auch in analogen Rechensystemen entwickelt, meist jedoch in einer Kombination beider Systeme. Sie werden insbesondere "von unten nach oben" generiert, d.h. die Form ist das zum Muster gewordene Ergebnis von Informationsverarbeitungsprozessen. Darüber hinaus gilt es festzuhalten, dass diese Techniken tektonischer und insbesondere konstruktivistischer Natur sind.

Nahezu alle Projekte basieren auf Forschungsarbeiten, die Frei Otto und seine Gruppe von den 1960er Jahren bis in die 1990er Jahre am Institut für leichte Flächentragwerke in Stuttgart durchgeführt haben. Frei Otto interessierte sich in erster Linie für das, was er als Formfindung bezeichnete: eine analoge Rechenmethode, derzufolge Form aus den Interaktionen zwischen flexiblen materiellen Elementen entsteht. Man denke nur an seine berühmten Seifenhautmaschinen zur Generierung der Minimalflächen von Membranstrukturen, wie etwa für das Münchner Olympiastadion. Ottos Forschungsarbeiten sind im wesentlichen durch zwei verschiedene Methoden zur Erzeugung poröser Formen gekennzeichnet. Von der Oberfläche zur Linie: Dabei wird eine flexible Oberfläche (aus Kautschuk beispielsweise oder aus einer viskosen Flüssigkeit wie Lack) an bestimmten Punkten zu Linien gestreckt, so dass an manchen Stellen Löcher aufreißen. Von der Linie zur Oberfläche: Dabei werden flexible, lineare Elemente wie Wollfäden in Systemen angeordnet, wobei sie interagieren und poröse, schwammknochenähnliche Strukturen bilden.

Für diese Ausstellung haben wir fünf unserer neueren Projekte ausgewählt, die sich mit dem Konzept der Porosität insbesondere auf zwei verschiedenen Ebenen auseinandersetzen: Löcher in zweidimensionalen Oberflächen und Löcher in dreidimensionalen Systemen.

a. Maison Folie, Lille (Frankreich): sich überschneidend; das Loch entsteht durch die Überschneidung zweier Oberflächen.
b. FEDUROK, Nantes (Frankreich): zerreißend; das Loch entsteht durch das Zerreißen einer Oberfläche in mehrere kleinere Flächen.
c. Son-O-house, Son en Breugel/Eindhoven (Niederlande): hochbiegend; eine Oberfläche, die durch Hochbiegen in zwei Richtungen in einzelne Streifen und Spalten zerrissen wird.
d. ObliqueWTC, New York (USA): sich verzweigend; gerade, flexible Elemente
schaffen ein System von gekrümmten Elementen, die eine poröse, dreidimensionale Struktur bilden.
e. SoftOfficeUK, Warwickshire (Großbritannien): ineinander webend; flexible Elemente schaffen ein System von gekrümmten Elementen, die eine poröse, dreidimensionale Struktur bilden.

ocean D, Boston, New York, London

non-standard spezies
tom verebes

Während die Lebensstil-Systeme sich zunehmend schneller ändern, verlagern sich die Aufgaben der Architekturforschung hin zur Frage, inwieweit man unseren Umgebungen ein größeres Maß an Reaktivität auf die unmittelbare und simultane Echtzeit-Nutzung sowie auf längerfristige Zeithorizonte in Bezug auf die Anpassungsfähigkeit verleihen kann. Dies erschließt die Formulierung des architektonischen Raums als vernetzte Menge zeitlicher Phänomene, wodurch die Benutzung des Raums in der Zeit eine Logik relativer Zeitdauern erhält. Das architektonische Gestalten in der Zeit wird zunehmend bestrebt sein, den Monolithen Raum zu demontieren. Während die globalen Wirtschaften einen Übergang von den fordistischen Grundsätzen der Massenproduktion hin zu Produktionsformen erleben, bestehen unsere Zielsetzungen darin, den Fortbestand des Konsumerismus der Massenmärkte zu gewährleisten und dennoch einen Unterschied zu bieten. Uns ist eine Modulation der gesamten materiellen Produktion verheißen, was eine Neukonfigurierung unseres täglichen Selbst ermöglichen soll. Man erklärt uns, dass die Globalisierung nach persönlichen Spezifikationen maßgeschneidert werden könne, und lässt uns glauben, unsere Selbstpersonifizierung oder sogar unsere Persönlichkeit könnten spezifisch angepasst werden. Inmitten dieser offensichtlichen Individualisierung des kollektiven Konsums finden wir als signifikantere Implikation in Bezug auf die Produktion die Möglichkeit iterativer Arten der Produktion, die sich von der Strenge und den Grundsätzen der Moderne – der einheitlichen Wiederholung des Generischen – lösen und statt dessen auf spezifischen Reaktionen auf sich ändernde Leistungskriterien beruhen. Das Paradigma der repetitiven, extensiven Moderne befindet sich heute in einem Stadium des Übergangs zu Beziehungen der Umwelt- und Benutzerspezifität. Konstrukte jeder Größenordnung und an jedem beliebigen Ort – seien es nun Möbel, Städte oder der digitale Raum – lassen eine iterativere und verhandelbarere Art und Weise, den Lebensstil der Menschen zu prägen, erkennen. Als Subjekte sind wir alle verschieden – doch die MASSE des Konsumerismus ist zunehmend schwerer zu überwinden. Es bildet sich eine immer stärkere Überzeugung heraus, die von der modernistischen Auffassung von Produktion abweicht: ein System der Produktion, das von Reaktionen auf einen spezifisch mit den Kriterien des Subjekts in Beziehung stehenden Input abhängt.

Unser neues Jahrhundert verspricht eine Revision der generischen Produkte der Moderne. Was wir gewinnen möchten, ist die Fähigkeit, Lifestyle-Produkte, Architektur, Filme, Fernsehen, Kleidung, Autos, Computer, Videospiele und dergleichen nach den spezifischen Bedürfnissen des Individuums herzustellen und dabei die riesigen Produktionsmengen, die zunehmende Variation erlauben, beizubehalten, während wir gleichzeitig das bürgerliche Ideal des 19. Jahrhunderts, d.h. das maßgeschneiderte Konstrukt, ablehnen. Dieses neue Paradigma unendlich variabler Singularitäten erfordert jedoch ein Streamlining der Unterschiede, bevor der Bereich der möglichen Modulation für den Konsum festgelegt wird. Die Eigenschaft "Einzelstück" wird zu einem anpassbaren und spezifischen Zustand des Generischen. Forschungsaktivitäten zum Thema der spezifischen Anpassung in der Massenproduktion enthüllen das Potential von der großen Masse verwendeter Konstrukte in Form einer Reihe von Modulationen eines materiellen Systems, als vermittelte Reaktionen auf die Skala parametrischer Variationen der dynamischen Phänomene unterschiedlicher Lebensstile.

Die technologische Seite unseres Designforschungsprogramms versuchte, die homogenisierenden Effekte der repetitiven Produktionsweisen der Moderne zu revidieren. Eine Möglichkeit, eine Non-Standardisierung zu erzielen, ist die Modulierung materieller Konstrukte, modelliert als Reaktion auf streng definierte dynamische Benutzerparameter, -muster und -tendenzen. Wird diese Methodik angewandt, so ist die Produktion auf spezifische lokale Erfordernisse in Bezug auf unterschiedliche Leistungsanforderungen zugeschnitten, während sie gleichzeitig darauf abzielt, die potenziellen riesigen Mengen der Massenproduktion zu liefern. Digitales Design macht es möglich, dass unsere materielle Produktion zunehmend mehr Variation bieten kann und immer mehr Kontrolle über hoch komplexe Geometrien gewinnt, indem sie einzigartige Freiform-Konstrukte numerisch steuert. Jedes der aufeinanderfolgenden Projekte von ocean D verbessert das Design durch Software, die in Sprachen wie 3D Studio MAX Script geschrieben ist und durch die für jedes Projekt vorgegebenen unterschiedlichen Einschränkungen spezifisch modifiziert wurde. Die Grundsätze und Prozesse von CAD bis CAM sind im Rahmen dieser Projekte durchgehend von einer Logik der metrischen Äquivalenz linear erzeugter und nach trajektoriellen Geometrien angeordneter materieller Komponenten gekennzeichnet. Variationen von Winkelgraden und Dimensionsmaßen dienten dazu, zeitlich und räumlich modulierte Formen maßgeschneiderter Massenprodukte herzustellen. Mit der Fähigkeit, unterschiedliche Dimensionen zu erzeugen, geht das Ergebnis über Einzelstück-Konfigurationen hinaus und zielt stattdessen auf eine kontinuierliche, serielle Variation der Produktion ab. Non-Standard-Topologien und Non-Standard-Organisationen entstehen aus ihrer initialen oder generischen Logik einer Kombination hochstandardisierter Komponenten.

ocean D widmet sich der Beziehung zwischen digitaler und praktisch umgesetzter materieller Organisation. Wir unterstützen ein Paradigma, das davon ausgeht, dass die Architektur als kybernetische Organisation vernetzter Systeme funktioniert. Unser Ausgehen von Strategien homogenisierender Extensivität soll in Richtung eines seriellen Outputs führen, das Inputparameter steuert, um modulierte Effekte zu erzielen. So wird die Repetition durch die Iteration abgelöst. Alle Einheiten haben Gemeinsamkeiten in ihrem genetischen Code, doch keine gleicht der anderen. Modulationen und nicht Module.

Pichler & Traupmann Architekten (A)

MALINA 3
Wandöffnungen und Zwischenräume
Lilli Hollein

Die Wand als Mauer, Bollwerk oder als schützende Abgrenzung?
Christoph Pichler und Hannes Traupmann sprechen in Bezug auf ihre Architektur immer wieder von Dualitäten.
Dualitäten im Sinne der Zweideutigkeit, Dualität von innen und außen, schwer und leicht. Sie stellen dabei eine Hierarchie der Materialien auf, die dem einen Bauteil Gewicht verleihen und ihn hervortreten lassen, so dass andere Teile zu schweben scheinen, bedeutsame Zwischenräume bilden.
Eben diese Zwischenräume sind es, in denen die Sprache von Pichler & Traupmann lesbar wird, in der Beschäftigung mit dem dahinter, dazwischen und dem unsichtbaren.
Die Wand ist bei ihnen zur mehrfach interpretierten Fragestellung geworden, einerseits in ihren Bauten und in verdichteter Form im mittlerweile dreiteiligen Malina-Zyklus.
Malina 1 führt zu einer Wandöffnung, einer Türe. Ist diese nun eine Erweiterung und Verlängerung der Wand, eine Unterbrechung, eine Grenze, schwenkbare Barriere oder ist die Türe eigentlich eine Wand? Mit einer Installation im Künstlerhaus, anlässlich der Ausstellung "Fuß in der Tür" im Jahr 2000 begannen Pichler & Traupmann ein Destillat aus der streng befolgten Rezeptur ihrer Architekturauffassung zu präsentieren. Der Kurator Jan Tabor assoziierte zum fertigen Beitrag das Bachmann-Zitat: "Ich bin an die Wand gegangen, ich gehe in die Wand, ich halte den Atem an. Ich hätte noch auf einen Zettel schreiben müssen: Es war nicht Malina. Aber die Wand tut sich auf, ich bin in der Wand, und für Malina kann nur der Riss zu sehen sein, den wir schon lange gesehen haben. Er wird denken, dass ich aus dem Zimmer gegangen bin".

Malina 2.
Eine Fortsetzung der Wandthematik in dieser konzentrierten Form fand anlässlich des geladenen Wettbewerbs für die Aussichtsplattform des Museumsquartiers 2001 statt.
Bei Malina 2 ist die Tür eine Blockade und Begrenzung, ein Endpunkt. Es ist eine stadträumliche Türe, die umlenkt, als Schleife in die Wand hineinführt und in dieser hinauf.
Obwohl der schlanke Körper als Raum gesehen werden könnte, wird er von Pichler und Traupmann als Wand, als massiver Block gesehen in den man eindringt und der mit Plattformen aufgebrochen wird. Die Wand ist Übergang, Durchgang und Aufgang.

Malina 3 ist nun die komplexeste Spielform dieser gebauten Überlegungen und wird der Bachmannschen Weltsicht von unermüdlicher Leidenschaft und Ausweglosigkeit gerecht.
Der vorgefundene Un-Raum, ein fünfeckiger Grundriss mit drei Türöffnungen und einer Fluchttür bildet ein Gelenk zwischen den Ausstellungsräumen des Joanneum.
Pichler und Traupmann haben die Verbindung dieser drei Öffnungen als Körper ausgeformt. Ein dreieckiges, aluminiumverkleidetes Objekt – Wand, Tür oder Raum? – kann entlang einer vertikalen Achse in zwei Endpositionen gedreht werden, die Kanten des Körpers sind in seiner Ausgangsposition auf die der Raumöffnungen ausgerichtet. Immer, wenn man sich so einen Ein- oder Ausgang schafft, verschließt man somit die anderen, man selbst kann vielleicht die beengte Situation verlassen, sperrt damit aber andere Besucher in den entstehenden Zwischenräumen ein.
Diese überhöhte Schleusensituation drängt einen stets zwischen die Wandelemente der bestehenden Architektur und der Pichler-Traupmann'schen Intervention, diesem Tür-Wand-Raumkörper; sie zerstört den Un-Raum durch einen weiteren, unbetretbaren Unraum, macht den ursprünglichen Zustand nicht mehr fassbar, schafft aber mit den entstehenden Unmöglichkeiten ein Bewusstsein, eine Entscheidung für einen Weg der stets Konsequenzen hat. Wie der Spielball bei einem Flipper bahnt man sich einen Weg nur um an der nächsten Ecke wieder aus der Bahn geworfen zu werden.
In Marlen Haushofers Roman "Die Wand" schafft eine gläserne Wand hinter der die Protagonistin als scheinbar einziger Mensch lebt, eine Welt aus Bedrohlichkeit:
"Vielleicht war die Wand auch nur der letzte verzweifelte Versuch eines gequälten Menschen, der ausbrechen musste, ausbrechen oder wahnsinnig werden".
Nicht in solch drastischer, aber in eindrucksvoll physisch erfahrbarer Weise führen Pichler und Traupmann an ihre Fragestellung, ihren Zugang zur Architektur heran, indem sie den Zugang verwehren, einen gefangen nehmen und gleichzeitig befreien.

propeller z (A)

möglicherweise utopisch
Christian Muhr/liquid frontiers

Die meisten der aktuell als "Utopien" gehandelten Zukunftsszenarien kommen ohne Raum aus. Fast scheint es, als sei die Eliminierung des Raumes – neben den Anstrengungen suggestiver Rhetorik – das gemeinsame „utopische" Moment, das so unterschiedliche Projekte wie die Biowissenschaften, die Nanotechnologie oder die Expansion des Internet miteinander verbindet. Die zukünftige Entwicklung dieser Disziplinen und Technologien wird auffallend oft als Bewegung beschrieben, in der Räume entweder radikal schrumpfen oder unendlich expandieren. (Bemerkenswerterweise scheint auch das Logo von *Latente Utopien* mit seiner dynamischen Signatur diese "dynamische" Fortschrittsvorstellung illustrieren zu wollen.) Neben der Raumflucht macht aber auch das Versprechen permanenter Gleichzeitigkeit, wie sie durch vernetzte Kommunikationsmaschinen hergestellt werden soll, diese Fiktionen so verdächtig, keine Utopien sondern lediglich Ideologien zu artikulieren, da sie die zeitlich-räumlichen Verbindungen zur Gegenwart kappen und sich somit außerhalb einer zumindest denkbaren historischen Kontinuität und Nachvollziehbarkeit stellen.

Die Frage nach den "latenten Utopien" zeitgenössischer Architektur beantworten propeller z mit Architektur selbst, die exakt für einen bestimmten Raum und für eine genau festgelegte Dauer entwickelt wurde, um Momente des Utopischen manifest zu machen. Präsentiert und zur Benutzung freigegeben wird ein architektonischer Apparat, der aus einem System von negativen, distinkten und unspezifischen Formen aufgebaut ist, deren Verbindungen sowohl die raumbildende Struktur als auch die dazwischen entstehenden Leerräume ergeben.

Die verwendeten Geometrien rekurrieren auf anthropomorphe Grundfiguren und steigern sich in ihrer Komplexität in ihrer Konfigurationen zueinander, wobei sich die einzelnen Module niemals unmittelbar berühren. Formal bildet der Körper die finite Serie von Entscheidungen ab, die zu seiner Entstehung geführt haben und offeriert funktional eine infinite Menge an Wahrnehmungs- und Benutzungsmöglichkeiten. Diese Raumstudie im Raum der Ausstellung illustriert somit die jedem Entwurfsprozess inhärente Entscheidungslogik als rationaler und imaginativer Umgang mit "Utopie", in der ständig Entscheidungen zwischen Möglichkeit und Unmöglichkeit, Innovation und Repetition, Affirmation und Revolte getroffen werden müssen und jede Entscheidung neue Alternativen produziert.

Gleichzeitig funktioniert diese dreidimensionale, körpernahe Systematik als "konkrete Utopie" für neue architektonische Formulierungen so alter, elementarer Modalitäten wie dem Sitzen, Liegen und Stehen und als Versuchsanordnung zur realen Erfahrung sozialer Interaktionen in der Spannung zwischen Nähe und Distanz unter den Bedingungen zeitgenössischer Dichteverhältnisse und der Synchronizität heterogener Abläufe.

Die Anbindung des "utopischen Prinzips" an das alltägliche Erfahrungsspektrum sorgt dafür, dass etablierte Standards architektonischer Elementarfunktionen einem praktischen und dabei möglicherweise kritischen Vergleich unterzogen werden können und gibt gleichzeitig Raum und Zeit, um neue, möglicherweise "utopische" Funktionen und Erfahrungen zu testen.

Karim Rashid (USA)

WOOM – the world room

Das digitale Zeitalter, die Informationsgesellschaft, das globale Dorf und die Freizeitkultur sind Akronyme, die eine Welt im Wandel symbolisieren, in der "weich" unsere neue, durch Zwanglosigkeit gekennzeichnete Landschaft beschreibt. WOOM ist eine Metapher für unser sich ständig wandelndes, riesiges organisches System.
Der WOOM ist eine halbprivate kokonartige Struktur aus zwei identischen Teilen aus doppelwandigem Polypropylen. Das Konzept besteht aus einem inneren Raum, der Rückzugsmöglichkeiten bietet, wobei jedoch eine digitale Verbindung mit der Außenwelt besteht. Die innere Kapsel ist eine technisch-biomorphe "Flüssigplastik"-Form, visuell weich, aus neuen Materialien, die eine numinose Mutterbauchästhetik erzeugt: sinnlich, sublim, ätherisch.
Die Form beruht auf einer weichen, amorphen Schale, die unter Nutzung der Grenzen der Produktionstechnologie einen privaten Raum bezeichnet. Das Innere ist zu einer Bankfläche, einer Mikro-Architektur, ausgestaltet. Wenn man den WOOM betritt, schaltet ein Sensor ein live eingespieltes Internet-Broadcast und Licht ein. Über eine Steuerung werden nach dem Zufallsprinzip ständig verschiedene Musikeinspielungen und drahtlose Verbindungen ausgewählt.
WOOM ist nicht nur auf Form und Gestalt beschränkt, sondern verweist auf unsere neue Materiallandschaft, in der uns haptisch ausgebildete Oberflächen angenehme physikalische Erfahrungen gestatten. Dieses Weichwerden, das ich die neue Zwanglosigkeit der Gestalt, der Form, des Materials und des Verhaltens nennen möchte, ist eindeutig eine Bewegung. Eine amerikanische Bewegung.
Amerika betreibt, um einen von Victor Papanek geprägten Begriff aufzugreifen, ein zwangloses Engineering am Rest der Welt, Amerika hat eine digitale Sprache zur physischen und immateriellen Blobifizierung unserer Welt erfunden. Diese Neue Weltsprache geht aus neuartigen Produktionsprozessen und -methoden hervor. Dem Fehlen des Rasters entspricht die Autonomie hypertropher Erfahrungen, des Simultanen und der Komplexität frei zugänglicher Daten in unserer binären Notierung von Informationsbits im digitalen Zeitalter.
Ich habe ganz aggressiv Gegenstände für unsere Gegenwartskultur weich gemacht, weil weich menschlich, freundlich, umgänglich und bequem bedeutet. Weich bedeutet eine Erweiterung unserer Körper, greifbar, flexibel, spielerisch und angenehm. Weich ist nicht dekorativ, ist nicht Behübschung, wenn es direkt mit dem vorliegenden Subjekt, also mit uns, in Verbindung tritt und mit Dingen im Alltag Schnittstellen bildet.
Zwanglosigkeit und Weichheit bilden unsere neue zwanglose Ästhetik, weniger formelle, organischere Lebens- und Seinsformen. Unsere gegenwärtigen Produkte übernehmen unsere zwanglosen Konstrukte, von Sweatpants und Laufschuhen bis zu Papptellern und verpackten Flugzeugessen, von der Selbstbedienung bis zur Selbsthilfe, vom Internetrendezvous bis zu den "casual Fridays" (die langsam auch zum "zwanglosen" Donnerstag, Mittwoch usw. werden), von der Gleitarbeitszeit bis zur Heimarbeit im Bademantel, vom Internetshopping bis zu Online-Messen. Bequemlichkeit und Zwanglosigkeit gehen Hand in Hand.
Tufen Orel, ein französischer Soziologe, spricht von einer postindustriellen Gesellschaft mit entspannteren, weniger starren, weichen statt harten Lebensbedingungen, unter denen unsere Erfahrungen eher hypertextuell als linear verlaufen. Es ist kein Zufall, dass die treibende Kraft hinter den sich ständig verändernden, sich ständig verschiebenden globalen Lebensweisen zwangloser, relaxter, weicher, blasiger, wenn Sie so möchten, werden. Die Blob-Architektur kann unsere Umwelt gestalten. Organische Systeme werden unsere Paradigmen ändern, und Organomics (ein Begriff, den ich zwecks Untersuchung der Ergonomie und organischer Formen geprägt habe) werden die Objekte, mit denen man jeden Tag in Berührung kommt, gestalten.
Wenn die Freiheit eine Form hätte, dann wäre diese endlos wellenförmig und biomorph, ständig in Bewegung, persönlich, expressiv und an der Erfahrung ausgerichtet.

Der WOOM

Ob ich gehe oder bleibe,
jeder Tag ist eine Reise,
Ich rede mit der Welt und berühre sie
wie ein virtueller Astronaut

Ich spreche in meiner Sprache,
einer visuellen rappinghood,
ein hermetischer Jargon,
den zu vermitteln ich versuche

Um jedem Sinn zu geben,
um Demokratie zu konstruieren,
erzeugen Wörter Objekte
sprechen Objekte eine Sprache, die nicht fanatisch ist

Ich sehe eine weite amorphe Plastiklandschaft
die eine grenzenlose Welt anzeigt,
fließend und sich verändernd, sich entwickelnd, sich gestaltend,
eine alchimistische Gießerei

Die Freiheit des Materials
die Metalle der Spaltung
veränderbar,
eine digitale Vision

Der Raum dehnt sich aus
mit organischen Wiederholungsmodulen,
ein Kontinuum der Fläche
auf Grundlage einer Voxel-Komposition

Unendlich rekonfigurierbar und skalierbar
leichte, umgruppierbare Abstraktionen,
aus Boden, Wänden, Decke wachsend
Kunstfaktionen

Das Objekt als etwas Einzigartiges gilt nicht mehr,
es wurde ersetzt durch eine Umgebung, die aus dem Boden heraus wächst,
die Welt von morgen gewinnt Gestalt

Der kontinuierliche weiße WOOM
umgeben von einer fluoreszierenden Aura,
eine Anspielung auf die Welt der Technik, ausgehend von einem digitalen Auswuchs,
neue Sichten bilden unsere tägliche Genesung

Das Blob ist eine Metapher
für einen kontinuierlichen Raum,
eine neutrale Landschaft,
einen globalen Ort

Wenn Freiheit eine Form wäre,
wäre sie ständig in Bewegung,
eine wogendes unendlich großes Blob
ein fließendes extrasensorisches Gebräu

Irgendwo zwischen flüssigem Plastik und Festkörper-Objekt
mit Aggregatzustand Endlosigkeit,
eine kontinuierliche temporäre Erfahrung,
physische Glückseligkeit

Unsere ganze Landschaft verschmilzt und verbindet sich
Körper und Raum verschmelzen,
Objekt und Umwelt,
keine Hindernisse, ein kollektiver Traum

Stadt und Dorf,
Wasser und Erde,
Autobahn zu Autobahn, Lebewesen zu Lebewesen.
Eine Welt, die zu sehen sich lohnt

Ich kommuniziere mit dem Äther
spreche mit all meinen Freunden,
gestalte die Schaft, die Lustschaft
und schließe die virtuellen Tore an

Naturlandschaft – Kunstlandschaft,
wenn sich die Tore zu dieser Welt öffnen
organische Möglichkeiten, menschliches Gestalten
alles und alle berühren

London, Tokio, Mailand, New York
all diese Städte sind eins,
Menschen, Orte, Natur, Dinge:
ein einzigartiges kulturelles Paradies

Wenn man uns glauben macht,
dass sich die Welt verändert,
sich verändert, während wir sprechen
liegt eine schöne Zukunft vor uns

Wir haben einen Einfluss auf die Zukunft
die Wiedergeburt von Zeit und Raum
wir sind nicht ästhetisch bankrott,
es gibt nur eine menschliche Rasse

Schönheit der Stadt,
innen flexibel,
weich und bunt,
ein Ort zum Verstecken

Lieben möcht' ich, immer,
lieben, alle auf dieser Welt
die Macht des Gedanken aufrecht erhalten
ohne eine Träne zu vergießen

Sinnliche romantische Welt,
eine physische und digitale Wiedergeburt,
die unsere kollektive Lust erhöht
Eine Kirche, eine Heiterkeit

Eine zufällige Welt werden wir sein,
wie Atlantis zwischen Himmel und Meer,
so werden wir ein einziges globales Paradies sehen

Reiser & Umemoto (USA)

Magnetspulen

Damit das Ausstellungsprojekt in seinen Grundzügen umgesetzt werden kann, muss im gesamten Ausstellungsraum ein Magnetfeld erzeugt werden, das stark genug ist, um in der Anordnung der Nadeln die gewünschten Effekte zu erzielen. Dieses Ziel wird durch die Verwendung von Magnetspulen mit angemessener Größe und mit entsprechendem Stromverbrauch erreicht. In Ermangelung von Detailangaben, gehen wir davon aus, dass sich die physikalischen Abmessungen im Zentimeterbereich bewegen und das Gewicht bei unter 10 kg liegt, während die Stromversorgung in einem äußerst niedrigen Kilowattbereich ausreichend sein sollte. Außerdem sind wir der Meinung, dass eine Feldstärke von ~ 2 Gauss ausreicht, um die in der Ausstellung gezeigten Magnetnadeln zu beeinflussen. Bei dieser Annahme stützen wir uns auf die Tatsache, dass das Magnetfeld der Erde mit einer Stärke von ~ 0,5 Gauss auf der Erdoberfläche stark genug ist, um Kompassnadeln auszurichten.
Zusammenfassend lässt sich sagen, dass für die Installation eine Magnetgruppe mit den oben angeführten Spezifikationen erforderlich ist, um einen Raum mit einem Volumen von 3 x 3 x 5 m3 mit einem Magnetfeld zu versorgen, das eine Stärke von mindestens ~ 2 Gauss aufweist.
Theoretische (auf Grundsätzen der Physik basierende) Berechnungen haben ergeben, dass es möglich ist, Magnetfelder von bis zu ~ 2 Gauss in einem Abstand von 1 – 1,5 Metern (auf Achse) unter Verwendung von Magneten zu erzeugen, welche die oben genannten Proportionen aufweisen und für die eine Stromversorgung im ebenfalls oben genannten Ausmaß zur Verfügung steht. Diese Bandbreite in Bezug auf das Magnetfeld bedeutet auch, dass die erwünschten Effekte mit einer angemessenen Anzahl an Magneten erzielt werden können. Wir gehen davon aus, dass Feldstärken außerhalb der Achse des Magnets viel rascher abfallen. Trotz des Einsatzes relativ starker Magnetfelder sind die verwendeten Magnetnadeln so klein wie möglich und werden sorgfältig aufgehängt, um das Drehmoment zu minimieren, das notwendig ist, um die Nadeln zum Rotieren zu bringen. Die Nadeln selbst werden mit Kunststoffhüllen überzogen, um die Bewegung der Magnetfelder besser sichtbar zu machen.

Erzeugen von Mustern

Wie bereits vorhin angedeutet, muss das Magnetfeld innerhalb des Raums ständig verändert werden, um die gewünschten Muster in der Anordnung der Nadeln zu erzeugen. Auch hier gibt es wieder drei Möglichkeiten:
Ändern der Stromversorgung für die Magnete, um das von den Magneten erzeugte Feld zu verändern;
physikalisches Bewegen oder Drehen der Magnete;
Durchführen beider zuvor genannten Maßnahmen.

Steuerungsausrüstung

Auf Grund der Komplexität der magnetischen Interaktionen und der Größe der Ausstellung, eignet sich die Installation wohl nicht für ein Programm mit "Wiederholungsschleife". Dies auch deshalb, weil selbst kleine externe Störungen dazu führen könnten, dass die choreografierten Variationen nicht die gewünschten Muster erzeugen. Realistischer ist da schon ein Programm, das auf dem Zusammenspiel von Zufallseffekten und der Interaktion des Systems mit dem Besucher basiert.

Besucher-Interaktion

Die Anwesenheit von Besuchern wird registriert und führt in der Folge zu einem erkennbaren Effekt in der Anordnung der Nadeln.
Ein kleiner Effekt stellt sich automatisch ein, da die Anwesenheit des Besuchers einen (leicht) paramagnetischen Körper in das Magnetsystem einführt, der das Feld verzerrt.

Sadar Vuga Arhitekti/the Designers Republic (SL/GB)

Tendenzen sind Ausdrucksformen, die ausgewählte Projektkonzepte aus der sechsjährigen Arbeit von Sadar Vuga Arhitekti bestimmen.
Während die Tendenzen die architektonischen Effekte der ausgesuchten Projekte generieren, stellen die Ausdrucksformen das kommunikative Instrumentarium des architektonischen Produktes dar, im Atelier ebenso wie im Umgang mit den Kunden und der Öffentlichkeit. Sie sind Teil der Entwicklung eines Vokabulars, das seinen Ursprung in der architektonischen Produktion hat, dieses jedoch auch selbst indirekt beeinflusst. Eine Tendenz kann mehr als ein Produkt definieren. Sie existiert unabhängig von Programm, Ort, Budget, Ausführungszeit oder sonstigen Faktoren, die ein einzigartiges architektonisches Produkt bestimmen. Ein architektonischer Effekt verbindet unterschiedliche Produkte. Die vertikale Halle und ihre Effekte bilden das grundlegende Konzept sowohl für ein neues Bürogebäude im Zentrum einer Stadt als auch für die Renovierung eines Wohnhauses auf dem Land. Weiche Kanten erzielen ähnliche Effekte, ob sie nun bei einer Autobahnbrücke zum Einsatz kommen oder beim Verwaltungs-/Produktionsgebäude einer Firma, die auf Segelbootprototypen spezialisiert ist. Sequenzgehäuse strukturieren den Raum einer Werbeagentur ebenso wie die vertikale Säule eines Zentrums für moderne Kunst.
Tendenzen generieren architektonische Effekte, die zur Marke werden – ein SVA-Produkt.
Was alle Tendenzen gemeinsam haben, ist eine Verknüpfung zwischen der Funktion des architektonischen Produktes und der neuen Erfahrung, die sich Beobachtern und Benutzern durch die Wahrnehmung des Produktes bietet.
Ob unsere Arbeit in Zukunft mehr oder weniger Tendenzen aufweisen wird, welche Tendenzen verschwinden und welche bleiben werden, hängt von dem Effekt ab, den sie erzielen – vom Erfolg des architektonischen Produktes, das durch eine bestimmte Tendenz definiert ist.

Liebe Besucher!

Werden wir einander in vertikalen Hallen treffen, werden wir an navigatorischen Workstations arbeiten, in weichen Containern einkaufen und in vertikalen Lofts leben?
Werden optische Wände unsere Blicke anziehen und auf kinematographische Strukturen lenken?
Werden wir uns auf Landscapern ausruhen und in Abenteuermaschinen neue Erfahrungen suchen?
Wird Sonnenlicht durchlässige Platten durchdringen, um unsere Räume zu erhellen, und werden sich Aufzüge durch dicke Mauern bewegen?
Werden Sequenzgehäuse unsere Wahrnehmung von Öffentlichem und Privatem, von Offenheit und Geschlossenheit beeinflussen?
Werden wir in unserem eigenen Zuhause wie Nomaden leben?

vertikale Halle
optische Wand
kinematographische Struktur
geführter Weg
Abenteuermaschine
weiche Kante
durchlässige Platte
verdichteter Container
urbaner Überbau
Cañonwand
Landscaper
Sequenzgehäuse
weicher Container
Matrixverkleidung
erweiterter Wohnbereich
Atmosphärisches: Stimmungspaneele

Innovation in der Architektur ist gleichbedeutend mit der Fähigkeit, neue architektonische Effekte zu erzeugen und lebendig werden zu lassen. Unserer Meinung nach stimulieren neue architektonische Effekte die Kommunikation zwischen Entwerfer, Benutzer und Öffentlichkeit, was wiederum auf die Produktion von Architektur zurückwirkt.

Ja, wir möchten die Kontrolle im Produktionsprozess übernehmen. Das bedeutet, dass wir kommunizieren müssen. Wir sollten fähig sein, die von uns gewünschten und geplanten architektonischen Effekte auf eine Weise zu kommunizieren, die unsere Produktion mit Leben erfüllt. Jetzt – nicht erst in zehn Jahren.

Je offener wir sind bei unserer Suche nach neuen Anregungen im Bereich der visuellen, akustischen und geschriebenen Information, in Kunst, Mode, Wissenschaft und Technik, desto kommunikativer wird unser Endprodukt sein.

Je größer unsere Bereitschaft ist, im Entwurfsprozess unter den Fachleuten, die für die Entwicklung des Produktes entscheidend sind, eine aktive – integrierende – Rolle zu spielen, desto leichter wird es uns fallen, das architektonische Produkt effektiv und erfolgreich umzusetzen.

Als kreatives Architekturbüro entwickeln wir uns in Richtung Zusammenarbeit und Integration und passieren dabei die Schnittstelle zwischen zweiter und dritter Dimension, zwischen Fläche und Raum.

servo (S/USA)

Während den Auswirkungen der aufkommenden digitalen Technologien auf Entwicklungs- und Produktionsmethoden in verschiedenen Disziplinen viel Aufmerksamkeit geschenkt wurde, fand ihr Einfluss auf Arbeitsweisen weniger Beachtung. So wie das Aufkommen des Internet zu einer Dezentralisierung von Unternehmensorganisationen führte und in weiterer Folge Open-Source-Communities wie dem Guntella Filesharing-Network Platz machte, so verändert auch die digitale Technologie die Arbeitsweisen von Architekten, Designern, Künstlern, Musikern und im weiteren Sinne von Kulturen. Entgegen der konventionellen Typologie der zentralisierten Büro- oder Studioorganisationen sind diese neuen kooperativen Einheiten geographisch verstreut. Sie basieren auf dezentralen oder *ambienten* Organisationsstrukturen mit größerer räumlicher Flexibilität und Mobilität und sind improvisatorischer Natur; Experimente kollektiver Innovation, die nicht von zielorientierten und vertraglichen Strategien konventioneller kultureller, politischer und kommerzieller Organisationen sondern von der Latenz der Absichtslosigkeit befähigt werden. Die Drehbücher, nach denen sie ablaufen, sind keine geschlossenen Erzählungen mit einem Anfang und einem Ende, sondern vielmehr improvisatorische nichtlineare Erzähllinien, die in einem ständigen Prozess der Entstehung und Entfaltung begriffen sind und die Strukturen ihrer Orientierung schaffen und gleichzeitig als Produkt daraus hervorgehen. Ihre *Latenz* liegt irgendwo zwischen dem Realen und dem Virtuellen: der statischen Materialität der Form und der dynamischen Materialität des Geschehens.

Formales Experimentieren (ermöglicht durch jüngste Fortschritte in der Produktionstechnologie) in Verbindung mit programmatischem Experimentieren (ermöglicht durch jüngste Fortschritte in der interaktiven Technologie) liefert das Potential für die gleichzeitige Existenz der für diese Arten dezentralen Handelns typischen Organisations- und Verhaltensbedingungen auf materieller, technologischer und programmatischer Ebene. Empfindliche Nervennetze aus Bewegungs-, Beleuchtungs- und akustischen Sensoren, die in formale und räumliche Netzwerke unterschiedlich gestalteter Gitter- oder Oberflächenstrukturen eingebettet sind, lassen eine völlig neue Form von Körperlichkeit entstehen. Der Begriff eines *Umfelds*, etwas, das sowohl formale als auch programmatische Systeme durch ihre jeweiligen Technologien synthetisiert, wirft Fragen zum historischen Bruch zwischen formalem und programmatischem Verlangen auf. Formale Systeme, die durch das flexible *Formen* moderner Produktionsprozesse entstanden sind, fungieren selbst als *räumliche* und *kulturelle Formen*, die Verhaltensmuster sowie Zugangs- und Interaktionsweisen steuern. Gleichzeitig werden diese Verwendungsmuster mit Hilfe von interaktiven Sensornetzen überwacht und indiziert und statten das Umfeld so mit seinen eigenen Sinnen und daher auch mit *Bewusstheit* aus. Einer Bewusstheit, in die wiederum die Organisation der räumlichen Formen einfließt und somit eine Feedbackschleife zwischen Entwurf, Produktion und Nutzung in Gang setzt, wobei die Grenzen verschwimmen und die einzelnen Bereiche durch neue materielle und technologische Prozesse ineinander verschlungen sind. Form und Programm synthetisieren und mutieren, wobei sie neue räumliche und sensorische Körperlichkeiten entstehen lassen.

Diese Körperlichkeiten, oder Ereignis*umfelder*, werden durch die Entdeckung ihrer eigenen Intelligenz gestärkt; eine Art multisensorische räumliche Software, die zugleich ihre Nutzer/Entwickler beeinflusst und von diesen beeinflusst wird und in Echtzeit sowie zeitverzögert verschiedene Reaktionsebenen generiert. Nicht unähnlich den zuvor erwähnten neuen Instanzen kulturellen Verhaltens handelt es sich auch bei diesen um dezentrale und *ambiente* Organisationsstrukturen mit größerer räumlicher Flexibilität und Mobilität. Auf der formalen und programmatischen Ebene sind sie ebenfalls improvisatorischer Natur; Experimente kollektiver Innovation, die nicht von zielorientierten und vertraglichen Strategien konventioneller programmatischer Organisationen sondern von der Latenz der Absichtslosigkeit befähigt werden. Während sich die Nutzer durch diese *Ereignisumfelder* bewegen und dabei eine Reihe von virtuellen und realen Austauschprozessen in Gang setzen, generieren neue Formen des Selbstbewusstseins innerhalb des Systems und seiner Bewohner einen Zustand der *Latenz*. Form, Raum und Nutzung driften in wechselseitige Synchronität und Asynchronität zueinander, eine ewig kreisende Ökologie unbeabsichtigter und dennoch notwendiger Verhaltensbeziehungen auf abstrakter und sozialer Ebene. Und wieder sind die Drehbücher, nach denen sie ablaufen, keine geschlossenen Erzählungen mit einem Anfang und einem Ende, sondern vielmehr improvisatorische nichtlineare Erzähllinien, die in einem ständigen *Prozess* der Entstehung und Entfaltung begriffen sind und die Strukturen ihrer Orientierung schaffen und gleichzeitig als *Produkt* daraus hervorgehen. Ihre *Latenz* liegt irgendwo zwischen dem Realen und dem Virtuellen: der statischen Materialität der Form und der dynamischen Materialität des Geschehens.

Thermo-cline:

Das Projekt Thermo-cline resultierte aus einem Auftrag des Wexner Center for the Arts zur Herstellung eines Prototyps für ein hybrides Möbelsystem im Maßstab 1:1 und wurde in der Ausstellung *Mood River* 2002 der Öffentlichkeit präsentiert. Die Integration von digitalen Design-, Produktions-, Beleuchtungs- und akustischen Techniken macht Thermo-cline zu einem interaktiven sensorischen Reprivationssystem, das auf eine breite Palette von Stimmungen des Nutzers reagiert und diese auch generiert. Vakuumgeformte Wellacrylschalen reagieren auf eine Vielzahl ergonomischer Bedingungen und bieten ein offene, auf dem Prinzip des "distributive graining" basierende Infrastruktur für Sound, Bewegungssensor und Beleuchtung und ergeben somit ein re/dematerialisiertes Benutzerinterface auf mehreren Ebenen.

In the Lattice
In the Lattice ist das Produkt eines von IASPIS (International Artist Studio Program in Stockholm) gesponserten sechsmonatigen "Artist-in-Residence"-Programms. In the Lattice ist als interaktives audio/visuelles Ereignisumfeld definiert und verbindet Entwicklungs- und Produktionstechniken mit digitalen Programmiersystemen. Das Projekt wurde im Februar 2002 bei IASPIS für eine Reihe von galeriebezogenen Veranstaltungen installiert und fungiert als verteiltes individuelles und kollektives Spielbrett, in dem Designpraxis und Veranstaltungen zum sozialen Austausch in einen neuen Hybridzustand kultureller Gestaltung transformiert werden. 3D-Fotos von Handheld-Modellen oder Spielzeugen bilden das Interface zwischen dem Nutzer und einem mit einem Bewegungssensor ausgestatteten Leuchttisch, der wiederum über ein Interface mit einem Katalog von digitalen Modellen verbunden ist, die auf Plasmabildschirmen im ganzen Raum angezeigt werden. Das Resultat ist eine formale/virtuelle, taktile/visuelle Software zur sozialen Interaktion.

Lattice Archipelogics:
Durch die Integration digitaler Design-, Produktions- sowie interaktiver Bewegungs-Audio-Beleuchtungstechniken erweitert Lattice Archipelogics die mit In the Lattice eingeführten Prinzipien und Techniken und spricht darüber hinaus Bedingungen eines entstehenden Verhaltens auf Bewegungs- und Gesprächsebene an. Ein von der Decke hängender zellenartiger Archipel vorgefertigter Elemente, der mit einem Bewegungssensor sowie Beleuchtungs- und Lautsprechertechnik ausgestattet ist, reagiert auf eine breite Palette von Bewegungs- und Gesprächsmustern in der gesamten Galerie und beeinflusst diese zugleich. Lattice Archipelogics ist als eine Art räumliche und programmatische Software konzipiert, die sowohl aktiv als auch passiv an den latenten soziokulturellen Austauschprozessen im üblichen Galerieumfeld partizipiert.

Softroom (GB)

Wir leben und arbeiten in einer ambitionierten Kultur, in der Fortschritt anhand einer besser organisierten, weniger enttäuschenden Utopievorstellung gemessen wird – eine Idealwelt, in der alles schon funktioniert und nur noch besser werden kann.
Architektur und ihre Nützlichkeit werden zunehmend in Frage gestellt. Jeder Entwurf/konzipierte Raum muss absolute Perfektion anstreben und ein erscheckend breites Spektrum an Kriterien erfüllen. Der Architekt wird mehr und mehr von Vorschriften überflutet: Ökologische Bedenken, Zugänglichkeit und Dauerhaftigkeit spielen eine Rolle. Physiologische und psychologische Studien über das Verhältnis des Menschen zu seiner gebauten Umwelt definieren bis ins genaueste Detail was und wie wir zu bauen haben. Weiterhin wird öfters von neuer Architektur ein finanzieller Gewinn erwartet. Und sollte eines der genannten Kriterien nicht erfüllt sein, besteht die Gefahr einer rechtlichen Anklage.
Innerhalb dieses Kontextes suchen wir "legitime" Möglichkeiten, um unsere Kreativität auszuüben. Der Trick mag darin liegen, Gelegenheiten zu finden, wahrzunehmen oder zu erschaffen, die es uns erlauben, Elemente in unsere Arbeiten mit einzuflechten, die gezielt ein Gefühl des Erstaunens und der Freude in uns aufrufen sollen.
Fortschritt ist heutzutage ein Balanceakt. Das Vergangene muss vorsichtig berücksichtigt und mit Spekulationen über die Zukunft ins Gleichgewicht gebracht werden. Wir müssen unser eigenes inneres Verlangen – das kreative Unbeknnnte zu erforschen – befriedigen und gleichzeitig jedoch funktionale Erfordernisse erfüllen. Unsere Gesellschaft ist kaum mehr bereit, das Risiko mit der Kunst des Architekten einzugehen, zu oft wurde zu viel versprochen, zu oft wurde enttäuscht.
Mit zahlreichen Vorgängern für fast jeden unserer Schritte müssen wir als Architekten härter als jemals zuvor arbeiten, um neue Lösungen für alte Probleme zu entwickeln. Das Neue muss sich beweisen können. Neue und originelle Arbeit wird toleriert, solange sie nicht dem historischen Kontext widerspricht und solange sie nicht in einer Weise offensichtlich "schlechter" ist als das, was sie zu ersetzen versucht.
Gleichzeitig arbeiten wir in einer sich schnell weiterentwickelnden Kultur, in der ständig neue und unerwartete Konditionen auftauchen, die berücksichtigt werden müssen. Man erwartet, dass unsere Reaktionen darauf durchdacht sind.
In unseren eigenen Arbeiten stellen wir utopische Bedingungen auf, um unserer Kreativität freien Lauf zu lassen. Indem wir Visionen fantastischer Idealwelten projizieren, in denen weniger Restriktionen gelten als in der Realität, sehen wir die Ziele, die wir anstreben.
Eines unserer Ziele ist es, Bilder und Träume in anderen anzuregen und zu erwecken. Es ist notwendig, einen Bedarf an neuer innovativer Architektur anzuregen, bevor wir hoffen können, unseren Anteil an Lösungen anbieten zu können.
Der Architekt arbeitet in einem Umfeld einer potentiell lähmenden Verantwortung. Trotzdem sind wir davon überzeugt, dass über den erwarteten Leistungerfordernissen hinaus, unsere Architektur den fundamentalen Anspruch erheben soll, das Irrationale in uns, unsere Seele, anzusprechen – sie soll erfrischen, beleben.
Statt zu versuchen, Verhaltensmuster zu definieren und zu diktieren, ist vielleicht das neue utopische Ziel für Architektur, einen positiven Einfluss auf Denkmuster auszuüben.

Andreas Thaler (A)

Liquid Lounge
von panta rhei zum Wohnenvironment
Bernhard Ulrich, Thomas Redl

"Ich frage mich, welches Möbel kann, wie die Ruhe vor dem Sturm, eine Beschleunigung in die Zukunft auslösen?"
Dieses Zitat von Andreas Thaler ist als Leitmotiv des Projekts Liquid Lounge zu sehen und verweist auf das der Arbeit zugrunde liegende Spiel zwischen Bewegung und Momentaufnahme.
Heute ist der Wunsch, Ruhezonen in unserem komprimierten, stressgeplagten urbanen Alltag zu haben groß geworden und stellt damit eine Herausforderung an die Architekten und Städteplaner, wie auch an die Designer dar. Es ist eine Utopie, die umgehend nach Verwirklichung drängt, denn noch ist unsere Gesellschaft weit davon entfernt, in ihren architektonischen Strukturen in Arbeits- oder öffentlichen Freizeitbereichen Raum oder Zeit für Entspannung bereit zu stellen, sieht man von traditionellen städtischen Parks ab.
Die Arbeit Liquid Lounge lässt sich als Darstellung einer Wasserbewegung, sozusagen als Einfrieren eines "Wassermoments" beschreiben: Ein Tropfen trifft auf eine glatte Wasseroberfläche und schlägt Wellen in Form von konzentrischen Ringen. Diese Ringe bilden die Sitz- und Gehflächen des Objekts.
Die konzentrischen Ringe bilden von Zentrum aus die Farben des prismatischen Farbenspektrums. Auf die bestehende Kuppel in zehn Metern Höhe werden mittels Beamer Aufnahmen von Wasserbewegungen und 3D Animationen projiziert, simultan zu den Bildern ändert sich das atmosphärische Raumlicht; parallel dazu läuft eine Soundinstallation, basierend auf elektronisch bearbeiteten Wassergeräuschen.
Die Rauminstallation Liquid Lounge mit ihrer Form- und Farbsprache schafft einen Ort schimmernder, pulsierender und rotierender Atmosphäre, an dem man sich in jenen Zustand versetzt fühlt, in dem die zuvor wahrgenommenen visuellen Eindrücke, wie Traumbilder verlangsamt, auf der Netzhaut schwirren und der Körper in ein wunderbares Gefühl der Schwerelosigkeit gleitet – gleich dem schwerelosen Gleiten auf dem Wasser.
"Man kann nicht zweimal im selben Fluss baden: In seinem Innersten teilt das Menschenwesen das Geschick fließenden Wassers. Wasser ist das wahre transitorische Element... Ist ein Geschöpf so sehr damit verbunden, ist auch das Geschöpf im Flux." (Gaston Bachelard)
Der österreichische Designer Andreas Thaler beschäftigt sich seit Jahren vor allem mit der Gestaltung von Möbeln – jedoch immer an der Grenze zwischen funktionalem und skulpturalem Gestaltungsansatz. Die Objekte sind einerseits geeignet, ihren Nutzen als Einrichtungsgegenstand hinsichtlich Ergonomie und Variabilität voll zu erfüllen und sind für die industrielle Produktion tauglich, andererseits erheben sie den Anspruch künstlerischer Irrationalität. In fast allen Arbeiten manifestiert sich die konsequente Formensprache des Künstlers. Ein komplexes Bündel an Gestaltungsanforderungen wird immer reduziert auf eine oft geometrische Grundform, die anschließend variiert wird. Dimensionalität, Farbe, Oberfläche und vor allem das Spiel mit Licht und Ton stellen bei Thalers Rauminstallationen die zentralen Charakteristika seiner Arbeit dar.

the nextENTERprise (A)

Auszüge aus einem Gespräch vom 21.07.2002

... Team
Wir, das sind Marie Therese Harnoncourt und Ernst J. Fuchs, arbeiten seit 2000 unter dem Gruppennamen the next ENTERprise in Wien.
Projektaufgaben sehen wir immer auch als Möglichkeit, um Themen in unserer Beschäftigung mit Architektur weiterzudenken, ob das mit der Entwicklung einer Entwurfsstrategie zu tun hat, oder mit der Entwicklung konzeptioneller Ideen, die einen interessieren; das heisst, wir sehen uns nicht ausschließlich als Architekten, sondern auch als Forschungsteam, das gewisse Inhalte und Möglichkeiten wahrnimmt, um Ideen herauszufordern.
In diesem Spannungsfeld interessiert es uns Architektur zu machen.
... Themen
... der Umgang mit Leerräumen in bestehenden Stadtstrukturen, die wir ohne funktionelle Besetzung adaptieren und zugänglich machen (Installation Stadtwind, Projekt Durchblick...)
oder Architektur als Medium einzusetzen, das eine Wahrnehmung auf geistiger und körperlicher Ebene verstärkt (Projekt Hallen- und Seebad Kaltern...)
oder das Konzipieren von Raumstrukturen die die Nutzer sich auf intuitive Weise zu eigen machen und bewohnen (Haus Zirl...)
Jeder mag es, wenn alles funktioniert und ein gewisses Service zur Verfügung steht, aber darüber hinaus gibt es auch Atmosphäre und wenn jemand sagt, in diesem Raum oder in dieser Stadt fühle ich mich wohl, dann hat das mit spüren von Atmosphäre zu tun. Uns interessiert, alles aufzuspüren, was über das Funktionieren hinausführt, es ist das Wesen von Architektur, wie wir Sie uns vorstellen.
... Musik und Architektur
... Musik hören beim Frühstück ist anders als Musik hören am Nachmittag oder nach einer durchzechten Nacht um sechs Uhr morgens. Das fasziniert mich an Musik. (Eigenbefindlichkeit und wahrgenommene Phänomene müssen zusammen gedacht werden.) Dasselbe, denke ich mir, muss es in Bezug auf Räume geben. Das ist das, was ich anfangs mit dem Atmosphärischen gemeint habe. Das existiert einfach. Du bist von Raum umgeben.

Wir haben in Kuala Lumpur ein Konzert von Goldie gehört, das war ein Wahnsinn. Du spürst seine Präsenz und wie er aus dem Publikum das Letzte herauslockt, im richtigen Augenblick der Einsatz für den Bass, eine vibrierende Soundwolke, das geht unter die Haut.
In der Architektur sehe ich das ähnlich. Du spielst dein Programm – ein funktionierendes Gebäude und darüber hinaus versuchst du ein "Maximum" an räumlicher Intensität herauszuholen, um den Benutzern eine Emotion und Inspiration zu entlocken. Das ist natürlich ein waghalsiger Vergleich, aber ich finde ihn passend. Der rein funktionalen Abhandlung von Architektur, die dem Gegenüber keine emotionale Ebene einräumt, der geht einfach was ab.
... Arbeitsweise
Für unsere Arbeitsweise gibt es kein Rezept, das wäre uns auch zu programmatisch.
Eine prinzipielle Vorstellung ist es, alles für ein Thema heranzuziehen, was einen unmittelbar umgibt und inspiriert, ohne vorgefasste Bilder im Kopf den Entwurfsprozess beginnen – das Provozieren von Zufällen und dem Unvorhersehbaren gegenüber offen zu sein.
Dies erfordert eine gewisse methodische Vorgehensweise – aus dem gesammelten assoziativen und faktischen Material werden Parameter definiert und Strukturen konzipiert, aus denen sich die Projekte und Themen entwickeln.
... wenn sich ein Feld aufbaut, kann es nicht eingegrenzt werden. Oft ist es einfach ein Buch, das zum persönlichen Katalysator wird oder es ist ein Film oder eine interessante Diskussion in die man involviert ist. Wir nennen diesen subjektiven Zugang zu Dingen assoziative Lektüre.
... jetzt?
Da wo wir uns jetzt befinden? Wir versuchen mit jedem Projekt, etwas das "darüber hinausführt" zu testen. Momentan beschäftigen wir uns zum Beispiel damit, den Computer als generierendes Tool verstärkt in unseren Entwurfsprozess einzusetzen und mit unserer bisherigen Art der Projektentwicklung über das Modell zu bauen, die Skizze, den gefundenen Text, ... zu verknüpfen.
Ich würde nie eine Bleistiftzeichnung oder ein assoziatives Modell verteufeln, das hat dieselbe Qualität wie ein computerunterstütztes mathematisches Modell oder alles andere. Das ist völlig gleichzusetzen. Relevant ist der Umgang damit. Dieses bewusste Nebeneinanderstellen der unterschiedlichen Konstrukte ist das Erzeugen einer künstlichen Distanz, die wir als Qualität in unsere Arbeitsweise mit einbeziehen. Du versetzt dich absichtlich in die Position des Außenstehenden und des Betrachters.

... neutraler Raum
Neutral ist total schlimm. Neutral, als Selbstverständnis gibt es nicht, das ist absurd. Wenn du sagst du machst einen neutralen Raum, dann entziehst du dich, auch deine Autorenschaft. Architekten werden kritisiert, wenn sie ihre Autorenschaft ernst nehmen. Dabei ist gerade das Ernstnehmen der Autorenschaft sehr wesentlich, weil es eine Verantwortung und eine dahinterstehende Überzeugung vermittelt. Der neutrale Raum ist ein Irrtum. Es gibt nur guten oder schlechten Raum.

... Neuerfinden oder Neues finden
Uns geht es, und das hat auch mit unserer methodischen Arbeits- und Denkweise zu tun, im Entwurfsprozess um das "finden" und nicht um das "erfinden" von Raum.
Es können auch Bauregeln oder irgendwelche andere Anforderungen sein, kürzlich mussten wir zum Beispiel bei dem Projekt See- und Hallenbad Kaltern das Gebäudevolumen um 20% reduzieren. Das sind Vorgaben, die eine erneute Reflexion des Projektes mit verändertem Blickwinkel verlangen und dadurch Möglichkeitsfelder einer weiteren inhaltlichen Verdichtung aufspannen. Die ständige Überlagerung von unterschiedlichen Layern, ob faktisch oder assoziativ mit ihren Ungereimtheiten und momentanen "Problemsituationen" sehen wir als Potential, um neue Inhalte und räumliche Eigenheiten zu finden.

... Methoden heranziehen, um kreativ zu arbeiten
Das Projekt Olienlöcher ist ein Zufallsprodukt. Es ist im Chatroom (Netzplattform für das Projekt Tesspassing) entstanden. Niemand von den anderen Teams war online, also haben wir begonnen, über unseren eigenen Projektbeitrag zu chatten. Danach habe ich mir gedacht, wir hätten mündlich das Thema nie in der Form besprochen. Es ist erstaunlich, wie bestimmend das Medium ist. Das hat auch mit Methoden zu tun und was man alles für seinen Denkprozess heranzieht.
Eigentlich kommunizierst du doppelt. Du antwortest, oder reagierst auf etwas, was der andere geschrieben hat und der andere reagiert auf das, was du geschrieben hast. Es gibt zwei parallele Kommunikationslinien, die ungeahnte assoziative Spalten eröffnen. In einem Gespräch, auch wenn mehrere Personen mitdiskutieren, läuft das Gespräch immer in einer konstanten Argumentationskette. Beim Chatten im Netz laufen auf einmal zwei Kommunikationsketten parallel zueinander, zeitversetzt. Ich glaube diese Parallelstruktur mit assoziativen "Löchern" ist ausbaufähig und auch für Gebäudestrukturen übersetzbar – wer weiss – es gibt keine Grenzen.

...das war das Schlusswort...

UN Studio (NL)

Vom Materiellen zur Phantasie – Von der Phantasie zum Materiellen
Ben van Berkel
Caroline Bos

Die zeitgenössische Architektur, die noch immer fest im vergangenen Jahrhundert verwurzelt ist, jenem Jahrhundert, das durch Beschleunigung gekennzeichnet war, sucht immer wieder in der Ausweitung urbaner und ökonomischer Werte, in auf Fakten basierenden Informationen, in der Logistik und in Fragen der Effizienz nach Anhaltspunkten für ihre Umsetzung.
Aber selbst die ausgefeilteste Spurensuche nach Bewegungsmustern, Benutzergruppen und den verschiedenen virtuellen und infrastrukturellen Wegen, auf denen wir uns über die Erde verteilen, selbst die erstaunlichste Entdeckung geografisch und kulturell entfernter Realitäten genügen nicht.
Wir müssen unsere Vorstellungskraft ausweiten und erneuern! Wir benötigen andere Formen der Wahrnehmung zusätzlicher Realitäten.... Normalerweise bleiben solche Visionen im Privaten verborgen, vor allem im raschen, pragmatischen Kontext der heutigen Zeit, in dem Ideen beinahe umgehend in Produktionen verwandelt werden. Für diesen Anlass haben wir uns aber entschlossen, Sie in die Welt unserer unschuldigsten Tagträumereien des Bizarr-Banalen zu führen...

Rote Zeit, blaue Zeit
Acht Uhr dreißig früh – rote Zeit.
Männer und Frauen betreten ihre Büros, hängen ihre Mäntel auf, schalten ihre Computer ein und treffen sich zu einem Plausch an informellen Treffpunkten, in Büroküchen oder – falls nichts dergleichen zur Verfügung steht – lehnen am Schreibtisch des jeweils anderen. Der Tag beginnt langsam mit Kaffee und Smalltalk. Beim Blick aus dem Fenster sehen die Büroangestellten, wie sich das rot getönte Glas auf dem Innenhof widerspiegelt und so den Beginn eines neuen Morgens markiert.
Telefone beginnen zu läuten. Türen gehen auf und zu, während sich die Menschen auf den Weg zu Besprechungen machen. Nachrichten werden hinterlassen, Briefe zugestellt, Fotokopien angefertigt, E-Mails gelesen, Faxe versandt, Briefumschläge adressiert, Besprechungsnotizen gemacht, Rechnungen erstellt.
An einem von fünf Schreibtischen in einem kleinen Eckbüro, das sich im zweiten Stock befindet, ist der Vizepräsident einer Firma, die Kräutertee importiert, gerade dabei, den Jahresbericht für seinen Vorstand fertig zu stellen. Den Rücken gekrümmt, sitzt er vor seiner Tastatur, überfliegt seine handschriftlichen Aufzeichnungen und sehnt sich nach einer Zigarette. Er sucht krampfhaft nach Aktionspunkten, bemüht sich um die Definition von Risikofaktoren, sieht in alten Berichten nach und überlegt, ob es nichts gibt, was er einfach kopieren und einfügen könnte. Er blättert dicke Ordner durch und liest noch einmal die Erklärungen zur Unternehmenspolitik und die Mission Statements der Vergangenheit durch. Dann setzt der Adrenalinstoß ein, und er legt los – seine Augen immer enger, während sich in ihm Sätze zu einem inbrünstigen Bericht über den Fortschritt des Unternehmens aufbauen.
Auf dem Parkplatz stehen immer mehr Firmenautos. In der Zwischenzeit sind fast alle Plätze belegt.
Eine ausgebrannte Personalleiterin liest eine Gratiszeitung und hört sich das Morgenprogramm im Radio an. Von den 812 Menschen, die zur Zeit im Gebäude arbeiten, ist sie am gelangweiltesten. Weitere 153 haben mehr oder weniger die Nase voll und 37 stehen kurz davor, ihre Kündigung einzureichen. Die Personalleiterin hingegen würde das niemals tun – sie kennt das Wirtschaftssystem, aus dem es kein Entrinnen gibt, viel zu genau. Wie sollte sie ohne anständigen Job ihr Haus bezahlen, ihr Auto, ihre Versicherungspolizzen, ihr Essen und Trinken, ihre bescheidenen Hobbys und Urlaube?
Elf Uhr – orange Zeit.
Sieben Besprechungen nehmen ihren Anfang: eine Besprechung von Vertretern und eine Vorstandssitzung im vierten Stock, zwei Round-Table-Gespräche auf Abteilungsebene im zweiten, eine Brainstorming-Sitzung über eine neue Werbekampagne für einen in Vergessenheit geratenen Parkettreiniger im dritten Stock, eine Präsentation von neuen Urlaubszielen durch einen im Massentourismus tätigen Reiseveranstalter im fünften und eine Belegschaftsbesprechung, um über ein Rauchverbot und die im Gegenzug als kompensatorische Maßnahme vorgesehene Installation einer Suppenverkaufmaschine zu diskutieren, im ersten Stock.
Die Schatten im Innenhof werden kürzer und heller.
Besucher kommen an und parken ihre Firmenautos dort, wo zuvor noch die Fahrzeuge der Konsulenten und Vertreter gestanden sind, die sich in der Zwischenzeit mitsamt ihren Terminkalendern wieder auf den Weg gemacht haben.
In der Mitte eines Großraumbüros im zweiten Stock kommt ein Techniker über sein Mittagessen ins Sinnieren. Ist es nicht seltsam, wie wir uns alle im Leben von Verbrauch zu Verbrauch schleppen, denkt er bei sich, während er seine Kollegen beobachtet, die zur Kaffeemaschine schlendern, die gerade wieder eine frische Brühe ausgespuckt hat. In der Früh freust du dich auf deine erste Tasse, dann die zweite, dritte, bis dich plötzlich der bloße Gedanke an Kaffee abstößt, und du beginnst, dir ein Schinkenbrot vor-

zustellen. Nach dem Mittagessen wird es meistens schwieriger. Mit Tee können sich nur wenige anfreunden, und Kekse oder Schokolade haben etwas zu Privates an sich und eignen sich eher nicht für den regelmäßigen Verzehr im Büro. Dann erinnert er sich an die Banane in seiner Schreibtischschublade. Ich kann weitermachen, sagt er sich.

Zwei Uhr dreißig, blaue Zeit.

In einem kleinen, aber auffallend leeren Büro im sechsten Stock, von dem aus man einen wunderbaren Ausblick auf die Almerer Bahnhofsgegend genießt, sitzt ein Unternehmensleiter unter einer feierlich wirkenden Urkunde, die davon Zeugnis ablegt, dass er 1997 zum Jungunternehmer des Jahres (unter 35 Jahre) in der Kategorie für Bürokommunikationstechnologie gewählt wurde. Seine Ex-Frau, der er seine Ernennung verdankte, hatte die Urkunde einrahmen lassen und sie ihm anlässlich des zweiten Jahrestages seiner Firmengründung überreicht. Heute befindet sich sein Unternehmen in Schwierigkeiten, und er greift mit zitternden Händen nach einem kleinen Stapel unbezahlter Rechnungen, Mahnungsschreiben und Beschwerdebriefen von Kunden.

Im Keller wird gerade ein Wartungsarbeiter entlassen. Er hat sich nicht voll eingesetzt. Der nun redundant gewordene Arbeiter wirft einen Blick auf seine Arbeitsuniform, seinen Eimer und die anderen Arbeitswerkzeuge, ohne dass ihn dabei eine besondere Trauer überkommen würde. Sein Jobverlust wird sich auf seinen Lebensstil nicht sonderlich auswirken, während seine Lungen davon sicher profitieren werden.

Im gesamten Gebäude verteilt, führen 141 Personen Telefongespräche. Sie sprechen unter anderen mit Anwälten, Kunden, Schwestern, Projektleitern, Kursleitern, Auftragnehmern, Freunden, Bankmanagern, Regierungsbeamten, Systemoperatoren, Rechnungsprüfern, Brandinspektoren und Verfahrenscontrollern.

Fünf Uhr, gelbe Zeit.

Neben dem Kopierapparat im Büro des Art Directors im dritten Stock hat sich eine kurze Schlange gebildet – drei Junior-Partner besprechen Firmenangelegenheiten. Ein Praktikant ist vergangenen Samstag in die Firma gekommen und hat sich auf eine Porno-Website eingeloggt. Da er vergessen hat, sich wieder auszuloggen, hat sein Abenteuer die Firma eine Stange Geld gekostet. Die ganze Geschichte ist Montag früh aufgeflogen. Ein Direktor ist geschäftlich nach Miami geflogen, obwohl die Firma keinen einzigen Kunden in Miami hat. Ein anderer Direktor hat ein Auge auf die neue Account-Managerin geworfen. Man hat die beiden in einer Bar gesehen, voll bis oben hin usw.

Der gelbe Lichtstreifen auf Ebene des Innenhofs hebt die Stimmung einiger Arbeiter: bald ist Feierabend. Andere wiederum, die mit ihrer Arbeit noch nicht fertig sind, machen sich Sorgen und steigern ihre Anstrengungen.

Im vierten Stock wird eine Flasche Wein geöffnet, um jemandes Abschied zu feiern.

Im ersten Stock verstoßen zwei unverbesserliche Nikotinsüchtige gegen die Nichtraucher-Politik.

Die letzte Besprechung geht zu Ende.

Nach und nach werden die Firmenautos aus der Parkgarage gefahren.

veech media architecture (A)

latente utopien

Georgi Krutikovs Projekt "Flying City" aus dem Jahr 1928, das selbst vor dem Hintergrund der Avantgarde-Bewegungen der 1920er Jahre visionär war, gab die Richtung für die globale architektonische Utopie vor. Gemeinsam mit zeitgenössischen konstruktivistischen, futuristischen und dem Bauhaus angehörigen Architekten und Künstlern trugen Krutikov und sein radikaler Ansatz gleichermaßen zu einem weltweiten Rahmenwerk bei, das es Architekten, Technikern, Wissenschaftlern und Künstlern ermöglichte, den urbanen Zustand der Zukunft zu analysieren und die innovativen Technologien zu ersinnen, die erforderlich waren, um diesen Zustand zu erzielen. Seine Vision ging dem Space Age der 1960er Jahre voran und wurde rasch zu einem Symbol für die technologische Überlegenheit der Weltmächte. Wir haben die schnelle, vor allem von politischen Interessen vorangetriebene Entwicklung einer Raumfahrtindustrie erlebt, die mit Hilfe von fortschrittlichem Design, fortschrittlicher Produktion und fortschrittlichen Beförderungsmethoden eine mobile ‚Architektur' in den Orbit befördert hat. Im Vergleich zu den technischen Ressourcen, die der Entwicklung und Herstellung einer eigenständigen, autonomen Lebensumgebung gewidmet werden, wird die kreative Genialität, die in Zusammenhang mit der Erhaltung dieser Systeme zu beobachten ist, oft vernachlässigt, wie dies von der Raumstation Mir im Laufe ihrer langen Lebensdauer bewiesen wurde. Neue Lösungen für unerwartete und unvorhergesehene Probleme mussten gemeinsam mit den Werkstoffen und Werkzeugen, die für die Erfüllung der jeweiligen Aufgaben erforderlich waren, erdacht, visualisiert, erforscht und getestet werden. Die Nebenprodukte dieser Aktivitäten haben den Weg in den beruflichen und privaten Alltag gefunden und reichen von speziell beschichteten Oberflächen und leichten hitzebeständigen Werkstoffen bis hin zur Computer- und Telekommunikationstechnologie etc. Die aktuelle Forschung im Bereich der Nanotechnologien und ihre potentiell umfangreichen Anwendungen in verschiedenen Bereichen gewähren einen faszinierenden Ausblick in Bezug auf die künftige Entwicklung hochspezialisierter Teams mit Fähigkeiten in Physik und Chemie, Computerwissenschaft, Technik und Architektur. Zunehmende Anstrengungen derartiger Teams in der Laborforschung im Bereich von Nanomaschinen, die in der Lage sind, Nanoumgebungen zu schaffen, werden in Kombination mit der DNA-/genetischen Forschung vielleicht eine faszinierende Gelegenheit bieten, Produktionstechniken und -methoden zu revolutionieren, die schließlich direkt beeinflussen werden, wie die Architektur von morgen wahrgenommen und hergestellt wird.

Die Installation von veech.media.architecture im Rahmen der Ausstellung *Latente Utopien* setzt sich mit der unkonventionellen Verwendung von Werkstoffen auseinander, die gegenwärtig im konventionellen Hochbau zum Einsatz gelangen, und analysiert neue Anwendungen und Techniken, die neue Möglichkeiten in Bezug auf die Herstellung flexibler architektonischer Räume bieten. Die Absicht von vma besteht darin, ein kleines Segment unserer aktuellen Forschung im Bereich leichtgewichtiger intelligenter struktureller Membranen zu veranschaulichen, die durch Computertechnologie manipuliert werden können und auf diese Weise programmierbare interaktive Innen- und Außenräume entstehen lassen. Ein dehnbarer Werkstoff wird im Raum platziert, und dann findet ein Prozess der Transformation statt, in dessen Verlauf die Grenzen zwischen den bestehenden Boden-, Wand- und Plafondzuständen verwischt werden und eine nahtlose dreidimensionale architektonische Umgebung entsteht. Eine mechanische Vorrichtung interagiert mit der Membran und haucht ihrer Oberfläche langsam Leben ein, wobei sich ein konstanter Zustand der Fluktuation und fließenden Deformation herausbildet. Die sequentielle Artikulation unter Spannung stehender extrudierter Formen, die sich unauffällig entlang der horizontalen Ebene entwickeln, lässt eine Landschaft entstehen, die als Sitzgelegenheit verwendet werden kann, während neue Formen aus der vertikalen Ebene ragen und Rahmen für in die Haut integrierte Videomonitore definieren. Die Medienimplantate zeigen Videosequenzen, die den konsequenten Experimentierprozess von vma in temporären und mobilen Umgebungen, Medienumgebungen, virtuell/realen und real/virtuellen Umgebungen dokumentieren.